Christoph Drösser

TOTAL BERECHENBAR?

Wenn Algorithmen für uns entscheiden

HANSER

Bibliografische Information der Deutschen Nationalbibliothek
Die Deutsche Nationalbibliothek verzeichnet diese Publikation in der
Deutschen Nationalbibliografie; detaillierte bibliografische Daten
sind im Internet über http://dnb.d-nb.de abrufbar.

1 2 3 4 5   20 19 18 17 16

© 2016 Carl Hanser Verlag München
www.hanser-literaturverlage.de
Herstellung: Denise Jäkel
Umschlaggestaltung und Motiv: Hauptmann & Kompanie Werbeagentur, Zürich
Grafiken: Christoph Drösser
Satz: Kösel Media GmbH, Krugzell
Druck und Bindung: CPI – Ebner & Spiegel, Ulm
Printed in Germany
ISBN 978-3-446-44699-1
E-Book-ISBN 978-3-446-44707-3

Für Oliver und Lukas

INHALT

Einleitung
Das Zeitalter der Algorithmen 9

Kapitel 1: Rechnen
Schritt für Schritt zum Ziel 21

Kapitel 2: Suchen
PageRank – die Grundlage für Googles Macht 43

Kapitel 3: Finden
Routenplanung – der optimale Weg von A nach B 65

Kapitel 4: Empfehlen
Woher Amazon und Netflix wissen, was uns gefällt 85

Kapitel 5: Verbinden
Was Facebook uns zeigt und was nicht 99

Kapitel 6: Vorhersagen
Wie aus Korrelationen Prognosen werden 117

Kapitel 7: Investieren
Wie Algorithmen die Märkte beherrschen 137

Kapitel 8: Verschlüsseln
Von NSA und RSA – Algorithmen und Privatsphäre   151

Kapitel 9: Komprimieren
Wie Algorithmen Speicherplatz sparen   165

Kapitel 10: Lieben
Romantik in Zeiten des Online-Datings   183

Kapitel 11: Lernen
Auf dem Weg zur künstlichen Intelligenz   197

Schluss
Wir sind nicht berechenbar!   213

Weitere Algorithmen
Der euklidische Algorithmus   233

Der Simplex-Algorithmus   235

Datenbanken   237

Schnelle Fourier-Transformation   239

Auto-Tune   240

Fehlerkorrektur   241

Mehrgitterverfahren   244

Literatur   247

Register   249

EINLEITUNG
DAS ZEITALTER DER ALGORITHMEN

Ich hatte kürzlich Geburtstag. Wer bei Facebook, dem sozialen Netzwerk, eingeschrieben ist, der weiß, was an diesem Tag passiert: Meine »Freunde«, also die Menschen, mit denen ich mich auf Facebook verbunden habe, bekommen an diesem Tag einen Hinweis. Dann können sie in meine »Chronik« einen Gruß hineinschreiben. Die meisten beschränken sich auf ein »Happy Birthday«, manche garnieren ihre Gratulation mit einem der vielen Emojis, die Facebook für solche Zwecke anbietet. Der Beglückwünschte freut sich, dass über 100 Menschen an diesem Tag an ihn denken. Er klickt bei jedem der Glückwünsche auf den »Gefällt mir«-Button. Am nächsten Tag, also nach 24 Uhr, so verlangt es die Etikette, postet er selbst einen Beitrag, in dem er sich für die vielen Glückwünsche bedankt und beteuert, dass er einen wundervollen Tag verbracht hat. Das lesen dann wiederum viele Freunde, die am Tag vorher den Anlass übersehen hatten, gratulieren nachträglich, und das Geburtstagskind freut sich noch einmal.

Im Ernst? Ist das das Niveau, auf dem wir heute unsere persönlichen Beziehungen pflegen? Gesteuert von einem Algorithmus, der dafür sorgt, dass wir keinen Jubeltag mehr vergessen? Haben wir die Verantwortung für unser soziales Leben dem Computer übergeben und klicken nur noch reflexhaft auf die Schaltflächen, die er uns anbietet? Babybild posten, Babybild liken, ach wie knuddelig, Smiley!

Man muss nicht gleich den Untergang des Abendlandes befürchten angesichts dieser neuen Rituale, die wir im Zeitalter der digitalen Vernetzung pflegen. Schließlich sind die Rituale der alten analogen Welt, mit Abstand betrachtet, nicht weniger absurd und manchmal sogar geradezu lächerlich. Und ich muss zugeben, dass ich mich tatsächlich über viele der Glückwünsche gefreut habe. Aber wir können es nicht abstreiten: Algorithmen haben unser Leben im Griff, und nicht alle Beispiele sind so harmlos wie dieses. Algorithmen suchen für uns nach Informationen, zeigen uns den Weg von A nach B. Sie beeinflussen, welches Buch wir lesen und welchen Film wir schauen. Sie beurteilen unsere Kreditwürdigkeit und haben zunehmend Einfluss darauf, welcher Bewerber eine begehrte Stelle bekommt. Sogar unsere Liebes- und Lebenspartner können wir uns per Algorithmus vermitteln lassen.

»Die Algorithmen« für allerlei Übel in der Welt verantwortlich zu machen, ist eine deutsche Spezialität. Wir beschuldigen nicht die Computer und deren Programme oder die Technik allgemein – nein, die Algorithmen sind uns unheimlich. In anderen Ländern hat das Wort längst nicht so eine Brisanz. In den USA habe ich im Supermarkt sogar einen Wein namens »Algorithm« gefunden, der in Deutschland wahrscheinlich im Regal verstauben würde. Schuld am schlechten Image der Algorithmen ist wohl hauptsächlich der 2014 verstorbene Herausgeber der *Frankfurter Allgemeinen Zeitung* Frank Schirrmacher. In seinen Büchern *Payback* und *Ego* machte er die Rechenregeln verantwortlich für die Endsolidarisierung der Gesellschaft und letztlich den Siegeszug des digitalen Kapitalismus.

Natürlich hat Schirrmacher den Gegner nicht zufällig gewählt. Hätte er sich den Computer vorgenommen, hätte man bei diesem noch an ein Werkzeug denken können, das man so oder so benutzen kann, zu guten oder schlechten Zwecken – wie etwa einen Hammer. Der Algorithmus dagegen ist für ihn mehr als ein reines Werkzeug – er ist ein logisches Prinzip, das unser Denken infiziert und schleichend unsere Zivilisation verändert. Wir setzen nicht nur den Computer für Berechnungen ein, wir halten alles für berechenbar. Und machen uns selbst berechenbar.

Was ein Algorithmus eigentlich ist, erklärt Schirrmacher nur unzureichend, und viele von denen, die das Wort heute im Mund führen, werden um eine Definition verlegen sein. Der Zweck dieses Buchs ist es, die Diskussion über die Macht der Algorithmen zu erden. Ich versuche, einige der wichtigsten Algorithmen zu erklären, die heute unser Leben beeinflussen. Dabei hoffe ich auf zwei Effekte beim Leser: Erstens möchte ich die Rechenverfahren ein wenig entmystifizieren. Wenn es heißt, dass der Algorithmus einer Supermarktkette herausfinden kann, ob eine Kundin schwanger ist (siehe Seite 117), dann klingt das zunächst nach Spionage in den intimsten Bereichen. Bei näherem Hinsehen entpuppt sich das Verfahren aber als eine simple Analyse der Einkaufshistorie der Kundin, die Alarm schlägt, wenn diese eine Reihe von bestimmten Produkten gekauft hat.

Ich hoffe aber auch, dass ich beim Leser ein wenig Bewunderung wecken kann für die teilweise genialen Ideen, die in Algorithmen stecken. Es geht bei der Entwicklung der Rechenverfahren ja nicht nur darum, ein Problem überhaupt zu lösen, sondern auf möglichst schlanke und elegante Weise. Wir erwarten, dass unser Navigationsgerät eine Route zwischen zwei Städten in ein paar Sekunden berechnet, sonst ist es nutzlos. Und selbst Aufgaben, die wir banal finden, etwa eine Liste alphabetisch zu sortieren, kann ein Computer elegant oder weniger elegant bewältigen. Allein für den Sortier-Job gibt es mindestens 15 trickreiche Algorithmen (siehe Seite 35).

Wenn man sich konkret mit Algorithmen beschäftigt, wird aber auch deutlich: Sie »denken« anders als wir. Ihre Stärke ist es, viele simple Rechenschritte in kürzester Zeit durchzuführen. Sie brauchen exakte Eingaben, und sie bestehen aus sehr konkreten kleinen Schritten, die einer nach dem anderen abgearbeitet werden. Ein Schachcomputer spielt anders als ein menschlicher Schachspieler. Er berechnet bis zu einem gewissen Horizont alle möglichen Spielzüge, bewertet sie kühl und sucht sich dann den besten aus. Das können Menschen nur bis zu einem gewissen Grad, sie verlassen sich viel mehr auf ihre Intuition und ziehen dann den Turm von h1 nach e1, weil es sich richtig anfühlt. Man kann Gefühle als eine geniale »Abkürzung« des Denkens ansehen: Wer aus dem Bauch heraus entscheidet, der schont den Kopf, entlastet sein Gehirn von der Aufgabe, jede Situation neu bis ins Letzte zu durchdenken. Er lässt sich buchstäblich von »Vor-Urteilen« leiten, die ihre Wurzel in seinen Erfahrungen haben. Man nennt solche intuitiven Denk-Abkürzungen auch »Heuristiken«.

Was ist die bessere Alternative? Das kann man nicht pauschal beantworten. Nehmen wir das Beispiel der Bewerberauswahl für eine zu besetzende Stelle: Viele Chefs werden sich ihres Bauchgefühls rühmen, das ihnen sagt, ob ein Bewerber auf die Stelle »passt«. Gut möglich, dass dahinter lediglich ein vorurteilsbehaftetes Schubladendenken steckt, das einsetzt, wenn ein dicker, schwarzer oder weiblicher Bewerber den Raum betritt. Es gibt gute Argumente dafür, Bewerbungsverfahren so lange wie möglich anonym durchzuführen – und auch dafür, zumindest eine gewisse Vorauswahl einem Algorithmus zu überlassen, der nur auf die objektiven Qualifikationen der Bewerber schaut.

Das heißt nicht, dass Algorithmen keine Vorurteile hätten und nicht diskriminierend wirken. Bekannt ist das Beispiel von Googles »Autocomplete«-Funktion, die einem schon während der Eingabe von Suchbegriffen Vorschläge macht. So ergänzte die Suchmaschine bei der Eingabe von »Bettina Wulff« ehrabschneidende Begriffe. Das lag natürlich daran, dass über die damalige Präsidentengattin die wildesten Gerüchte im Netz kursierten – und die »objektive« Suchmaschine gab sie blind wieder. Kurz bevor die Sache vor Gericht kam, änderte Google die Funktion, jetzt ist es möglich, rufschädigende Ergänzungen zu unterdrücken. Das geschieht aber nur, weil hier Menschen in den Algorithmus eingreifen. Lässt man ihm freien Lauf, so hat er immer noch einen hohen Unterhaltungswert: Gibt man »Angela Merkel ...« ein, so steht an oberster Stelle die Ergänzung »Jüdin«, auf »Darf man ...« ergänzt Google »... sein Kind Adolf nennen«.

Noch ein Google-Beispiel: Geben Sie einmal in die Bildersuche »CEO« ein, das Kürzel für den Vorstandschef einer Firma, das auch bei uns zunehmend verwendet wird. Als ich das getan habe, zeigten die ersten 49 Bilder Männer. Das 50. war eine Fotografie der »CEO Barbie«, einem Sondermodell der Anziehpuppe. Auf Platz 67 schließlich die erste richtige Frau, Angela Ahrendts, Ex-Chefin der Modemarke Burberry. Auf Platz 99 ein Foto der Yahoo!-Managerin Marissa Meyer, es begleitete die Meldung, dass sie 2012 einen gesunden Jungen zur Welt gebracht hatte. Die nächste Frau stand schließlich auf Platz 143: Ursula Burns von Xerox, gleichzeitig die erste Schwarze.

Dahinter steckt keine böse Absicht – der Algorithmus (siehe Kapitel 2) gibt letztlich das wieder, was die Nutzer ins Netz stellen beziehungsweise worauf sie klicken. Er zeigt uns den Status quo – und zementiert ihn damit gleichzeitig. In automatisch generierten Stellenanzeigen, die einem auf manchen

Websites begegnen, zeigte Google Männern höher dotierte Jobs als Frauen. Das ist ebenso wie das Ergebnis der Bildersuche eine logische Folge der Tatsache, dass Männer in den Chefetagen überrepräsentiert sind. Logisch im Sinne des Programms, das diese Anzeigen auswählt.

Algorithmen müssen diskriminieren, denn das ist ihr Zweck. Wenn ich ein Programm schreibe, das die Kreditwürdigkeit von Menschen beurteilen soll, dann muss ich manche Menschen gegenüber anderen bevorzugen. Welche Kriterien sollen dabei erlaubt sein? Rein statistisch kann kein Zweifel daran bestehen, dass bei Bewohnern eines Stadtteils, in dem vorwiegend biedere Eigenheime stehen, die Chance größer ist, dass sie brav ihre Monatsraten zahlen, als wenn der Kreditnehmer in einem heruntergekommenen Viertel wohnt. Aber es wäre unfair dem Einzelnen gegenüber, dieses Kriterium bei der Kreditvergabe heranzuziehen, weil es nicht direkt mit seiner Zahlungsmoral zusammenhängt. Deshalb wird es den Banken gesetzlich verboten. In anderen Bereichen, etwa beim Marketing, werden täglich bloß aufgrund ihrer Wohnadresse Urteile über Menschen gefällt, ob das fair ist oder nicht. Zum Beispiel gibt es Web-Shops, die nach der Postleitzahl beurteilen, ob sie ihrem Kunden eine Zahlung per Rechnung einräumen oder nicht.

Weil Algorithmen nach mathematischen Prinzipien arbeiten und auf denselben Input hin immer denselben Output produzieren, ist es leicht, sie als »objektiv«, als unbestechlich hinzustellen. Aber auch wenn ihre Berechnungen unpersönlich und kühl sein mögen – über sie hat immer ein Mensch entschieden. Sei es der Programmierer oder sein Auftraggeber. Wenn Facebook behauptet, der Algorithmus bringe uns immer nur die Nachrichten, die wir doch am liebsten sehen wollen, dann ist das natürlich Unsinn – dauernd schraubt der Konzern an den Reglern, die unterschiedliche Arten von Nachrichten in den Strom spülen, genauso wie Google die Kriterien für das Ranking seiner Suchergebnisse modifiziert. Für diese Kriterien kann man die Firmen kritisieren. Detailliertere Kritik könnte man üben, wenn man den Algorithmus kennen würde. Der aber ist ein Firmengeheimnis.

Die Firma Uber hat sich aufgemacht, das etablierte Taxisystem zu »disrupten«, wie man auf Silicon-Valley-Denglisch sagt. Ein hoch reguliertes System, das bei Anbietern und Kunden zu viel Frust führt, soll ersetzt werden durch einen freien Markt, bei dem das Angebot und auch der Preis durch die Nachfrage bestimmt werden. Die Uber-Tarife sind nicht konstant, sondern fluktuieren gewaltig – als im Dezember 2013 in New York ein Schneesturm tobte, mussten die Kunden plötzlich fast achtmal so viel bezahlen wie sonst. *Surge pricing* nennt Uber das. »Uber bestimmt nicht den Preis«, sagte der von vielen gehasste Uber-Chef Travis Kalanick 2013 dem Magazin *Wired*, »der Markt bestimmt den Preis. Wir haben Algorithmen, die herausfinden, was der Markt ist.«

Aber Uber ist keine gemeinnützige Mitfahrzentrale aus den 1980er-Jahren. Und seine Algorithmen reflektieren nicht nur den Markt, sondern sie greifen kräftig in diesen ein. Weder für den Anbieter, also den selbständigen Fahrer, noch für den Kunden ist die momentane Lage wirklich transparent. Öffnet der Kunde auf seinem Handy die App, sieht er auf dem Stadtplan rings um seinen Standort kleine Autos herumfahren. Aber das sind keine tatsächlichen Uber-Autos, die Firma hat zugegeben, dass es sich um eine symbolische Darstellung handelt: Denn wären auf der Karte keine Autos zu sehen, würde der Kunde vielleicht ein anderes Transportmittel wählen.

In der App für die Fahrer wiederum werden auf der Karte

farblich bestimmte Viertel hervorgehoben, in denen viele Kunden auf ein Taxi warten. Aber auch das ist nicht ein Abbild der tatsächlichen Nachfrage, sondern die *Prognose* des Algorithmus. Im besten Fall sorgt eine gute Prognose dafür, dass die Fahrer schon da sind, wenn die Nachfrage entsteht, etwa nach einem Konzert. Bei einer Fehlprognose irren die Fahrer auf der Suche nach Kundschaft durch die Straßen. Auf jeden Fall handelt es sich hier nicht um einen für Anbieter und Kunden transparenten Markt, sondern um die Illusion eines Marktes, die von Uber gemanagt wird.

»Sowohl Gesetze wie Algorithmen werden von Menschen geschrieben«, schrieb Andrian Kreye 2014 in der *Süddeutschen Zeitung.* »Der Unterschied liegt darin, dass die Gesetze der kollektive Ausdruck einer Gesellschaft sind. Soziale Veränderungen und vor allem Werte formen Gesetze. Algorithmen aber werden von Ingenieuren geschrieben. Die sind keine Vertreter der Gesellschaft, sondern handeln im Dienst eines Instituts, einer Firma, eines Geheimdienstes oder auch nur für sich selbst.« Die Gesellschaft täte also gut daran, über Algorithmen nachzudenken. Das kann man auch, ohne Programmierer zu sein. Sogar wenn der Quellcode des Algorithmus nicht bekannt ist: Selbst eine »Blackbox« kann man testen, indem man untersucht, wie sie auf unterschiedliche Eingaben reagiert. *Algorithmic accountability* nennt das der Medienwissenschaftler Nicholas Diakopoulos (siehe Seite 223).

Solche Initiativen, die versuchen, ein Bewusstsein für Algorithmen zu schaffen, erscheinen mir mehr zu versprechen als die Forderung nach staatlicher Aufsicht, nach einem »TÜV für Algorithmen«, wie ihn die Schriftstellerin Juli Zeh in der *Zeit* forderte. Auch die Forderung mancher EU-Politiker an Google, seine Algorithmen offenzulegen, ist nicht nur unrealistisch, sondern auch unfair – keine Firma sollte gezwungen werden, ihr Tafelsilber öffentlich zu verschenken. Je mehr »Algorithmisten« es aber in der Gesellschaft gibt (ein Ausdruck, den der Big-Data-Spezialist Viktor Mayer-Schönberger geprägt hat), also Experten, die Algorithmen analysieren, testen und beurteilen können, umso mehr wird auch die Öffentlichkeit die Algorithmen hinterfragen, die unser Leben bestimmen.

Und vielleicht weicht dann auch die undifferenzierte Ablehnung von allem, was computerberechnet ist, einer kenntnisreicheren Beurteilung. »Wir wissen nicht, was sie tun, deswegen empfinden wir zu Recht massives Unbehagen an der Digitalisierung. Wir werden durchschaut, können aber nicht zurückschauen«, schreibt Christoph Kucklick in seinem 2015 erschienenen Buch *Die granulare Gesellschaft*. Je mehr wir zurückschauen, mit und ohne Expertenhilfe, umso weniger dämonisch werden die Computerprogramme sein, und umso nüchterner kann man die Interessen analysieren, die sich in ihnen materialisieren. Und umso häufiger entscheiden nicht die Algorithmen für uns, sondern wir entscheiden uns für Algorithmen, weil sie unser Leben vereinfachen.

Und die Algorithmen, auf die wir keinen Einfluss haben, können wir zumindest verwirren. Wenn wir nicht verhindern können, dass wir Datenspuren hinterlassen, können wir immerhin verwirrende Spuren erzeugen. *Obfuscation* nennt man das auf Englisch, was so viel heißt wie Verdunkelung, Vernebelung. Es gibt ein Programm namens AdNauseam, das im Hintergrund auf sämtliche Werbebanner klickt, die beim Surfen eingeblendet werden. Damit wird das Profil der persönlichen Vorlieben eines Nutzers völlig unbrauchbar. Eine App namens TrackMeNot stellt laufend sinnlose Anfragen bei Google und verwässert damit ebenfalls das persönliche Profil. Man kann Obfuscation auch in der richtigen Welt betreiben – etwa indem Kunden im Supermarkt ihre Kundenkarten tau schen. Dann profitieren sie immer noch von Sonderangeboten, machen aber den Algorithmen das Leben schwer. Es gibt bereits ein Buch, das eine Fülle solcher Anti-Algorithmen-Streiche aufführt (*Obfuscation. A User's Guide for Privacy and Protest* von Finn Brunton und Helen Nissenbaum).

Aber in vielen Fällen lassen wir uns ja freiwillig von Algorithmen überwachen. Wer, wie die Selbstvermesser der »Quantified Self«-Bewegung, alle seine täglichen Aktivitäten und biologischen Parameter in Form von Daten und Messwerten abspeichert und sich dann von einem Computer den persönlichen Ernährungs- und Trainingsplan berechnen lässt, der entscheidet sich bewusst für ein algorithmisches Leben. Viele finden es angenehm, wenn eine äußere Instanz ihnen die Arbeit abnimmt, das eigene Leben zu planen – seien es Eltern, der Arbeitgeber oder eben ein Algorithmus. Ob ein dermaßen optimiertes Leben ein glücklicheres ist, ist eine andere Frage.

Eine Sorte von Computerprogrammen sollten wir allerdings in den nächsten Jahren besonders im Auge behalten: die neuronalen Netze, neuerdings mit dem Schlagwort »Deep Learning« etikettiert (siehe Kapitel 11). Bei denen kann man drüber streiten, ob man sie noch als Algorithmen bezeichnen will – sie laufen zwar auf gewöhnlichen Computern seriell und nach vorgegebenen Programmstrukturen ab, aber sie lernen selbsttätig, Dinge zu kategorisieren und daraus Regeln abzuleiten. Und diese Regeln liegen, anders als bei klassischen Algorithmen, nicht explizit vor. Nicht einmal der Programmierer weiß, was sich das neuronale Netz da zusammengereimt hat. Diese Netze werden die intelligenten Maschinen der Zukunft steuern – die selbstfahrenden Autos, die Übersetzungsmaschinen, die digitalen persönlichen Assistenten. Man muss nicht gleich darüber fantasieren, ob sie uns Menschen bald intellektuell überlegen sein werden. Aber sie werden zunehmend in unser

Leben eingreifen, und das nach Regeln, die wir nur erahnen können.

Ein paar Worte noch zu den Algorithmen, die ich für dieses Buch ausgewählt habe. Im Rahmen eines populären Buchs ist der Grad an Komplexität, den man vermitteln kann, begrenzt – deshalb kommen in vielen Kapiteln als Beispiele Algorithmen vor, die schon ein paar Jahre oder Jahrzehnte alt sind, oft waren sie die Ersten ihrer Art und haben eine ganze Schar von weiteren, komplizierteren Programmen hervorgebracht. Sie stehen also stellvertretend für eine ganze Klasse von Verfahren, die in dem jeweiligen Gebiet angewandt werden. Ich habe versucht, die wichtigsten Algorithmen zu identifizieren, die heute und in Zukunft unseren Alltag beeinflussen werden. Außen vor geblieben sind die für Mathematiker teilweise bahnbrechenden Verfahren, mit denen sich etwa die Berechnung bestimmter Gleichungssysteme schneller beschleunigt hat als die Rechenkapazität der Hardware, die sich nach dem mooreschen Gesetz alle zwei Jahre verdoppelt (siehe Seite 29).

Dieses Buch ist weder ein Manifest gegen die bedrohlichen Algorithmen, noch bejubelt es die Segnungen der Computerverfahren, ohne ihre Schattenseiten zu sehen. Mit einfachen Antworten kann ich nicht dienen. Ich bin fest davon überzeugt, dass Bildung dabei helfen kann, sich souveräner in der neuen Welt zu bewegen. Grundlagen der Algorithmen gehören in die Lehrpläne der Schulen, auch ein paar einfache Programmierfähigkeiten können nicht schaden. Je mehr wir über die Verfahren wissen, die uns täglich begegnen, umso weniger hilflos müssen wir uns ihnen gegenüber fühlen. Und umso weniger berechenbar werden wir.

KAPITEL 1: RECHNEN
SCHRITT FÜR SCHRITT ZUM ZIEL

»Es werden 500 g Spargel geschält, 15 Minuten in Wasser gekocht und dann in Stücke geschnitten. Die Köpfe beiseitestellen, der Rest wird mit dem Mixstab püriert. Das Püree dann durch ein Haarsieb drücken, bis auch der letzte Tropfen des Spargelsafts herausgepresst ist ...«

Wolfram Siebeck schreibt seit Jahrzehnten in der *Zeit* über das Kochen, und seine Rezepte (hier: Spargelflan mit Paprikasauce) werden von vielen glühenden Verehrern und Verehrerinnen nachgekocht. Siebeck liebt eine blumige Sprache, oft benutzt er die erste Person: »Die kleinen Wunderwerke sehen ein bisschen blass aus. Deshalb habe ich vorher auf die Teller rote Paprikasauce gegossen. Die ist folgendermaßen entstanden ...« Aber reduziert man seine Journalistenprosa auf ihr logisches Geripppe, dann ist jedes seiner Rezepte ein Algorithmus.

Ein Algorithmus ist eine Reihe von Vorschriften, bei der jeder Schritt eindeutig definiert ist. Ein Rezept eben. An keiner Stelle muss der Hobbykoch, der Siebecks Gericht nachkochen will, eine kreative Eingebung haben – hält er sich stur an Siebecks Vorschrift, dann sollte eine genießbare Mahlzeit dabei herauskommen.

Damit aus Siebecks Sätzen ein Algorithmus wird, den zur

Not auch ein Kochroboter nachvollziehen kann, müssen sie in eine formale Sprache übersetzt werden. Das kann zum Beispiel ein Flussdiagramm sein. Ich habe mir die Mühe gemacht, einen Teil des Rezepts (ohne die Sauce) in ein solches Diagramm zu übersetzen.

An diesem Beispiel erkennt man schon einige Eigenschaften, die einen Algorithmus ausmachen:

- Er hat einen Anfang und ein Ende. Das mag sich jetzt banal anhören, ist es aber gar nicht: Zum Beispiel heißt es in Siebecks Rezept: »Deshalb habe ich vorher ...« Das heißt, es gab einen zweiten Strang von Anweisungen, die zur fertigen Paprikasauce führten. Ein Algorithmus hat aber einen einzigen Anfangspunkt, deshalb muss man die Zubereitung der Sauce irgendwo in diesem einen Strang unterbringen. (Das ist auch im wirklichen Leben so, wenn ein einzelner Koch ein Gericht zubereitet, er kann immer nur eine Sache auf einmal tun – deshalb habe ich eine starke Abneigung gegen Rezepte, die einem irgendwann sagen, was man eigentlich schon hätte tun müssen!)
- Er besteht aus endlich vielen Anweisungen. Das heißt nicht unbedingt, dass er auch nach endlich vielen Schritten zu Ende ist, wie wir gleich sehen werden!
- Jeder Schritt ist ein präzise definierter Befehl. Jedenfalls sollte er es sein – hier gibt es ein paar Freiheiten: Der Befehl »Mit Salz, Pfeffer und Muskat abschmecken« enthält keine Mengenangaben, da ist durchaus Raum, das Gericht zu verderben. Und beim Backen im Ofen fehlt die Temperaturangabe – die sollte in einem Rezept tatsächlich drinstehen.
- Meistens folgt ein Befehl auf den nächsten, es gibt aber einige Stellen, an denen sich das Diagramm verzweigt, erkennbar an den rautenförmigen Abfragen. Dort wird jeweils

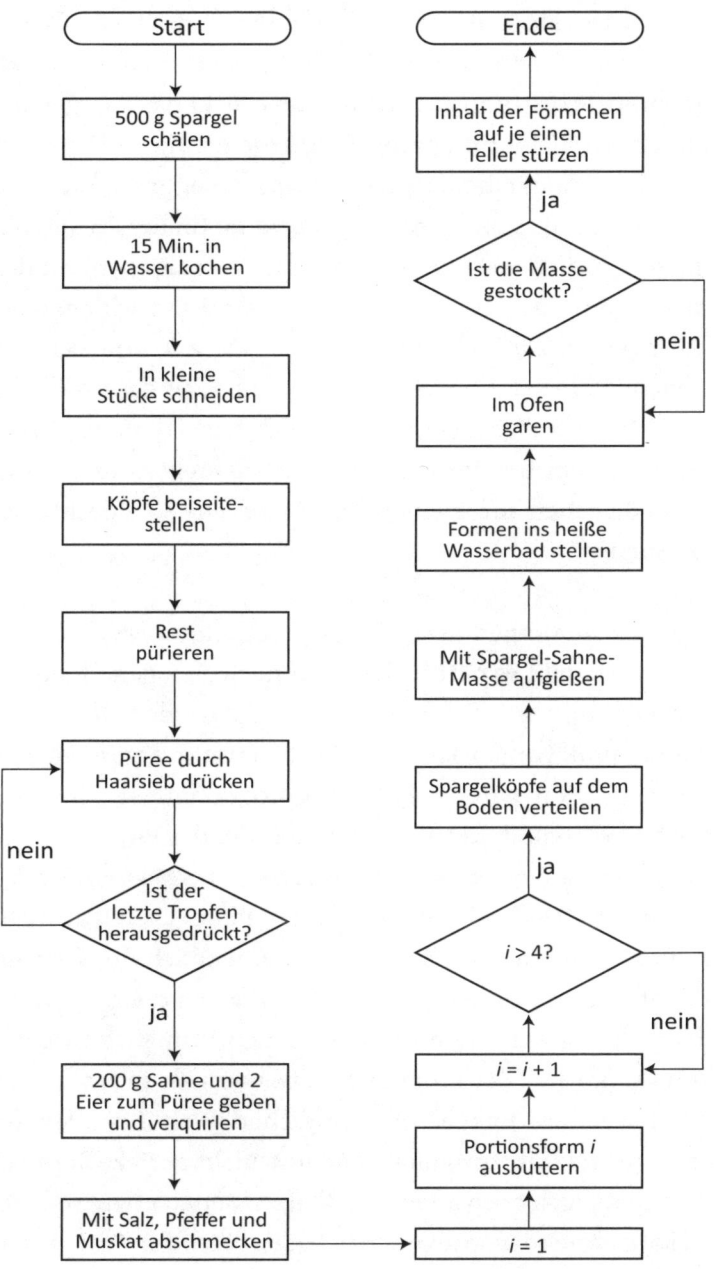

Start

500 g Spargel
schälen

15 Min. in
Wasser kochen

In kleine
Stücke schneiden

Köpfe beiseite-
stellen

Rest
pürieren

Püree durch
Haarsieb drücken

Ist der
letzte Tropfen
herausgedrückt?

nein

ja

200 g Sahne und 2
Eier zum Püree geben
und verquirlen

Mit Salz, Pfeffer und
Muskat abschmecken

Ende

Inhalt der Förmchen
auf je einen
Teller stürzen

ja

Ist die Masse
gestockt?

nein

Im Ofen
garen

Formen ins heiße
Wasserbad stellen

Mit Spargel-Sahne-
Masse aufgießen

Spargelköpfe auf dem
Boden verteilen

ja

$i > 4$?

nein

$i = i + 1$

Portionsform i
ausbuttern

$i = 1$

überprüft, ob eine gewisse Bedingung erfüllt ist. Falls ja, folgt der nächste Schritt, falls nein, geht man einen oder mehrere Schritte zurück. Also: Man drückt das Spargelpüree durch ein Sieb und überprüft in regelmäßigen Abständen, ob alles Wasser herausgedrückt ist. Oder man backt den Flan im Ofen so lange, bis er gestockt ist (in der Praxis sollte man natürlich nicht einmal pro Minute nachsehen, sondern frühestens nach 30 Minuten). In einem Fall läuft bei dieser Abfrage ein Zählindex von 1 bis 4 – diese kompliziert aussehende Prozedur bedeutet nichts weiter, als dass vier Portionsformen ausgebuttert werden. Ich hätte das auch für die Schritte »Formen ins heiße Wasserbad stellen« und »Inhalt der Förmchen auf je einen Teller stürzen« so aufschlüsseln können.

Da die Anweisungen in umgangssprachlichem Deutsch gegeben werden, gibt es natürlich immer noch genügend Raum für Missverständnisse. So steht nirgends, dass der Ofen eingeschaltet und vorgeheizt wird. Man könnte argumentieren, dass »Im Ofen garen« ein Unterprogramm ist, das diese Schritte beinhaltet. Ein absoluter Laie, der das Programm ausführt, könnte das übersehen – und weil die Masse im kalten Ofen nicht stockt, wird die Abfrage nie mit »ja« beantwortet, das Programm dreht sich sozusagen unendlich im Kreis und gelangt nie zu seinem Endpunkt. Das passiert auch mit schlecht programmierten Computeralgorithmen bisweilen – dann »hängt sich das Programm auf«, wie man so schön sagt.

Und weil wir uns in der wirklichen Welt befinden und Lebensmittel Naturprodukte sind und nicht perfekt normiert, gibt es natürlich noch andere Stellen, an denen etwas schiefgehen kann. Aber davon abgesehen, ist das Siebeck-Rezept ziemlich idiotensicher.

Diese »Idiotensicherheit« ist das Wesen jedes Algorithmus. Er lässt im Idealfall keinen Raum für Interpretation. Zu jeder Zeit ist klar, was zu tun ist und was danach zu tun ist. Der Ausführende – sei es ein Mensch oder ein Computer – muss nicht über besondere Intelligenz verfügen, sondern nur die Anweisungen lesen und präzise ausführen können. Die Gebrauchsanweisung zum Bau eines Ikea-Regals ist ein Algorithmus – wenn das Regal nachher schief ist, dann liegt das nicht am Algorithmus, sondern daran, dass der Kunde die Schritte nicht korrekt ausgeführt hat. Jedenfalls würde Ikea das behaupten.

Auch wenn der Gegenstand eines Algorithmus abstrakte Objekte wie Zahlen und Buchstaben sind: Der Algorithmus ist kein Computerprogramm, sondern die allgemeine Struktur eines klar definierten Prozesses. Ein Computerprogramm ist eine Umsetzung des Algorithmus in eine Sprache, die der Computer versteht.

Ein Algorithmus hat also immer etwas Zwanghaftes. Er führt bei gleichen Anfangsbedingungen immer zum selben Ergebnis. Damit ähnelt er den sogenannten Rube-Goldberg-Maschinen, die Sie vielleicht schon einmal in einem Film gesehen haben: Ein Ball fällt auf eine Wippe, die Wippe stößt einen Dominostein um, es folgt eine ganze Kaskade von Ereignissen, die perfekt choreografiert sind und teilweise extrem unwahrscheinlich erscheinen. Aber wenn man die physikalischen Bedingungen genau kontrolliert, passiert jedes Mal dasselbe.

Solche Maschinen faszinieren uns, weil sie auf den ersten Blick chaotisch wirken, ihnen aber eine uhrwerkhafte Präzision innewohnt. Wenn A, dann B. Wenn B, dann C. Und so weiter. Ordnung in einer sonst oft unberechenbaren Welt.

Abstrakte Regeln allein reichen nicht aus, damit etwas ein Algorithmus ist. Zum Beispiel ist das Schachspiel ein sehr formalisiertes, in sich begrenztes System, das sich sehr abstrakt beschreiben lässt. Ein Algorithmus ist es deshalb noch lange nicht – auf einen Zug folgt nicht zwingend ein anderer, immer muss der Spieler über den nächsten Schritt entscheiden.* Aber natürlich kann man Algorithmen entwickeln, die Schach spielen. Sie berechnen zu jedem Zeitpunkt den nächsten Zug – etwa, indem sie alle möglichen Züge bestimmen, jeden davon nach einem gewissen System bewerten und dann den mit der höchsten Wertung auswählen.

Auch wenn Algorithmen aus einfachen Schritten bestehen – auch der simpelste Algorithmus kann zu komplexen Ergebnissen führen. Das zeigen in der Mathematik etwa die Fraktale, jene unendlich verästelten Formen, die auf sehr einfachen Regeln beruhen. Das berühmte »Apfelmännchen« etwa entsteht letztlich aus einer Funktion, bei der aus einer Zahl x der Wert $x^2 + c$ berechnet wird, mit einer festen Zahl c. Oft sehen wir das Ergebnis eines Algorithmus und denken: Dahinter muss doch Intelligenz oder Kreativität stecken! In Wirklichkeit sind es nur ein paar simple Befehle. Das werden Sie in den folgenden Kapiteln noch des Öfteren sehen.

Kann ein Algorithmus Kunst produzieren? Zumindest reproduzieren kann er sie: So sind musikalische Partituren zunächst auch nichts weiter als Algorithmen – sie legen fest, welche Noten in welcher Reihenfolge zu spielen sind. Man kann nach der Vorlage eines Notenblatts die Walze einer Spieluhr bauen, die dann mechanisch das Musikstück beliebig oft spielt.

Moment, werden Sie sagen, das ist doch eine rein maschi-

---

* Nach vielen Jahren Spielpraxis wird ein erfahrener Spieler auf bestimmte Stellungen der Figuren fast automatisch reagieren, so wie auch ein Autofahrer nicht bewusst auf Kupplung, Bremse und Gas tritt. Solche automatisierten Handlungen können zum sogenannten »Flow«-Zustand führen – unser Körper führt diese Tätigkeiten algorithmisch aus, sodass unser Bewusstsein davon befreit ist und der Geist auf Wanderschaft gehen kann.

nelle Reproduktion der Noten, da steckt doch weder Gefühl noch Interpretation drin. Das stimmt. Ein menschlicher Pianist zum Beispiel nimmt die Noten und fügt ihnen etwas hinzu: Er schlägt die Tasten unterschiedlich stark an, er verzögert und beschleunigt. Das alles kann man elektronisch aufzeichnen (mit sogenannter Midi-Software) und dann jederzeit reproduzieren, was aber auch nichts grundsätzlich anderes ist als das Abspielen einer Tonbandaufnahme. Aber inzwischen gibt es Software, die einen »menschlichen Faktor« in die Wiedergabe eines Musikstücks einbaut. Die Noten werden nicht mathematisch präzise wiedergegeben, sondern mit leichten Variationen in Länge und Lautstärke. Wissenschaftler an der Uni Wien haben sogar die interpretatorischen »Fingerabdrücke« berühmter Pianisten analysiert. Vielleicht kann man sich eines Tages aussuchen, in welchem Stil man ein bestimmtes Stück interpretiert haben will. Der Algorithmus besorgt den Rest.

Man muss also dem Produkt eines Algorithmus das Maschinelle nicht ansehen, das in ihm steckt. Das Berechnete sieht nicht immer berechnet aus. Das zeichnet viele der Algorithmen aus, die uns in diesem Buch interessieren werden: Programme, deren Output fast menschlich auf uns wirkt. Sie suchen zu einem Menschen den passenden Partner, sie wählen die Nachrichten nach unseren Vorlieben aus, schlagen uns ein neues Buch vor, verbinden uns mit unseren Freunden. Sie spielen Schach wie ein Mensch (oder besser), sie reden mit uns in fast fehlerfreiem Deutsch, sie erkennen, was auf Bildern zu sehen ist. Aber ist das wirklich dasselbe, als wenn ein Mensch das tut? Sind wir wirklich so berechenbar? Was bleibt uns noch an Unberechenbarem? Zu der Frage werden wir am Ende des Buchs zurückkommen.

Eine gewisse Abneigung gegen das Rechnen haben nicht nur

Menschen, die der Mathematik sehr fernstehen. Als ich Mathematik studierte, Ende der 1970er-Jahre, lief durch diese Wissenschaft noch ein ziemlich tiefer Graben: auf der einen Seite die »reine« Mathematik, deren Vertreter mit Papier und Bleistift, Kreide und Tafel arbeiteten und nach Beweisen für komplizierte Theoreme suchten; und auf der anderen Seite die »angewandte« Mathematik, die nach Rechenverfahren für die damals noch riesigen Computer suchte. Die erste Gruppe blickte oft ein wenig verächtlich auf die zweite herunter. »Die rechnen doch nur!«

Auch ich hatte damals nicht viel für die angewandte Mathematik übrig. Einen Beweis zu finden ist eine kreative Tätigkeit, für die es eben kein Rezept gibt. Was ich damals nicht sah: Ein Algorithmus mag ein Rezept sein, aber ihn zu finden ist eine genauso kreative Tätigkeit wie das Austüfteln eines theoretischen Beweises. Nehmen wir das Problem, den kürzesten Weg zwischen zwei Punkten auf der Landkarte zu finden. Das war vom Standpunkt eines borniertern reinen Mathematikers eine triviale Aufgabe: Man betrachtet einfach alle möglichen Wege von A nach B und wählt den kürzesten aus. Dass dies bei einer hinreichend komplizierten Karte praktisch unmöglich ist, war nach dieser Denkweise egal – es ging ja ums Prinzip.

Dabei ist es natürlich eine intellektuell sehr anspruchsvolle Aufgabe, einen Algorithmus zu finden, der einen solchen Weg in einer vertretbaren Zeit findet (siehe Kapitel 3). Umgekehrt beruhen moderne Verschlüsselungsalgorithmen darauf, dass es eben kein bekanntes Verfahren gibt, das eine große Zahl in ihre Primfaktoren zerlegen kann, bevor unser Universum an sein Ende gekommen ist. Verbunden mit einem Algorithmus ist immer die Frage, wie viel Rechenzeit er beansprucht.

Ist das überhaupt eine interessante Frage, wenn doch die Computer immer schneller werden? Ich habe weiter oben schon das mooresche Gesetz erwähnt – jene empirische Regel des Intel-Ingenieurs Gordon Moore, nach der sich die Zahl der Transistoren auf einem Chip alle zwei Jahre verdoppelt. Damit einher gehen die Speicherkapazität von Chips und die Rechengeschwindigkeit. Seit er das Gesetz 1965 formulierte, hat es sich immer wieder als treffend erwiesen. Die heutigen Rechner rechnen mehr als zehn Millionen Mal so schnell wie damals, die Rechenkraft eines Supercomputers der 1990er-Jahre steckt heute in einem Handy – warum muss man sich dann überhaupt Sorgen machen um die Effizienz eines Algorithmus?

Was viele nicht wissen: Die rasante, exponentielle Entwicklung der Computer-Hardware wurde begleitet von einer oft noch größeren Beschleunigung der Software. Aus einer Veröffentlichung des Fraunhofer-Instituts für Algorithmen und Wissenschaftliches Rechnen (SCAI) habe ich die folgenden Zahlen: Zwischen 1985 und 2005, also in 20 Jahren, wurden die Prozessoren der Rechner um den Faktor 4000 schneller. Das heißt: Derselbe Algorithmus, der auf den alten Maschinen eine Laufzeit von 56 Stunden hatte, brauchte nun nur noch 50 Sekunden. Aber dieser Algorithmus war nicht mehr gebräuchlich, man benutzte jetzt einen, der 20000-mal so schnell war. Und das bedeutet: Selbst auf der alten Hardware hätte dieser Algorithmus nur zehn Sekunden gebraucht, war also schneller als der alte Algorithmus auf den neuen Computern. Und ließ man den neuen Algorithmus auf der neuen Hardware laufen, dann brauchte er nur noch eine Zehntelsekunde – eine Verbesserung um den Faktor zwei Millionen, an der die Verbesserung der Software, des Algorithmus, den größeren Anteil hatte.

Mathematiker und Informatiker sind also an Algorithmen interessiert, die eine möglichst kurze Laufzeit haben. Die messen sie nicht auf einem bestimmten Computer, sondern in einer allgemein definierbaren Form. Insbesondere fragen sie danach, wie sich die Laufzeit verändert, wenn man immer größere Zahlen eingibt. Wenn also etwa der Input statt vier Ziffern acht Ziffern hat – verdoppelt sich dann die Laufzeit, vervierfacht sie sich oder wächst sie noch schneller? Dieses Wachstum im Zaum zu halten ist eine der wichtigsten Aufgaben der Entwickler von Algorithmen.

Betrachten wir ein Beispiel, die Multiplikation. Eine der Grundrechenarten – wir haben uns daran gewöhnt, dass ein Computer zwei beliebig große Zahlen in Sekundenbruchteilen miteinander malnehmen kann. Umso mehr mag es manchen erstaunen, dass noch immer an neuen Algorithmen zum Multiplizieren geforscht wird. Für gewöhnliche Zahlen benutzen auch Computer die Rechenmethode, die wir alle in der Schule gelernt haben. Aber manchmal müssen Mathematiker sehr, sehr große Zahlen miteinander multiplizieren. Wenn die beiden Faktoren jeweils eine Milliarde Stellen haben, dann kann die Multiplikation selbst auf einem modernen Computer einige Wochen dauern. Moderne Algorithmen schaffen das dagegen in weniger als zwei Minuten.

Wie berechnen wir gewöhnlich das Produkt zweier mehrstelliger Zahlen, etwa 5134 und 2674? Bei den meisten Menschen sieht das etwa so aus:

$$
\begin{array}{r}
5134 \cdot 2674 \\
\hline
10268 \\
30804 \\
35938 \\
20536 \\
\hline
13728316
\end{array}
$$

Wir nehmen die linke Zahl nacheinander mit jeder Ziffer der rechten Zahl mal und schreiben diese Ergebnisse versetzt so untereinander, dass am Ende die Zehner, Hunderter, Tausender und so weiter richtig übereinanderstehen. Um diese Rechnungen auszuführen, müssen wir nur das kleine Einmaleins beherrschen* sowie die Addition. Insgesamt führen wir dabei 16 elementare Multiplikationen aus und zwölf elementare Additionen. Informatiker interessieren sich vor allem für die Zahl der Multiplikationen, die beträgt bei zwei n-stelligen Zahlen n^2.

Aber nicht überall auf der Welt wird so multipliziert. In Japan gibt es eine grafische Methode zur Multiplikation, die oft als verblüffend einfach hingestellt wird. Ein paar Striche, ein bisschen zählen – und schon hat man das Ergebnis! Ohne das Einmaleins zu können! So multipliziert man zum Beispiel 16 mit 11:

$16 \cdot 11$

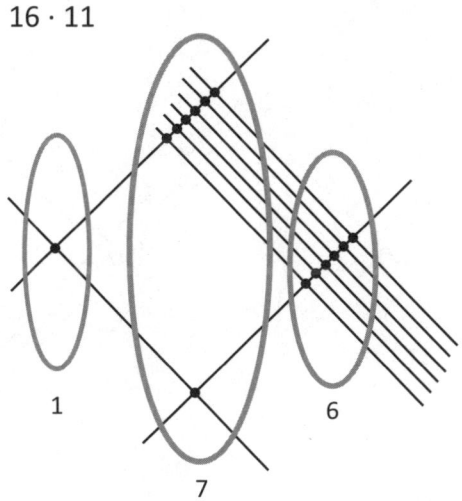

---

* Computer rechnen tief in ihrem Inneren ja nicht mit dem Zehnersystem, sondern mit dem Binärsystem, in dem es nur die Ziffern 0 und 1 gibt. In diesem System ist das kleine Einmaleins recht einfach: $1 \cdot 1 = 1$, $1 \cdot 0 = 0$, $0 \cdot 0 = 0$.

Man malt diagonal Striche entsprechend den Stellen der beiden Zahlen. Dann bildet man vertikal drei Gruppen und zählt die Kreuzungspunkte in diesen Gruppen zusammen – das sind die Stellen des Ergebnisses 176.

Allerdings enthalten die Beispiele, die im Internet verbreitet sind, immer recht kleine Ziffern. Sobald man größere nimmt, etwa 6 und 7, muss man schon 42 Punkte zählen – da ist es vielleicht doch praktischer, das kleine Einmaleins zu beherr-

231 · 312

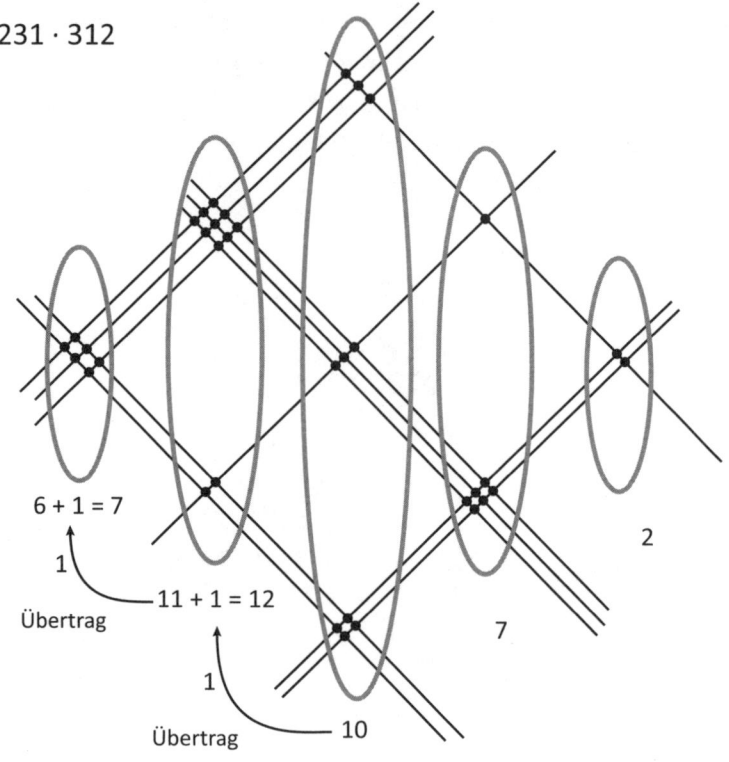

72072

schen. Überhaupt wird das Verfahren ziemlich unhandlich, sobald sich die Punkte zu mehr als zehn addieren, dann muss nämlich auch der Japaner einen Übertrag machen. Schon bei relativ kleinen dreistelligen Zahlen ist das kaum vermeidbar.

Ist das wirklich einfacher als unsere Schulmethode? Ich habe meine Zweifel. Es gibt aber eine tatsächlich verblüffend einfache Methode zum Multiplizieren, die ohne das Einmaleins auskommt: die sogenannte »Russische Bauernmultiplikation«. Für die muss man neben dem Addieren nur zwei Operationen beherrschen: das Verdoppeln und das Halbieren einer Zahl. So sieht die Multiplikation der Zahlen von weiter oben dann aus:

5134	·	2674
2567		5348
1283		10696
641		21392
320		~~42784~~
160		~~85568~~
80		~~171136~~
40		~~342272~~
20		~~684544~~
10		~~1369088~~
5		2738176
2		~~5476352~~
1		10952704
		13728316

Der Algorithmus funktioniert folgendermaßen: Die linke Zahl wird fortlaufend halbiert – wobei man abrundet, wenn die Hälfte keine ganze Zahl ist. Das macht man so lange, bis man bei 1 angekommen ist. Die rechte Zahl wird entsprechend oft verdoppelt. Nun streicht man immer dann, wenn in der linken

Spalte eine gerade Zahl steht, die Zahl auf der rechten Seite durch. Die Zahlen, die in der rechten Spalte übrig bleiben, werden addiert – und heraus kommt das korrekte Ergebnis. Können Sie erklären, warum das so ist?

Die Russische Bauernmultiplikation mag einfacher sein, aber die Zahl der Rechenschritte reduziert sie nicht. Um das zu erreichen, betrachten wir noch eine dritte Multiplikationsmethode: den sogenannten Karazuba-Algorithmus, entwickelt 1960 von dem russischen Mathematiker Anatoli Alexejewitsch Karazuba. Für den zerlegen wir die beiden vierstelligen Zahlen in je zwei zweistellige: 51 | 34 und 26 | 74. Und dann bilden wir drei neue Zahlen:

$$a = 51 \cdot 26 = 1326$$
$$b = 34 \cdot 74 = 2516$$
$$c = (51 + 34) \cdot (26 + 74) = 85 \cdot 100 = 8500$$

Das Ergebnis errechnet sich dann folgendermaßen:

$$5134 \cdot 2674 = a \cdot 10\,000 + (c - a - b) \cdot 100 + b = 13\,260\,000 + 465\,800 + 2516 = 13\,728\,316$$

Bei dieser Rechnung wurden nur 13 Elementarmultiplikationen ausgeführt (bei der Berechnung von a, b und c), der Rest waren Additionen.

Macht das einen großen Unterschied aus? Für große Zahlen ja! Allgemein gesagt: Während bei der Schulmethode die Rechenzeit für die Multiplikation zweier n-stelliger Zahlen mit dem Faktor n^2 wächst, nimmt sie bei Karazubas Algorithmus nur mit dem Faktor $n^{1,58}$ zu. Wie groß ist dieser Unterschied? Nehmen wir an, die beiden Zahlen hätten eine Million Stellen, dann werden bei der Schulmethode 1 000 000 000 000

Elementarmultiplikationen ausgeführt, also eine Billion, beim Karazuba-Algorithmus nur etwa 3 000 000 000, also drei Milliarden. Damit ist er für diese Zahlen etwa 300-mal so schnell!

Die meisten der Algorithmen, die ich in den folgenden Kapiteln vorstelle, arbeiten im Zeitalter von Big Data mit riesigen Datenmengen. Auch wenn jede einzelne Operation, die sie durchführen, einfach und oft banal erscheint, sind es in der Summe so viele Einzelschritte, dass die Laufzeitüberlegungen bei jedem Algorithmus wichtig sind.

Besonders banal finden wir Operationen, die mit »echtem« Rechnen gar nichts zu tun haben. Zum Beispiel so simple Dinge wie das Sortieren einer Liste. Haben Sie sich jemals darüber Gedanken gemacht, wie Sie eine Liste von Namen alphabetisch sortieren? Das müssen Computer ständig, und es gibt sehr viele Algorithmen, die das mehr oder weniger effizient tun.

Ein Beispiel: Sie haben gestern Abend Musik gehört, und Sie gehören noch zu der Generation, die CDs im Regal stehen hat. Jetzt liegen dort zehn CDs in zufälliger Reihenfolge, und Sie wollen sie alphabetisch nach Interpreten sortieren. Hier ist Ihre Sammlung:

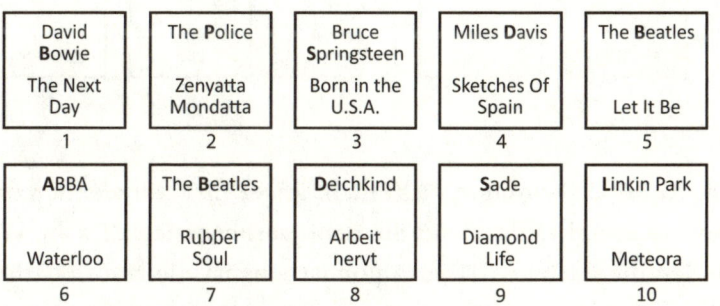

Wir wollen Einzelinterpreten mit ihrem Nachnamen einsortieren, also Bruce Springsteen unter S, und Bands ohne Berücksichtigung des Artikels, also die Beatles unter B. CDs vom selben Interpreten (hier die Beatles) können am Ende in beliebiger Reihenfolge stehen.

Die meisten Menschen wenden spontan eine Methode an, die unter dem Namen *Selectionsort* bekannt ist: Man geht durch den Stapel durch, schaut alle CDs an und findet die, welche als erste im Alphabet kommt. In diesem Fall ABBA. Die nimmt man ganz nach vorne. Wenn man einen CD-Stapel in der Hand hat, rutschen dann ganz automatisch alle anderen eine Position weiter nach hinten. Im Computer wäre das sehr aufwendig, weil dabei jeder Speicherplatz neu beschrieben würde. Deshalb tauschen wir nur die ABBA-CD mit der, die auf Platz 1 stand, also David Bowie.

Die ABBA-CD wird nun nicht mehr angerührt, wir wenden das gleiche Verfahren nun auf die neun verbliebenen CDs an: Wir finden die nächste CD im Alphabet – es ist die erste Beatles-Platte, *Let It Be*. Die kommt auf Platz 2 und tauscht mit The Police:

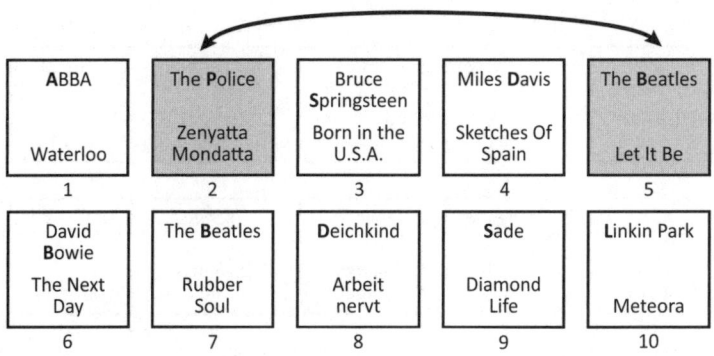

ABBA Waterloo	The Police Zenyatta Mondatta	Bruce Springsteen Born in the U.S.A.	Miles Davis Sketches Of Spain	The Beatles Let It Be
1	2	3	4	5
David Bowie The Next Day	The Beatles Rubber Soul	Deichkind Arbeit nervt	Sade Diamond Life	Linkin Park Meteora
6	7	8	9	10

Das ist vielleicht das einfachste, aber auch das aufwendigste Sortierverfahren. Bei jedem Schritt vergleiche ich die erste CD mit allen nachfolgenden. Es finden also 9 + 8 + 7 + 6 + 5 + 4 + 3 + 2 + 1 = 45 Vergleiche statt, und bis zu neunmal werden zwei CDs vertauscht (wenn man nicht das Glück hat, dass die richtige CD schon an erster Stelle steht). Sortiert man n CDs, dann muss man insgesamt $n \cdot (n - 1)/2$ Vergleiche durchführen oder $(n^2 - n)/2$. Mathematiker interessieren sich nicht für die Details, sie sagen: Die Komplexität dieses Algorithmus hat die Ordnung n^2.

Manche Leute sortieren ein bisschen geschickter und benutzen das Verfahren *Insertionsort*. Dabei geht man nicht immer den ganzen Stapel durch, sondern baut die richtige Reihe Stück für Stück auf, wobei man immer die nächste CD an der richtigen Stelle einsortiert. Konkret:

Man vergleicht die zweite CD – The Police – mit der ersten – David Bowie – und stellt fest: Die Reihenfolge ist korrekt. Auch die dritte CD – Bruce Springsteen – steht im Vergleich mit den anderen beiden an der richtigen Stelle. Dann kommt Miles Davis, der gehört zwischen Bowie und The Police, damit die Reihenfolge stimmt. Die CD kommt also auf Platz 2, die anderen beiden rutschen eine Position nach hinten.

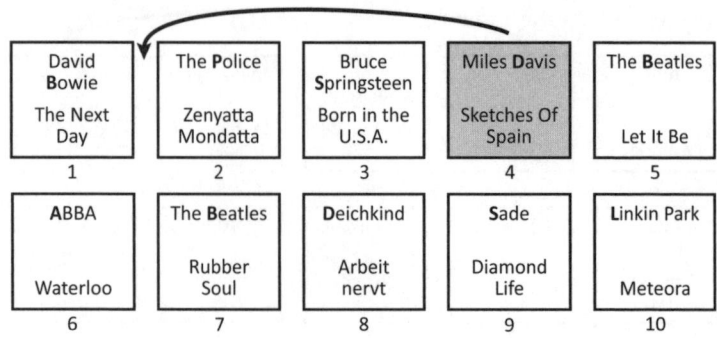

David Bowie	The Police	Bruce Springsteen	Miles Davis	The Beatles
The Next Day	Zenyatta Mondatta	Born in the U.S.A.	Sketches Of Spain	Let It Be
1	2	3	4	5

ABBA	The Beatles	Deichkind	Sade	Linkin Park
Waterloo	Rubber Soul	Arbeit nervt	Diamond Life	Meteora
6	7	8	9	10

Wir haben nun vier CDs, die in der richtigen Reihenfolge stehen. Als Nächstes kommen die Beatles und werden ganz nach vorne sortiert – und so weiter, bis schließlich alle CDs in der richtigen Ordnung sind.

Wie viele Operationen muss man bei diesem Verfahren ausführen? Im konkreten Fall waren es 30 Vergleiche. Anders als beim Selectionsort kann man hier also Arbeit sparen. Im besten Fall – die CDs sind schon perfekt vorsortiert – schaut man jede Platte nur einmal an, sieht, dass sie hinter ihrem Vorgänger bleiben kann, und geht weiter. Das sind in diesem Fall nur neun Vergleiche, bei n CDs nur $n - 1$. Nur im schlechtesten Fall, wenn die Platten genau in umgekehrt alphabetischer Reihenfolge vorsortiert sind, brauche ich ebenso viele Vergleiche wie beim Selectionsort. Dieses Sortierverfahren hat also im besten Fall die Ordnung n, im schlechtesten Fall die Ordnung n^2. Eine erhebliche Spannbreite: Bei 100 zu sortierenden Objekten sind das zwischen etwa 100 und etwa 10 000 Vergleichen. Leider ist es so, dass die Methode auch im »allgemeinen Fall« die Ordnung n^2 hat – wobei ich mir hier die Erklärung spare, was mathematisch unter diesem »allgemeinen Fall« zu verstehen ist.

Im Computer kommen kompliziertere Sortieralgorithmen

zum Einsatz, einen davon möchte ich Ihnen vorstellen: das sogenannte *Quicksort*-Verfahren. Es ist ein Algorithmus, der nach dem Prinzip *divide and conquer*, »teile und herrsche«, funktioniert. Das bedeutet: Er teilt ein großes Problem in mehrere kleinere auf, die jeweils weniger komplex sind. Ein Beispiel dafür war schon der Karazuba-Algorithmus zum Multiplizieren: Da wurden ja die beiden vierstelligen Zahlen jeweils in zwei zweistellige aufgeteilt, und tatsächlich wurden nur die kleineren Zahlen miteinander malgenommen.

Wir beginnen, indem wir ein beliebiges sogenanntes »Pivot-Element« auswählen, der Einfachheit halber die letzte CD im Stapel, die von Linkin Park. Die wird zunächst einmal festgehalten. Die anderen neun CDs werden nun in zwei Gruppen geteilt: Diejenigen, die vor Linkin Park im Alphabet stehen, und die, die dahinter stehen. Das geht auf folgende Weise: Wir gehen vom Pivot-Element so lange einen Schritt nach links, bis wir auf eine CD stoßen, die vor ihm im Alphabet steht. In diesem Fall ist das die CD von Deichkind. Nun gehen wir vom Anfang des Stapels so lange nach rechts, bis wir eine CD finden, die hinter Linkin Park gehört – das ist die Platte von The Police. Diese beiden CDs werden nun vertauscht!

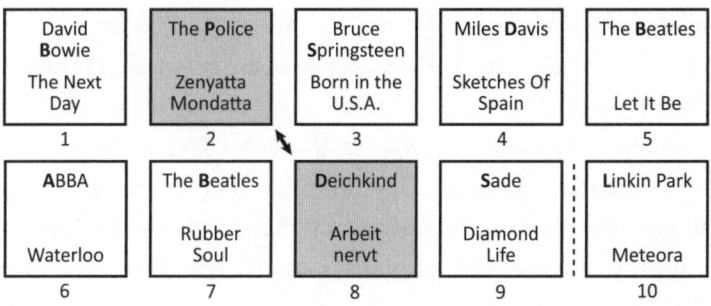

Jetzt geht es links von Deichkind weiter – wir stoßen auf die Beatles, die nach vorne gehören. Von vorne weitergehend finden wir Bruce Springsteen – auch diese beiden CDs werden getauscht. Wenn wir die anderen CDs noch überprüfen, stellen wir fest, dass wir die neun CDs bereits jetzt in zwei Gruppen geteilt haben. Jede einzelne Gruppe ist noch unsortiert, aber wenn wir Linkin Park zwischen diese beiden Gruppen schieben, hat die CD schon ihre endgültige Position gefunden – alle weiteren Sortierungen spielen sich nur noch entweder davor oder dahinter ab!

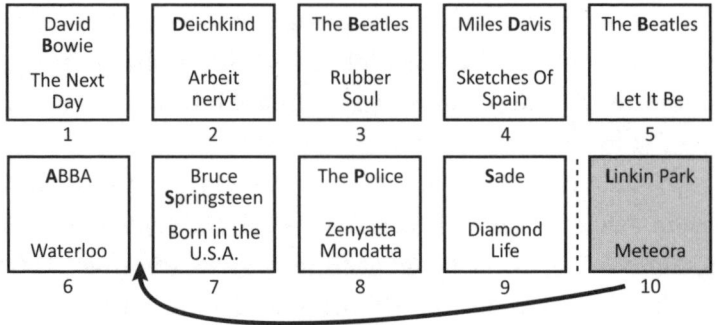

Und nun kann man schon sagen »und so weiter«: Denn daraufhin wird das gleiche Verfahren auf die sechs CDs vor und die drei CDs hinter Linkin Park angewandt. Pivot-Element auswählen, die Restmenge in zwei Teile teilen, Pivot-Element dazwischenplatzieren. Der Vorteil eines »Teile-und-herrsche-Verfahrens« ist, dass das Sortieren der halben Zahlenmenge weniger als halb so aufwendig ist wie das Sortieren der Gesamtmenge. In diesem Fall braucht man für die Sortierung der Gesamtliste 26 Vergleiche.

Allgemein gilt für das Quicksort-Verfahren: Im schlechtesten Fall braucht es genauso viele Vergleiche wie Selection-sort. Interessanterweise ist das genau dann der Fall, wenn die Liste schon perfekt sortiert ist. Dann bleibt jedes Element an seinem Platz, die zu sortierende Menge wird mit jedem Schritt nur um eins kleiner, und das Teilen bringt keinen wirklichen Vorteil. Für den »allgemeinen« Fall aber ist Quicksort besser als die beiden zuerst beschriebenen Verfahren: Seine Komplexität beträgt $n \cdot \log n$, wobei $\log n$ den Logarithmus von n bezeichnet. Der Unterschied ist gewaltig: Hat die Liste eine Million Elemente, dann ist n^2 wieder eine Billion oder 1 000 000 000 000, während $n \cdot \log n$ nur sechs Millionen beträgt.

Listen sortieren und durchsuchen, elementare mathematische Operationen – das sind die Grundbausteine, aus denen die meisten Algorithmen bestehen. Diese Algorithmen immer schneller zu machen ist Aufgabe von Software-Entwicklern. Aber manchmal müssen sie auch einsehen, dass es prinzipielle Schranken nach unten gibt. So lässt sich beweisen, dass es keinen Sortieralgorithmus gibt, der wesentlich schneller ist als Quicksort.* Die Hardware mag immer schneller werden – Algorithmen stoßen häufig an ein Tempolimit.

---

* Einen schönen visuellen und akustischen Vergleich von 15 Sortieralgorithmen findet man in diesem YouTube-Video: https://www.youtube.com/watch?v=kPRA0W1kECg.

KAPITEL 2: SUCHEN
PAGERANK – DIE GRUNDLAGE FÜR GOOGLES MACHT

Im Jahr 1994 hielt ich mich im Rahmen eines Stipendiums am Massachusetts Institute of Technology (MIT) im amerikanischen Cambridge auf. Wir waren eine Gruppe von Journalisten, die sich dort ein Jahr lang wissenschaftlich weiterbilden durfte. Und genau in diese Zeit fiel die sprunghafte Entwicklung des Internets. Ich erinnere mich noch, wie eine Kollegin eines Tages zu unserem Meeting erschien und uns von einem neuartigen Programm namens Mosaic erzählte, mit dem man nicht nur Dateien und Texte herunterladen, sondern ganze Seiten mit Bildern betrachten konnte – wie in einer Zeitung oder einem Magazin. Die Rede war natürlich vom World Wide Web (WWW), das sich mit diesem sogenannten Browser erschließen ließ.

Ich lief noch am selben Tag hinüber zu einem der Computerräume, setzte mich an den Rechner und startete die Mosaic-Software. Aber von den versprochenen bunten Bildern war nichts zu sehen – es erschien nur ein leeres Fenster. Darüber war ein Eingabeschlitz mit der Beschriftung »URL«. Offenbar musste man, wenn man etwas sehen wollte, dort eine Adresse eingeben. Aber ich kannte keine. Ich war in derselben Situation wie jemand, der gerade sein erstes Telefon bekommt, aber keine Nummer kennt, die er anrufen könnte.

Es ist für heutige Internetnutzer fast unverständlich, dass man damals im WWW nicht suchen konnte – oder »googeln«, wie man heute so selbstverständlich sagt. Es gab damals schon seit einigen Jahren Online-Dienste wie CompuServe oder AOL, auch das deutsche Bildschirmtext-System BTX. Das waren abgegrenzte, kultivierte Gärten im Netz. Der Betreiber entschied, wer da (gegen Geld) was für Angebote einstellen durfte. Die wurden dann ins Inhaltsverzeichnis aufgenommen und waren so auffindbar. Sogar Beate Uhse hatte auf BTX eine grobpixelige Online-Filiale.

Im WWW ist das anders. Dort gibt es keinen Gartenzaun und keinen Gärtner, es ist eine wilde, ungepflegte und zunächst einmal auch unkartierte Welt. Ein undurchsichtiger Datendschungel. Jeder, der eine sogenannte Domain registriert, kann eine Seite oder auch viele Seiten ins Netz stellen. Aber das heißt noch lange nicht, dass auch irgendjemand diese Seite besuchen würde. Es gab in der Anfangszeit kein Telefonbuch fürs WWW.

Wie fand man dann interessante Seiten? Natürlich dadurch, dass andere einem die URL, also die Adresse gaben. Vor allem aber durch die Links, die das Wesen des Web ausmachen. Über diese Verbindungen, die zu anderen Seiten führen, hangelte man sich damals durch die neue Informationswelt. Fast jede private Homepage enthielt obligatorisch eine Linkliste mit den Lieblingsseiten des Besitzers. Flüsterpropaganda, sozusagen.

Ich habe Anfang 1995 für die *Zeit* beschrieben, wie man damals auf Informationsjagd ging. Die fiktive Aufgabenstellung des Artikels: Es kommen Gäste zu Besuch, kein Kochbuch ist im Haus, und ich suche nach interessanten und schmackhaften Rezepten fürs Abendessen. Kochalgorithmen also. Heute findet man es selbstverständlich, dann im Internet nach Rezepten zu suchen – wir fanden die Idee damals äußerst originell. Um überhaupt einen Anfang zu finden, steuerte ich zunächst die Homepage einer amerikanischen Wissenschaftlerin an, von der ich wusste, dass sie im wahrsten Sinne des Wortes gut vernetzt war. Sie empfahl als Informationszentrale für Fragen aller Art den »Internet Resources Meta-Index«, ein inzwischen längst eingestellter Dienst des Kernforschungszentrums CERN in der Schweiz. Dort waren viele Seiten verzeichnet, und man konnte sogar nach Stichworten suchen. Ich gab »cooking« ein, und der Computer verwies mich auf eine Seite an der amerikanischen Stanford University.

Auf diesem Server waren tatsächlich 32 Seiten aufgelistet, die sich in irgendeiner Weise mit Kochen beschäftigten. Also nicht 32 Rezepte, sondern 32 Verweise zu anderen Orten, an denen man dann weitersuchen müsste. »An dieser Stelle wird einem klar, dass an eine vollständige Erforschung virtueller Kochkurse nicht zu denken ist«, schrieb ich damals. »Das Internet ist nichts für Leute, die alles unter Kontrolle haben wollen.«

Das klingt im Rückblick natürlich schrecklich naiv. Nicht nur haben findige Firmen es sich mit der Hilfe von Algorithmen zur Aufgabe gemacht, die Informationswelt des Netzes vollständig zu erschließen. Es ist auch ein Tummelplatz für Leute, die tatsächlich alles unter Kontrolle haben wollen. Die Firma Google ist das beste Beispiel. Sie hat es wie kein Zweiter geschafft, über die Erschließung von Information Kontrolle über die Welt auszuüben.

Für mich waren damals die 32 Fundstellen zum Thema Kochen schon ein kaum zu bewältigender *Information Overkill*. Vor allem aber hatte ich keinerlei Anhaltspunkt dafür, ob die Informationen, die ich dort fand, für meine Suche relevant waren. Sollte ich dem Rezept für »Totes Schwein in Folie«, das ich auf einer Seite des Instituts für Kernchemie der Universität Mainz gefunden hatte, vertrauen und es für meine Gäste nachkochen?

Praktisch mit der Erfindung des WWW entstand das Bedürfnis nach einer Bewertung der dort vorhandenen Informationen. Welche Seiten entsprachen meinem Bedürfnis? Waren die Informationen dort von hoher oder niedriger Qualität? Konnte ich mich auf sie verlassen? Der erste Lösungsversuch für dieses Problem lehnte sich an traditionelle Methoden an: Man brauchte Spezialisten, die die Informationen für die anderen sortierten und Listen und Kataloge von Webseiten anlegten. Das Prinzip war natürlich von den Bibliotheken abgeschaut. Auch in einer großen Bibliothek gedruckter Bücher würde ich mich hoffnungslos verlaufen, gäbe es nicht die Kataloge, in denen die Bücher entweder nach Autor oder nach Stichwort aufgelistet sind. Bibliothekare nehmen jedes Buch in die Hand, ziehen die wichtigsten bibliografischen Daten heraus und ordnen es auch in einen Stichwortkatalog ein, in dem es der Leser dann finden kann.

Drei Wochen nach Erscheinen meines *Zeit*-Artikels registrierten Jerry Yang und David Filo im kalifornischen Sunnyvale eine neue Firma: Yahoo!. Die beiden hatten seit einem Jahr ein Online-Verzeichnis betrieben, »Jerry and David's Guide to the World Wide Web«, das nun unter dem neuen Namen firmierte und eine der ersten geschäftlichen Erfolgsgeschichten der jungen Internetbranche war. Eine Auswahl von handverlesenen Seiten war in hierarchischer Weise organisiert: Von »Bildung und Ausbildung« bis »Unterhaltung« gab es 14 Kategorien auf der obersten Ebene.* Um zu

---

* Ich beziehe mich hier auf die deutsche Yahoo!-Seite vom 30. Dezember 1996, die älteste im Internet Archive erhaltene deutschsprachige Version.

Kochrezepten zu gelangen, muss man Schritt für Schritt tiefer in die Hierarchie vordringen: Unterhaltung – Esswaren und Essen – Rezepte. Hier gab es dann 26 deutschsprachige Links zu Rezeptseiten (in der englischen Version waren es damals schon 415).

Das Problem mit diesen Web-Katalogen lag auf der Hand: Das Netz wuchs damals exponentiell, aus Tausenden von Seiten wurden Millionen und aus Millionen Milliarden. Auch wenn Dienste wie Yahoo! immer mehr Internetbibliothekare einstellten – sie wurden der Flut der neuen Seiten nicht mehr Herr. Eine Abhilfe versprach die automatisierte Erfassung neuer Seiten. Anstelle eines Menschen, der jede Seite anschaut und in das Organisationsschema einordnet, lesen Computer den gesamten Text und merken ihn sich. Und wenn wir dann wissen wollen, ob auf einer Seite ein Rezept für Kalten Hund steht (ein bei Kindern beliebter Kuchen aus Butterkeksen und Schokolade), sucht er uns alle Seiten heraus, auf denen die Wörter »Rezept«, »Kalter« und »Hund« zu finden sind. Im Jahr 1994 wurde mit WebCrawler die erste Volltext-Suchmaschine des WWW entwickelt.

Alle Webseiten durchsuchen, das klingt einfacher, als es ist. Erst einmal: Was sind »alle Seiten«? Auch ein Computer steht vor demselben Problem, das ich damals im Computerraum des MIT hatte: Er weiß nicht, welche Seiten überhaupt existieren. Aber es gibt ja die Links. Man muss nur mit einer möglichst gut vernetzten Seite anfangen, folgt allen Links, die von dieser Seite ausgehen, dann allen Links, die von den verlinkten Seiten weiterführen, und so weiter. Es entsteht ein riesiger Baum von Webseiten. Der Name WebCrawler drückte es schon sehr bildhaft aus: Wenn die Links die Spinnenfäden sind, aus denen das weltweite Netz besteht, dann kriecht der Computer entlang dieser Fäden durchs Web.

Findet er auf diese Weise überallhin? Nein, natürlich nicht. Wenn ich morgen eine neue Seite ins Netz stelle, zu der keine Links hinführen, wird weder ein Mensch noch ein Computer sie je finden. Auch wenn von meiner Seite Links wegführen, nützt mir das nichts – Links lassen sich im WWW nicht zurückverfolgen. Um gefunden zu werden, muss also eine Seite, die die Suchmaschine schon kennt, auf meine verweisen. Oder – das ist bei den meisten Suchmaschinen möglich – ich melde meine Seite dort an.

Problem Nummer zwei: Selbst bei einer schnellen Verbindung ist es nicht möglich, dass der Crawler dann, wenn der Nutzer seine Suche eingegeben hat, loskriecht und alle ihm bekannten Webseiten auf meine Stichwörter untersucht. Auch wenn er das gesamte Internet lokal auf seiner Festplatte abgespeichert hätte, würde eine solche Suche viel länger dauern als die Sekundenbruchteile, die wir heute gewohnt sind.

Stattdessen erfasst der Crawler – auch »Spider« oder »Robot« genannt – einmal alle Wörter, die auf einer Seite stehen, und bildet daraus einen sogenannten Index. Der entspricht dem Stichwortverzeichnis, das man am Ende dieses Buchs findet: Will ich wissen, wo ich in einem großen historischen Wälzer etwas über Napoleon finde, dann lese ich nicht das gesamte Buch auf der Suche nach dem französischen Kaiser durch, sondern schaue im Index nach – dort stehen dann die Seitenzahlen, auf denen ich etwas über den korsischen General finde. Sogar die alten Babylonier hatten bereits solche Indizes für ihre Tontafeln.

Ein Internet-Index indiziert aber nicht nur die wichtigsten Wörter, sondern alle und verzeichnet zu jedem die Adressen der Webseiten, auf denen sie vorkommen. Wenn als Suche mehrere Wörter eingegeben werden, also zum Beispiel »Rezept Kalter Hund«, dann sucht er alle Seiten, die alle drei Wörter enthalten. Darunter werden jedoch viele Seiten sein, auf denen es zum Beispiel um Arktis-Expeditionen geht – dort ist es immer kalt, und man bewegt sich mit Hundeschlitten fort. Ich möchte aber nur Seiten ausgegeben haben, bei denen die Wörter »Kalter Hund« direkt hintereinander stehen. Jeder halbwegs erfahrene Suchmaschinenbenutzer weiß, dass man dazu eine Phrase in Anführungszeichen setzen kann.

Um eine solche Suche ausführen zu können, muss der Index nicht nur die Netzadresse festhalten, auf der die Wörter vorkommen, sondern auch die Position. Wenn ich weiß, dass das Wort »Kalter« das 524. Wort auf der Seite ist und das Wort »Hund« das 525., dann weiß ich, dass dort höchstwahrscheinlich etwas über den gesuchten Kuchen steht.

Diese Positionsbestimmung ist nicht nur interessant für die Suche nach Phrasen, sondern sie liefert bei jeder Suche ein Maß dafür, wie nahe beieinander die Stichwörter stehen, nach denen ich suche. Und je näher sie sich sind, umso mehr kann ich davon ausgehen, dass sie auch in einem Sinnzusammenhang stehen. Diese Nähe kann ein Maß dafür sein, wie relevant die gefundene Seite für den Nutzer ist.

Denn das ist der nächste Schritt: Wenn die Suchmaschine alle Seiten gefunden hat, auf der alle meine Suchbegriffe vorkommen, wird das immer noch eine ziemlich große Zahl sein (aktuell sind es bei Google für »Rezept Kalter Hund« etwa 283 000). Die kann man nicht einfach alle vor dem Nutzer ausschütten. Sie müssen in eine Reihenfolge gebracht werden, und die relevanteste Seite – was immer das heißt – sollte ganz oben stehen. Während die Erstellung des Index eine eher stumpfsinnige Arbeit für die Suchroboter ist, ist der sogenannte Ranking-Algorithmus das, was eine gute Suchmaschine von einer schlechten unterscheidet. Denn Nutzer schauen nicht aufs 133. Resultat – sie klicken die ersten drei, vier Ergebnisse an, und wenn darunter nicht das ist, was sie gesucht haben, sind sie frustriert.

Die ersten Suchmaschinen beurteilten die Relevanz einer Seite nur aufgrund ihres Inhalts. Kamen die gesuchten Begriffe besonders häufig vor? In Überschriften? Gar im Titel der ganzen Seite? Standen sie nahe beieinander? Und schon kurz nach dem Erscheinen der ersten Suchmaschinen gab es die ersten Versuche, deren Ergebnisranglisten zu beeinflussen: indem man etwa die Wörter »sex sex sex sex« hundertfach in weißer Schrift auf weißem Hintergrund auf der Seite unterbrachte – damit die eigene Seite bei den vielen, die das Wort »Sex« in das Suchfeld schrieben, möglichst weit oben erschien. Es begann das ewige Wettrüsten der Suchmaschinenbetreiber, die Details ihrer Algorithmen geheim hielten, um eben solche Manipulationen zu verhindern, gegen diejenigen, die »Suchmaschinenoptimierung« (englisch: *search engine optimization*, abgekürzt SEO) betrieben.

In den ersten Jahren des WWW wetteiferten mehrere Suchmaschinen miteinander. Sie hießen Lycos, Magellan, Infoseek oder Excite. Die Firmen wuchsen in den 1990er-Jahren schnell. In der zweiten Hälfte der 90er Jahre wurde AltaVista zum Marktführer. Der Dienst erfasste mehr Seiten als die Konkurrenz, lief auf sehr leistungsfähigen Computern und erlaubte komplexe Suchen mit sogenannten booleschen Operatoren (AND, OR, NOT und so weiter). Die meisten User tippten trotzdem einfach eine Wörterkette ins Suchfeld ein.

Ein eindeutiger Sieger ging aus dieser Konkurrenz jedoch nicht hervor, und um möglichst viele Nutzer anzuziehen, begannen die Suchseiten, sich in sogenannte »Portale« zu verwandeln. Die User sollten die Seite als tägliches Eingangstor zum Web benutzen – es gab dort Nachrichten, Wetter, Sportergebnisse und Aktienkurse. Immer mehr verschwand das

Suchfeld hinter einem unüberschaubaren Sammelsurium an Angeboten, die nach Klicks gierten. Suche, so schien es, war Ende der 1990er ein abgeschlossenes Kapitel. Es gab sie in ein paar Geschmacksrichtungen, aber im Prinzip lieferten alle Anbieter den gleichen Service.

Und dann wurde am 4. September 1998 im kalifornischen Palo Alto die Firma Google gegründet. Die Website war weiß, unter dem heute so charakteristischen bunten Namensschriftzug (damals noch mit Ausrufezeichen) stand *Search the Web using Google!*, darunter befand sich ein großes Suchfeld – und das war es. Schon die Gestaltung machte deutlich: Hier geht es um die Suche, sonst nichts. Hinter dieser Suche steckte ein neuer Algorithmus, erfunden von zwei Studenten in einer Garage in Mountain View, der nicht nur die Suchtechnik, sondern das Internet und schließlich die gesamte Welt verändern sollte.

Alle Suchmaschinen, die es vor 1998 gab, versuchten, die Relevanz einer Webseite allein aus der Seite selbst abzulesen. Und weil die Computeralgorithmen nicht den Sinn des Textes verstehen konnten, waren es relativ grobe Kriterien, die sie dabei verwendeten. Im Prinzip zählten sie Wörter. Sie konnten einen Text, der in einer anerkannten wissenschaftlichen Zeitschrift erschienen war, nicht von einem mit Fehlern gespickten Schüleraufsatz unterscheiden. Den Sinn vom Unsinn zu trennen war jenseits des Horizonts dieser Algorithmen.

Nehmen wir an, wir wissen gar nichts über ein Thema und können den Inhalt einer Seite, die wir finden, nicht beurteilen – wie schätzen wir ein, ob er relevant ist? Wir versuchen zu beurteilen, wie seriös die Seite ist, auf der er steht. Ist es zum Beispiel ein Wikipedia-Artikel, dann werden wir ihm eine ziemlich hohe (wenn auch nicht absolute) Glaubwürdigkeit attestieren. Oder um auf das Rezeptbeispiel zurückzukommen: Wenn ich auf der Seite eines Sternekochs ein Rezept für

Kalten Hund finde – was nicht sehr wahrscheinlich ist –, dann denke ich eher, dass ich damit einen schmackhaften Kuchen backen kann, als wenn ein namenloser Hausmann seinen Backalgorithmus aufgeschrieben hat.

Web-Suchmaschinen kennen aber auch keine Sterneköche. Wie können sie herausfinden, dass eine Seite eine höhere Autorität besitzt als eine andere? Die Idee der beiden Studenten Larry Page und Sergey Brin von der Stanford University war: Nutzen wir doch die Links, die das WWW ausmachen, um die Relevanz einer Seite zu bestimmen. Grob gesprochen: Je mehr andere, insbesondere selbst relevante Seiten auf eine Seite verlinken, umso wichtiger ist sie. Ihren Algorithmus, mit dem sie diesen Verlinkungsgrad berechneten, nannten sie »PageRank« – ein Wortspiel, denn einerseits heißt das »Seitenrang«, andererseits steckt darin der Name eines der Erfinder.

Über das Prinzip, die Zahl der Links als Zeichen für die Wichtigkeit einer Seite zu nehmen, kann man natürlich streiten. Erstens: Wer auf eine andere Seite verlinkt, der drückt damit nicht unbedingt aus, dass er sie für gut und verlässlich hält. Auch ein Link der Form »Das Rezept für Kalten Hund, das Tim Mälzer auf seine Seite gestellt hat, ist unter aller Sau!« zählt beim PageRank mit. Und man kann natürlich auch grundsätzlich darüber streiten, ob massenhafte Verlinkung tatsächlich Relevanz bedeutet.

Wie berechnet man den Rang einer Seite in der Praxis? Wenn man die Seite selbst anschaut, sieht man ja zunächst einmal gar nicht, welche anderen zu ihr verlinken. Hyperlinks im WWW haben immer nur eine Richtung, sie lassen sich nicht zurückverfolgen, das war eine Designentscheidung in der Frühzeit des Netzes. Also braucht man erst einmal einen guten und möglichst vollständigen Index des Webs, der alle Links erfasst hat. Dann kann man zählen, wie viele Links zu einer Seite führen, und diese Zahl könnte in erster Näherung den Rang jeder Seite beschreiben.

Aber Page und Brin dachten weiter. Sie wollten nicht nur die Links *zu* einer Seite zählen; es sollte auch berücksichtigt werden, *woher* der Link kam. Stammte er von einem Kumpel des Autors, oder stufte Wikipedia die Seite als relevant für ein bestimmtes Thema ein? Sicherlich ist der Link von Wikipedia wertvoller. Ihre Lösung also: Man addiert nicht einfach die Zahl der Links, um den PageRank einer Seite zu bestimmen, sondern gewichtet jeden Link noch einmal mit dem PageRank der Seite, von der er ausgeht.

Betrachten wir das an einem Beispiel: Wir haben zwei Seiten mit einem Rezept für Kalten Hund, »Willis Kalter Hund« und »Tim Mälzers Kalter Hund«. Auf jede der Seiten führt ein Link, Willi wird von seinem Freund Karl, Tim Mälzer von dem Gourmet-Portal »Schöner Essen« empfohlen. Dieses wiederum hat 100 Fans, die es mit einem Link auszeichnen – allesamt Seiten von Nobodys, zu denen niemand einen Link setzt. Deren Rang wird gleich 1 gesetzt (den Wert 0 will man aus mathematischen Gründen vermeiden). Dann ergibt sich folgendes Bild:

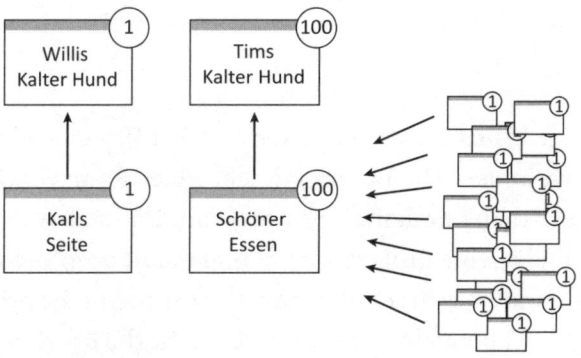

Die Suchmaschine würde also das Rezept des Fernsehkochs 100-mal so relevant finden wie das von Willi, weil es über die Schöner-Essen-Seite die Links der 100 Fans sozusagen »erbt«.

So könnte man tatsächlich den Rang einer Seite definieren (und so wird der PageRank-Algorithmus auch oft erklärt), gäbe es da nicht einen großen Haken: Man müsste nämlich voraussetzen, dass es im Netzwerk keine »Schleifen« gibt – dass man von einer Seite niemals über eine Reihe von Links wieder zur selben Seite zurückkehren kann. Das aber ist im echten WWW durchaus nichts Ungewöhnliches. Erweitern wir unser Bild durch ein paar Links: Willis Rezept wird nicht nur von Karl verlinkt, sondern auch von Elke. Und Willi gefällt Elkes Katzenfotosammlung, deshalb hat seine Seite einen Link dorthin.

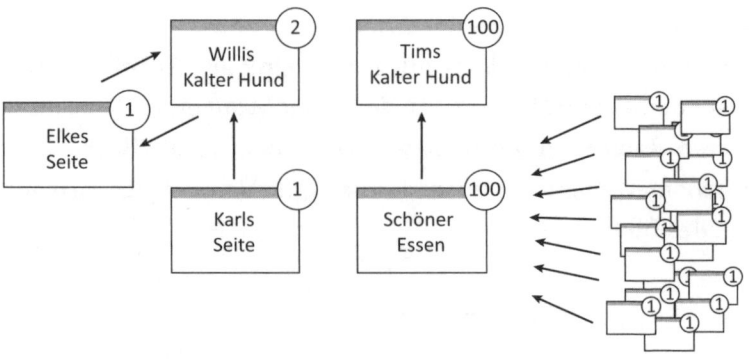

Nun steigt Willis Seitenrang auf den Wert 2, weil zwei Seiten zu ihm verlinken. Damit wächst aber Elkes Rang von 1 auf 2, Willis gestiegene Bedeutung färbt ja ab. Da es aber zwischen Willi und Elke eine Schleife gibt, steigt damit auch wieder Willis Rang. Und so weiter – die Werte der beiden schaukeln sich in einer Rückkoppelung immer weiter hoch, überholen Tim

Mälzer und streben gegen unendlich. Der Rechner, der das berechnen soll, läuft heiß.

Page und Brin mussten sich also einen anderen Weg ausdenken, ihre intuitive Vorstellung von der Relevanz einer Seite in einen Algorithmus zu gießen. Eine Art, ihre Idee ohne Formeln zu beschreiben, ist der »zufällige Surfer«, den sie in ihrem inzwischen klassischen Paper *The Anatomy of a Large-Scale Hypertextual Web Search Engine* von 1998 beschrieben: »Wir nehmen an, dass es einen ›zufälligen Surfer‹ gibt, der von einer zufällig ausgewählten Webseite ausgeht und immer weiter auf Links klickt und niemals zurückgeht, aber sich irgendwann langweilt und auf einer neuen zufälligen Seite von vorne beginnt.« Auch wenn er auf eine Seite gelangt, von der keine Links wegführen, beginnt er neu. Der Rang einer Seite soll der Anteil an der Gesamtzeit sein, die der Surfer auf ihr verbringt.

Die Annahme dabei ist, dass sich die Werte nach einer großen Zahl von Versuchen stabilisieren, mathematisch gesprochen: dass der Algorithmus gegen eine gewisse Verteilung konvergiert. Schauen wir wieder auf unser Beispiel: Wir haben 105 Webseiten und nehmen an, dass der Surfer 105-mal neu startet, von jeder Seite einmal. Dann gelangt er 100-mal von einer Fanseite auf Schöner Essen und von dort auf Tim Mälzers Seite und kommt von dort nicht mehr weg. Jede Fanseite hat dann den Wert 1, Schöner Essen und Tim Mälzer jeweils den Wert 100.

Ist der Startpunkt Schöner Essen, dann gelangt man ebenfalls zu Tim Mälzer, beide haben nun den Wert 101.

Fällt das Los gleich am Anfang auf Tim Mälzer, dann passiert gar nichts, außer dass sich dessen Wert um 1 erhöht, jetzt beträgt er 102.

Ist die Startseite Karls Seite, dann gelangt der Surfer zu Willi – beide bekommen den Wert 1.

Ein Problem entsteht wieder mit den beiden Seiten von Willi und Elke, die eine Schleife bilden. Sobald der Surfer per Zufall auf einer der beiden Seiten startet, wird er für alle Zeit in dieser Schleife kreisen und die Werte der beiden Seiten nach oben treiben. Die beiden PageRank-Erfinder ersannen eine pfiffige Abhilfe: Indem sie eine Wahrscheinlichkeit dafür festlegten, in der Realität sind es meist 15 Prozent, dass der Surfer auf einer Seite stecken bleibt und nicht weiterklickt – also für den Fall, dass die Langeweile, von der Page und Brin sprechen, siegt. Auf diese Weise ist gewährleistet, dass jede Surfkette irgendwann einmal endet.

Ich habe dieses Verfahren einmal simuliert und den Surfer in unserem Beispiel-Internet 200 000-mal zufällig lossurfen lassen. Es ergab sich eine recht stabile Verteilung der Seitenränge. Weil die absolute Zahl der Seitenbesuche nicht wichtig ist, habe ich die Zahlen in Prozent ausgedrückt:

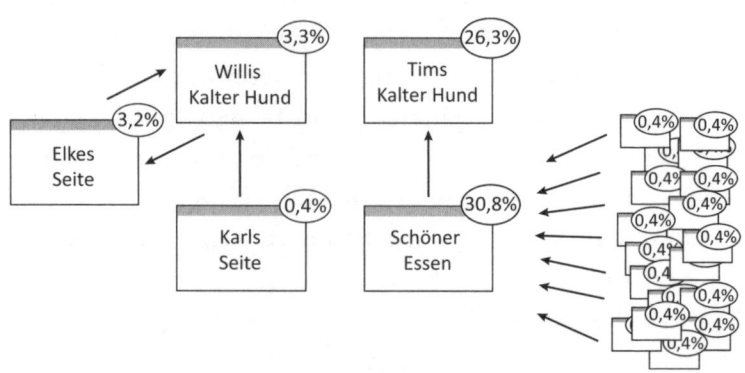

Geben diese Seiten in etwa das wieder, was wir unter Relevanz verstehen? Schauen wir näher hin:

- Seiten, zu denen kein Link führt, haben alle denselben niedrigen Rang von 0,4 Prozent.
- Elkes und Willis Seite, zu denen nur Links von »unwichtigen« Seiten führen, haben einen mittelgroßen Rang von gut drei Prozent.
- Auch Schöner Essen bekommt nur Links vom gemeinen Volk, allerdings sehr viele. Die summieren sich zu beeindruckenden 30,8 Prozent auf.
- Und ein einziger Link von Schöner Essen zu Tim Mälzer »vererbt« diese Wichtigkeit fast komplett.

Diese Idee von Page und Brin, die Popularität von Webseiten über Links weiterzugeben und daraus die Relevanz eines Suchergebnisses zu ermitteln, veränderte das Internet schlagartig. Plötzlich fanden die Leute, was sie wirklich suchten. Google verzichtete auch lange Zeit darauf, eine komplexere Suche mit logischen Operatoren wie »und« und »oder« zu ermöglichen. Suche sollte keine Disziplin für Spezialisten sein, sondern ein simples Werkzeug für jedermann: Ein paar Begriffe eintippen, und die wichtigsten Seiten erscheinen sofort. Bis heute gibt es bei Google den »Auf gut Glück!«-Button – der liefert eine einzige Seite, die Google für die passendste hält.

Die Entwicklung der Suchmaschine war eine rein akademische Angelegenheit – aber schon kurz nach der Veröffentlichung war klar, dass hier ein Milliardengeschäft lockte. Die Nutzerzahlen wuchsen täglich. Nach zwei Jahren ließ Google die Konkurrenz hinter sich und wurde zum marktbeherrschenden Suchwerkzeug. Richtig Geld begann die Firma zu verdienen, als sie 2000 – gegen den Widerstand ihrer Gründer – individualisierte Anzeigen auf den Suchseiten zu verkaufen begann. Auch hinter dem AdWords-System steht ein Algorithmus: Firmen können Suchwörter »kaufen« – sie bieten einen bestimmten Betrag, zwischen ein paar Cents und mehreren Euros, dafür, dass ein unscheinbarer Link zu ihrer Seite eingeblendet wird, wenn ein User nach diesem Begriff googelt. Wer am meisten bietet, erscheint dann tatsächlich auf der Ergebnisseite. Der Clou: Bezahlen müssen sie nur, wenn der Nutzer auch tatsächlich auf diesen Link klickt. Die Anzeigen sind deutlich getrennt von den »objektiven« Suchergebnissen, und viele User freuen sich, wenn sie nach einer Pauschalreise nach Ibiza suchen und gleich ein passendes Angebot bekommen. Für die Anbieter ist die Sache hoch attraktiv, weil sie wirklich nur für Nutzer bezahlen müssen, die tatsächlich ihre Seite besuchen. Wo gab es das sonst in der Werbewelt? Die Anzeigenmillionen und -milliarden begannen für Google zu fließen, ohne dass Verkäufer großartige Akquise-Anstrengungen unternehmen mussten. Der Algorithmus macht's möglich.

2004 ging Google an die Börse und war mit einem Schlag 23 Milliarden Dollar wert. Spätestens jetzt war die Unschuld der Garagenfirma vorbei. Zwar stand das Firmenmotto *Don't be evil* (»Sei nicht böse«) noch im Aktienprospekt – aber in der Folgezeit mutmaßten immer mehr Menschen, dass Google eben doch zu den Bösen gehören könnte. Insbesondere in Europa setzte sich immer mehr das Negativimage des »Datenkraken« durch, weil Google mit fast manischer Akribie jeden Klick von Nutzern registriert, seine Suchanfragen in alle Ewigkeit speichert und mit ihnen sehr viel Geld verdient. Aus den Links, den Spinnweben des Netzes, an denen die User sich entlanghangeln, war der geniale PageRank-Algorithmus gewebt – nun wurden sie zu Goldadern für das Unternehmen. Längst bietet Google eine Vielzahl digitaler Dienste an, aber im Zentrum steht immer noch der Suchalgorithmus, und auch dem wird heute viel Unheilvolles angedichtet.

Läuft im Hintergrund der Google-Suche überhaupt noch der originale PageRank-Algorithmus, den die beiden Studenten 1998 veröffentlichten? Nein. Der Algorithmus wird praktisch täglich verändert. Das hat vor allem einen Grund: Auch er ist manipulierbar. Zwar nutzt es den Suchmaschinenoptimierern wenig, bestimmte Stichwörter hundertfach auf der Seite vorkommen zu lassen. Die Manipulation kann jedoch bei den Links ansetzen. Wäre die Seite Schöner Essen aus unserem Beispiel keine wirklich populäre Seite, dann müsste man nur dafür sorgen, dass viele andere Seiten auf sie verweisen, indem man zum Beispiel selber solche Seiten hundert- und tausendfach baut.

Solche »Linkfarmen« fielen Google natürlich schon von Beginn an auf, und der Algorithmus schließt allzu offensichtlich gefälschte Links von der Wertung aus. Aber es gibt subtilere Methoden, die Eigenheiten des Algorithmus auszunutzen; zwischen Suchmaschine und Optimierern herrscht weiterhin ein reges Wettrüsten. So führte Google im Februar 2011 den sogenannten Panda-Algorithmus ein. Der ist auf Webseiten spezialisiert, die auf den ersten Blick interessante und relevante Informationen zu enthalten scheinen, aber in Wirklichkeit aus Textfragmenten bestehen, die vorwiegend aus anderen Websites zusammenkopiert sind. Solche Seiten sollten natürlich möglichst weder in den Suchergebnissen auftauchen noch anderen Seiten, zu denen sie verlinken, Gewicht verleihen. Inzwischen wird Panda schon bei der Indexierung von Webseiten aktiv und trennt diese Spreu vom höherwertigen Weizen.

Damit sich der Algorithmus nicht ständig von geschickten Optimierern übertölpeln lässt, ist es wichtig, dass gewisse

Details ein Firmengeheimnis bleiben – wenn Politiker, insbesondere aus Europa, immer mal wieder die völlige Offenlegung des Suchalgorithmus fordern, dann zeigt das, wie weltfremd sie sind.

Auch wenn der Google-Algorithmus geheim ist, kann man ihn wie eine Blackbox testen, indem man Seiten modifiziert und dann schaut, wie sich ihr Suchrang verändert. Und so ist heute bekannt, dass Google den Rang einer Seite längst nicht mehr nur nach dem PageRank bestimmt, sondern dass um die 200 sogenannter »Signale« darüber entscheiden, wie weit oben die Seite in den Suchergebnissen auftaucht. Ein paar Beispiele:

- Suchwörter tauchen in der Überschrift oder in der Adresse (URL) einer Seite auf oder gar im Domain-Namen: Die Seite wurst.de, nimmt Google an, ist sicherlich relevant für jemanden, der Informationen über Wurst sucht (sie gehört der Aktionsgemeinschaft pro traditionelle Fleisch- und Wurstspezialitäten e.V.).
- Die Worthäufigkeit auf der Seite spielt immer noch eine Rolle.
- Lange Artikel werden gegenüber kurzen bevorzugt.
- Seiten, die schneller laden, werden höher eingestuft.
- Kommt ein ganzer Absatz zweimal auf der Seite vor? Solches copy/paste sehen Suchmaschinen nicht gern.
- Auch der (meist unsichtbare) Name von Bilddateien wird bei der Suche berücksichtigt.
- Wird die Seite öfters verändert? Das ist ein Zeichen für »Frische« und wird belohnt.
- Auch die Links, die von einer Seite wegführen, werden berücksichtigt. Zwar kann ich meinen Rang nicht verbessern, indem ich auf zeit.de verlinke, aber die Links sagen viel über

das Thema einer Seite aus. Zu viele Links dagegen lassen meinen PageRank »abfließen«.

- Sind Inhalte meiner Seite von anderen Seiten kopiert? Das merkt Google und stuft mich herunter.
- Google kann auch das Sprachniveau einer Seite beurteilen. Je nach Suche kann das relevant sein.
- Hat die Seite ein ordentliches Impressum? Gut!
- Ist die Seite häufig nicht erreichbar? Schlecht!
- YouTube-Videos genießen Vorrang vor anderen Filmchen. Weil YouTube zu Google gehört, wird das dem Suchriesen oft vorgeworfen.
- Links von sozialen Netzwerken sind ein Zeichen für Popularität.
- Die Worte, mit denen auf eine Seite verlinkt wird, sind oft aussagekräftiger als die Seite selbst.

Und so weiter. Der Google-Algorithmus wird praktisch täglich verändert und zementiert so die marktbeherrschende Stellung des Konzerns. Er ist immer noch Googles Kerngeschäft, mehrere Tausend Mitarbeiter feilen an ihm. Googles Quasimonopol basiert nicht auf teuren Maschinen und Produktionsmitteln (obwohl natürlich riesige Rechenzentren nötig sind, um eine weltweite Suchmaschine zu betreiben), sondern auf einem flüchtigen Gut: einer sehr guten Idee. Und die läuft stets Gefahr, von einer besseren Idee überholt zu werden. Sitzen irgendwo in einer Garage ein paar junge Programmierer oder Programmiererinnen und hecken das Google der Zukunft aus? Möglich ist es, wenn auch unwahrscheinlich: Google kauft inzwischen einen großen Teil der intellektuellen Computerelite einfach auf. Pro Jahr stellt die Firma Hunderte junger Programmierer ein.

Und auch wenn Google nach wie vor die beste Suchmaschine

ist, so wird es doch kritisiert. Ein Vorwurf: Google favorisiert die Großen, also die Seiten, die schon viele Besucher haben und von vielen verlinkt werden. Trägt dieser Vorwurf? Natürlich könnte es sein, dass irgendwo ein Kochrezept schlummert, mit dessen Hilfe ich so schmackhaften Kalten Hund zubereiten kann wie mit keinem anderen. Aber die Suchmaschine müsste nicht nur wie ein Mensch den Inhalt einer Seite verstehen können, sie müsste das Rezept regelrecht nachkochen und dann das Ergebnis verkosten, um das herauszufinden. Solange das nicht möglich ist, ist die Zustimmung vieler Menschen immer noch das beste Kriterium für Relevanz.

Ein verwandtes Argument: Google unterdrückt unorthodoxe Ideen. Wenn ich also nach Artikeln zur Griechenlandkrise suche, werde ich auch wieder Meldungen aus den großen Medien finden und keine wissenschaftlichen Aufsätze eines unbekannten griechischen Ökonomen – jedenfalls nicht, bevor er zum Finanzminister ernannt wird. Aber auch hier muss man sagen: Ist das nicht genau das, was man von einer Suchmaschine erwarten sollte? Wenn jemand nach medizinischen Informationen sucht, sollten ihm nicht zuallererst die gesicherten Erkenntnisse der schulmedizinischen Forschung präsentiert werden und erst in zweiter Linie alternative und unkonventionelle Therapien?

Es stimmt: Wenn ich eine tolle neue Idee habe und einen Artikel dazu auf meine Homepage stelle, dann wird der zunächst einmal kaum zu finden sein, wenn man nicht sehr spezifische Suchbegriffe eingibt. Aber das »Nach-oben-Spülen« von neuen, unkonventionellen und vielleicht auch unausgegorenen Ideen ist weder die Stärke noch die Aufgabe einer Suchmaschine. Das können soziale Medien wie Facebook besser: Dort ist es leichter, eine kleine Eingebung »viral« werden zu lassen und in ein paar Tagen viele Tausend »Likes« zu bekommen.

Eine bedenklichere Entwicklung ist, dass inzwischen auch die Google-Suchergebnisse personalisiert sind, basierend auf dem Nutzerprofil, das Google aus den Suchen und aus dem Surfverhalten aufgebaut hat. Der User mag denken, er bekomme die objektiv beste Ergebnisliste für seine Sucheingabe – stattdessen ist es das Ergebnis, von dem Google meint, dass es für ihn am besten ist. Auch der Google-Sucher sitzt in einer *filter bubble* (siehe dazu das Kapitel 5), aber er ahnt es noch weniger als der Nutzer sozialer Netzwerke.

Interessanterweise stritt ein Google-Mitarbeiter in einem Gespräch mit mir jedoch ab, dass diese Personalisierung der Ergebnisse eine große Rolle spiele. Man filtere nach der Sprache, nach der Nationalität und nach dem exakten Ort, an dem sich der Suchende befindet. Ansonsten »suchen die Menschen nicht nach dem, was sie schon wissen«, so der Mitarbeiter. Google habe ein Interesse, den Menschen Neues zu zeigen – anders als etwa soziale Netzwerke, in denen sich die Menschen vielleicht wohler fühlen in einer Umgebung, die ihnen vertraut ist und nicht zu verstörend wirkt.

Und schließlich kann der Algorithmus sogar Wahlen entscheiden. Der amerikanische Psychologe Robert Epstein hat mit seinem Team in Indien einen groß angelegten Versuch unternommen: Bei der letzten Präsidentenwahl im Jahr 2013 wurden die Suchergebnisse von 2150 unentschiedenen Wählern manipuliert. Bei einem Drittel der freiwilligen Teilnehmer wurden Artikel über einen der drei Kandidaten gezielt nach oben sortiert. Ihre Präferenz für einen der Kandidaten verschob sich um bis zu 20 Prozent zugunsten des hochgestuften Bewerbers. Beeinflusst Google also gezielt politische Wahlen? Wahrscheinlich nicht. Aber Google rankt die Kandidaten per Algorithmus, was das Suchergebnis beeinflusst.

Suchen ist die zentrale Technologie des Internets. Was nicht gefunden wird, existiert nicht. Oder genauer: Was nicht auf der ersten Seite von Googles Ergebnissen auftaucht, existiert nicht, denn über 90 Prozent der Nutzer schauen niemals die zweite Seite an. Welche Ergebnisse das sind, bestimmt einzig und allein Googles Algorithmus. Selbst die größten Firmen und Interessengruppen müssen sich ihm beugen und geben allein in Nordamerika 20 Milliarden Dollar pro Jahr aus, um ihre Seiten so zu verändern, dass sie möglichst weit oben auf der Liste erscheinen. Oft verpuffen diese Investitionen innerhalb eines Tages, weil ein Google-Mitarbeiter ein paar Zeilen des Codes verändert hat. Ist das demokratisch? Nein, es ist allenfalls meritokratisch – Google beherrscht den Markt, weil es mit seiner hochwertigen Suche einmal den Spitzenplatz erworben hat. Man kann versuchen, die Macht von Google mit Gesetzen und Vorschriften zu begrenzen – brechen kann man sie nur mit einem besseren Algorithmus.

KAPITEL 3: FINDEN
ROUTENPLANUNG – DER OPTIMALE
WEG VON A NACH B

Es gab Zeiten, da erwartete man von einem Taxifahrer, dass er den schnellsten Weg von A nach B kannte. Er wurde auf seine Ortskenntnis geprüft, wenn er den Taxischein machte. Im Jahr 1999 fanden Forscher vom University College London sogar heraus, dass bei Londoner Taxifahrern ein bestimmtes Areal des Hippocampus im Gehirn, das für die räumliche Erinnerung zuständig ist, überdurchschnittlich ausgeprägt war. Sie hatten sozusagen den Muskel für die Routenplanung über die Jahre immer mehr trainiert, und er war daraufhin angeschwollen.

Die Londoner Taxifahrer müssen heute immer noch eine Prüfung ablegen, in der sie ihre Ortskenntnis beweisen, sie dürfen dabei nicht einmal einen Stadtplan zurate ziehen. In der Praxis nutzen die meisten Taxifahrer heute aber ein »ausgelagertes« Gehirn – sie tippen das Fahrziel in ihr Navigationsgerät oder einfach ins Handy ein, und die beste Route wird innerhalb von Sekunden berechnet.

Noch vor zehn Jahren waren Karten aus Papier für die meisten Menschen das Mittel der Wahl, um sich in der Welt zu orientieren. In jedem Auto lag ein dicker, meist hoffnungslos veralteter Atlas. In den Touristenzentren der Welt standen an jeder Straßenecke Passanten, die umständlich mit einem riesigen Stadtplan hantierten und versuchten herauszufinden, wo sie waren.

Ich hatte schon als Kind die Fantasie, dass es doch möglich sein müsste, ein Gerät zu bauen, etwa fürs Auto, das einem ständig anzeigt, wo man ist, und das auf dem richtigen Kartenausschnitt. Allerdings dachte ich dabei an eine mechanische Lösung mit Papier – und konnte mir kein Verfahren vorstellen, die riesige Karte so aufzurollen, dass man sich in alle Richtungen bewegen kann. Ab den 1980er-Jahren kamen dann Navigationsgeräte mit elektronisch gespeicherten Karten auf den Markt. Aber schlagartig verändert wurde unser Umgang mit geografischen Informationen, als im Jahr 2005 (wieder einmal) Google die Welt auf den Kopf stellte: Der Dienst Google Maps ging am 8. Februar online. Zwar hatte es schon vorher Landkarten im Web gegeben, aber die waren sehr begrenzt in ihrer Funktionalität, häufig musste man für ihre Nutzung auch bezahlen. Mit Google Maps gab es plötzlich digitale Landkarten, die gegenüber den alten aus Papier einige entscheidende Vorteile haben:

- Sie haben keinen Rand und sind per Mausklick oder »Zwei-Finger-Zoom« skalierbar. Es gibt keinen prinzipiellen Unterschied zwischen Stadtplan und Globus – alles nur eine Frage der Skala.
- Wenn das Gerät, etwa ein Handy, über GPS verfügt, kann man sich anzeigen lassen, wo man ist.
- Und schließlich – das ist der Aspekt, der uns in diesem Kapitel besonders interessiert – kann man sich die schnellste oder kürzeste Verbindung zwischen zwei Punkten anzeigen lassen, für verschiedene Verkehrsmittel, oft sogar unter Berücksichtigung der aktuellen Verkehrslage.

Google ist in diesem Fall nicht der Pionier für die technische Leistung. Was die Firma innerhalb weniger Jahre schaffte: Sie integrierte verschiedene Dienste, die es bereits gab, in eine einfach und intuitiv zu bedienende Software. Der Aufwand dahinter war beträchtlich: Detaillierte Kartendaten aus aller Herren Länder mussten lizenziert werden. Mehrere Firmen, etwa Anbieter von Satellitenbildern, wurden von Google gekauft. Schließlich schwärmten die Google-Autos aus und nahmen (nicht unumstritten) jedes Haus in jeder Straße vieler Länder auf.

Aber Google soll uns an dieser Stelle nicht interessieren. Es geht um die Routenplanung – die Kunst, den schnellsten Weg zwischen zwei Punkten zu finden. Die erste Frage ist: Warum ist das überhaupt ein Problem?

Überlegen wir erst einmal, wie wir selber auf einer herkömmlichen Landkarte den Weg bestimmen, wenn wir etwa mit dem Auto von Hamburg nach München fahren wollen. Das geht eigentlich ziemlich schnell: Wir schauen zunächst einmal hauptsächlich auf Autobahnen, weil wir wissen, dass wir auf denen am schnellsten vorankommen. Und dann ziehen wir in Gedanken die kürzeste Linie zwischen den beiden Städten und versuchen eine Route zu finden, die von dieser Linie möglichst wenig abweicht. Wahrscheinlich würden wir nicht auf die Idee kommen, über Köln oder Dresden zu fahren. Man sieht eigentlich sofort, dass der Weg über Hannover, Kassel und Nürnberg der kürzeste ist. Welche Abfahrt wir am Ende unserer Reise wählen, ist meist auch klar – wir suchen die Abfahrt, die am nächsten an unserem Ziel ist. Nur wenn wir auf diese Weise weit übers Ziel hinausschießen würden, fahren wir früher ab und wählen zum Beispiel eine Landstraße für die letzten Kilometer.

Schwierig wird die Orientierung für uns, wenn es eine Verbindung über Bundes- und Landstraßen gibt, die erheblich kürzer ist. Dann müssen wir abschätzen, ob die schnellere Fahrt auf der Autobahn den Umweg lohnt. Das entscheiden wir meist nach Gefühl, es kommen ja auch Faktoren dazu wie Spritverbrauch oder landschaftliche Schönheit.

Wie kann ein Computer die kürzeste Verbindung in einem Straßennetz finden? Früher hätte ein klassischer Mathematiker noch verächtlich die Schultern gezuckt angesichts dieser Frage. Das Problem ist für ihn trivial: Da das Netz endlich ist, gibt es auch nur endlich viele mögliche Verbindungen zwischen Hamburg und München. Man berechnet die Länge all dieser Strecken und sucht sich dann die kürzeste aus – fertig.

Dieser »Algorithmus« hat den Haken, dass er sehr umständlich und zeitaufwendig ist. Selbst wenn man ausschließt, dass auf der Fahrt ein Ort zweimal besucht wird (dann hätte man sich die »Schleife« ja sparen können), gibt es schon in einfachen Straßennetzen sehr viele mögliche Verbindungen zwischen zwei Orten. Deren Zahl wächst exponentiell mit der Größe des Netzes, und bei einer realen Karte kann auch der schnellste Computer das Problem nicht mit diesem »brute force«-Ansatz lösen (also nicht mit brutaler Gewalt).

Für unser Beispiel beschränken wir uns auf ein stark vereinfachtes Straßennetz mit 13 Städten und einfachen Verbindungen zwischen ihnen, deren Länge in Kilometern angegeben ist.

Man könnte zum Beispiel von Hamburg erst nach Berlin fahren, dann über Hannover nach Dortmund, von dort über Kassel und Leipzig nach Dresden, dann nach Nürnberg und Stuttgart und von dort schließlich nach München. Eine Route, die sich selbst nirgendwo kreuzt und stolze 2234 Kilometer lang ist. Immerhin hätte man viel von Deutschland gesehen. Aber kein vernünftiger Mensch würde sie ins Auge fassen,

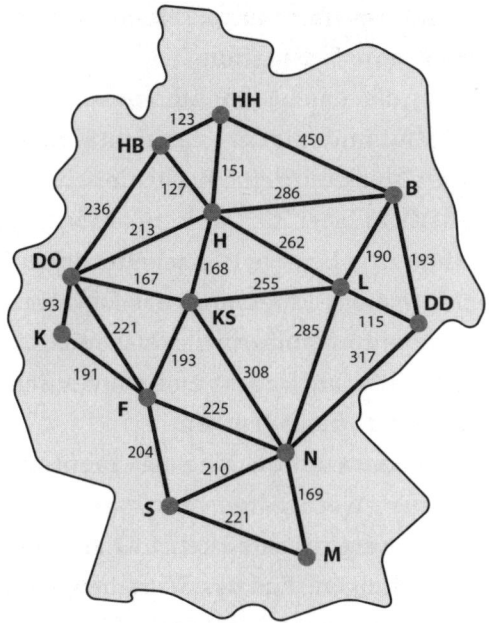

gefragt ist ein Algorithmus, der solche absurden Routen von vornherein ausschließt.

Bereits wenige Jahre nachdem die ersten praktisch nutzbaren Computer aufkamen, wurde auch schon der erste Algorithmus zur optimalen Routenplanung entwickelt. Wir reisen gedanklich zurück ins Jahr 1956: In den Niederlanden, am Mathematischen Zentrum in Amsterdam, hatte sich damals der junge Physiker Edsger Dijkstra entschlossen, Programmierer zu werden. Die Berufsbezeichnung gab es noch nicht, von einer Wissenschaft namens Informatik ganz zu schweigen, entsprechend gering war das Ansehen der Computerprogrammierer unter den Wissenschaftlern. Aber Dijkstra war fasziniert von der Kunst, seine Gedanken so zu strukturieren, dass eine Maschine mit ihnen umgehen konnte. »Es war eine Mischung aus Einfallsreichtum und Präzision gefordert«, so beschrieb er später seine Faszination.

Die Maschine, die damals in Amsterdam gebaut wurde, nannte sich ARMAC und war der erste richtig funktionierende niederländische Computer. Seine Rechenleistung war aus heutiger Sicht lächerlich: Etwa 200 Multiplikationen pro Sekunde konnte er ausführen – heutige PCs schaffen etwa 100 Milliarden. Deshalb durfte das Programm, das Dijkstra für die Vorführung des Computers anlässlich seiner feierlichen Einweihung schreiben sollte, auch nicht zu komplex sein, trotzdem sollte es das Publikum beeindrucken.

Und so kam Dijkstra auf die Idee, das Problem der kürzesten Route zwischen zwei Städten vom Computer lösen zu lassen. Er wählte eine vereinfachte Holland-Karte mit 64 Städten und ihren Verbindungen. Für das Schreiben des Programms brauchte er nicht lange, erzählte Dijkstra später in einem Interview. »Ich war mit meiner jungen Verlobten einkaufen in Amsterdam und ziemlich müde. Wir setzten uns in ein Café, um eine Tasse Kaffee zu trinken, und ich begann über das Problem nachzudenken. Und so entwickelte ich den Algorithmus für den kürzesten Weg. Es war eine Sache von 20 Minuten.«

In vielen Geschichten von genialen Einfällen nimmt sich der Erfinder, der vom Blitz der Erkenntnis getroffen wird, im Café eine Serviette und beginnt wie wild Formeln und Symbole darauf zu zeichnen. Dijkstra fand seinen Algorithmus durch reines Nachdenken. »Ohne Stift und Papier ist man fast gezwungen, alle vermeidbare Komplexität zu vermeiden.«

Auch die Publikation, die drei Jahre später erschien, ist erstaunlich knapp: drei gedruckte Seiten, die keine einzige Formel enthalten. Und natürlich ist dieser recht simple Algorithmus nicht die einzige wissenschaftliche Lebensleistung von Edsger Dijkstra – er wurde später einer der angesehensten

Informatiker und hat die neue Wissenschaft auf vielfältige Weise befruchtet. Der nach ihm benannte Algorithmus ist jedoch heute noch die Basis der meisten Routenplanungsprogramme.

Die Routenplanung gehört in die mathematische Disziplin der Graphentheorie. Ein Graph besteht aus sogenannten »Knoten«, die mit Kanten verbunden sind. Diese Kanten können eine Richtung haben (es kann also eine Kante von A nach B und eine andere von B nach A geben), und jede Kante hat ein »Gewicht« – ihr ist ein bestimmter Wert zugeschrieben. Für die Anwendung in der Navigation bedeutet das: Man sieht von den tatsächlichen geografischen Gegebenheiten ab, etwa von den Kurven, die eine Straße macht, und verbindet zwei Punkte mit einer Kante, wenn ein Stück Straße zwischen ihnen verläuft. Das Gewicht dieser Kante kann die Entfernung sein (wenn man die kürzeste Verbindung sucht) oder auch die Zeit, die man für die Strecke braucht (wenn es um den schnellsten Weg geht). So kann man den ansonsten identischen Graphen mit unterschiedlichen Gewichten versehen, je nachdem, ob man den besten Weg für Autos, Fußgänger oder Radfahrer sucht.

Was sind die Knoten im Graphen eines Navigationssystems? Es sind die Kreuzungen, an denen man in unterschiedliche Richtungen abbiegen kann. Denn dort ergeben sich ja jeweils neue Varianten der Streckenführung. Dijkstras Beispiel mit den 64 holländischen Städten war also stark vereinfacht, es nahm an, dass es immer nur eine einzige, kreuzungsfreie Straße zwischen zwei Städten gab. Das gilt auch für das Beispiel, das wir uns nun anschauen: Wir fahren im Autobahnnetz von Hamburg nach München. Die Gewichte an den Kanten des Graphen entsprechen der Entfernung, wir suchen also den kürzesten Weg. Vielleicht kommt ihnen der Wert von

450 Kilometern zwischen Hamburg und Berlin ein bisschen hoch vor. Zu Recht: Es sind normalerweise nur 288, aber wir nehmen an, dass es eine große Baustelle gibt, die auf Nebenstraßen weiträumig umfahren werden muss. Die Kante im Graphen kann gerade bleiben, sie bekommt einfach ein höheres Gewicht. Warum? Sie werden es gleich merken.

Edsger Dijkstra ersann seinen Algorithmus im Kopf, aber wir wollen uns sein Verfahren zunächst einmal räumlich vorstellen. Wir schicken von Hamburg aus drei Motorradfahrer auf die Strecke – entlang der drei Kanten nach Bremen, Hannover und Berlin, die von Hamburg ausgehen. Die Motorräder fahren konstant mit 60 Kilometern pro Stunde – so entspricht die Entfernung in Kilometern der Fahrzeit in Minuten. Sobald ein Fahrer auf einen Knotenpunkt trifft, von dem mehrere Kanten ausgehen, kommen ihm ein paar Kollegen zu Hilfe, sodass wieder ein Fahrer in jede Richtung weiterfährt.

Eine wichtige Einschränkung dabei gibt es: Sobald ein Fahrer einen Knoten, also eine Stadt, erreicht hat, teilt er das allen anderen mit. Die Stadt wird als »besucht« abgehakt, in der Folge muss sie nicht mehr angesteuert werden. Die Information kommt allerdings zu spät für die Fahrer, die schon auf dem Weg in diese Stadt sind – sie fahren die Strecke noch zu Ende, interessieren uns aber nicht weiter.

Dieser Algorithmus ist so konstruiert, dass er uns für jede besuchte Stadt die kürzeste Entfernung von Hamburg liefert. Denn wenn ein weiterer Fahrer später eintrifft, hat er ja eine längere Strecke zurückgelegt. Und sobald der erste Fahrer München erreicht, kann das Verfahren abgebrochen werden – dann kennen wir den kürzesten Weg zum Ziel.

Das folgende Schema zeigt die Touren der Fahrer, die mit kleinen Buchstaben bezeichnet sind – a, b, c und so weiter. Fett ist jeweils die erste Ankunft eines Fahrers in einer Stadt eingezeichnet, das ist gleichzeitig deren kürzeste Entfernung von Hamburg. Die Karte zeigt die entsprechenden kürzesten Routen. Den kürzesten Weg nach München legen die Fahrer b, g, l und y zurück.

Einige Dinge fallen bei diesem Suchverfahren auf:

- Der Algorithmus hat nicht nur den kürzesten Weg nach München gefunden, sondern auch den zu allen anderen Städten. Allgemein findet der Dijkstra-Algorithmus nicht nur die kürzeste Verbindung von A nach B, sondern auch die kürzeste Verbindung zu allen Punkten, die näher an A liegen als B.
- Nur in einem einzigen Fall wurde in unserem Netzwerk die von den Mathematikern Dreiecksungleichung genannte Bedingung verletzt, dass ein »Umweg« im Netzwerk auch einen längeren Weg bedeutet: Aufgrund der Baustelle ist die Strecke von Hamburg nach Berlin über Hannover kürzer als die direkte.
- Der Algorithmus hat letztlich alle Kanten des Graphen einmal durchlaufen – selbst so abwegige Strecken wie die von Berlin nach Dresden oder von Dortmund nach Köln. Nur die zwölf auf der Karte fett eingezeichneten Kanten gehören zu einem optimalen Weg, aber auch die 13 anderen Autobahnabschnitte wurden durchfahren.

Vor allem die letzte Bemerkung zeigt die Schwächen des Algorithmus. Er weiß zu keinem Zeitpunkt, wie weit er noch vom Ziel entfernt ist. Die einzigen Distanzen, die er kennt, sind die Längen der Kanten, die er bisher durchlaufen hat, deshalb darf er nirgendwo aufhören. Wenn er zum Beispiel in Dortmund ist und überlegt, ob sich die 93 Kilometer nach Köln noch lohnen, muss er einen Motorradfahrer losschicken – es könnte ja von

Hamburg
a b c

Von Hamburg nach München mit dem Dijkstra-Algorithmus

In Hamburg fahren die drei Motorradfahrer a, b und c los in Richtung Bremen, Hannover und Berlin. Dort angekommen, schicken sie neue Fahrer auf den Weg (gestrichelte Linien). Das passiert in jeder Stadt, die noch nicht besucht wurde. Fett markiert ist jeweils die erste Ankunft eines Motorradfahrers in einer neuen Stadt. Damit ist die kürzeste Strecke in diese Stadt bestimmt.

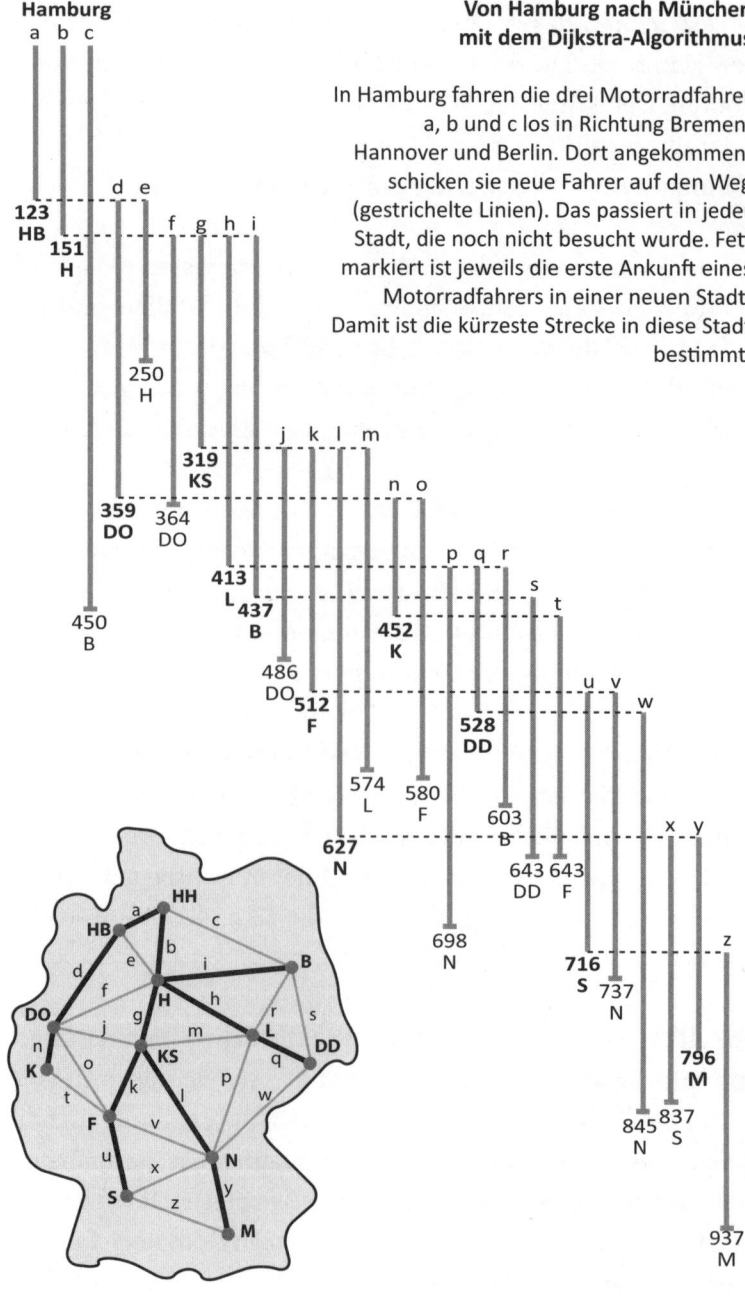

Köln eine geheimnisvolle Abkürzung nach München geben, eine Art kosmisches Wurmloch von 100 Kilometern Länge, und das wäre dann der kürzeste Weg. Erst wenn ein Fahrer München erreicht hat, darf der Algorithmus abbrechen. Er besitzt keinerlei geografische Kenntnisse. Wenn man die aber einbezieht, kann man ein erheblich effizienteres Verfahren entwickeln.

Die entscheidende Verbesserung des Dijkstra-Algorithmus wurde 1968 am Stanford Research Institute (SRI) in Kalifornien gefunden. Dort experimentierten die jungen Ingenieure Peter Hart, Nils Nilsson und Bertram Raphael mit Robotern, insbesondere mit einem Dosenmann namens Shakey. Der sollte lernen, sich frei im Raum zu bewegen und dabei Hindernissen auszuweichen. Wenn er nun von einem Punkt A zu einem Punkt B in der anderen Ecke des Raumes navigieren sollte, dann musste der Roboter eine Route planen, die alle ihm bekannten Hindernisse berücksichtigte, von denen er eine Art »innere Karte« besaß. Die Forscher setzten zunächst Dijkstras bekannten Algorithmus ein, aber sie konnten schon absehen, dass die Rechenzeit für kompliziertere Netzwerke schnell zu groß werden würde. Die Computer waren damals zwar schon weiter als die Maschine, über die Dijkstra verfügte, aber immer noch schwächer als ein heutiger Taschenrechner.

Nilsson kam auf die Idee, wie man eine gewisse Kenntnis der Geografie in den Algorithmus einbringen kann. Wir wissen eigentlich ungefähr, wie weit Hamburg, Köln oder Dresden von München entfernt sind, auch wenn wir das Streckennetz nicht kennen. Es kann nämlich im wirklichen Leben keine noch so gewiefte Route kürzer sein als die Luftlinie zwischen den jeweiligen Städten. Wenn wir all diese Luftlinien kennen, dann haben wir für jede Stadt eine sogenannte »untere Schranke« für die Entfernung. Und mithilfe dieser unteren

Schranke kann man, wie wir gleich sehen werden, eine Menge von unsinnigen Verbindungen von vornherein ausschließen.

Man nennt so ein Zusatzwissen auch eine Heuristik, und der Algorithmus, den die drei SRI-Forscher fanden, trägt den Namen A*. Er ist ein Gemeinschaftswerk: Nilsson kam auf die Idee mit der Luftlinie, Raphael ersann die prinzipiellen Schritte des Verfahrens, und Hart zeigte, dass es mit Sicherheit den kürzesten Weg findet. »Ich ging an diesem Tag nach Hause«, erinnert sich Hart, »saß in einem bestimmten Sessel und starrte über eine Stunde lang die Wand an.« Dann klickte es.

Hier ist das Funktionsprinzip des A*-Algorithmus: Wie bei Dijkstra tasten wir uns Kante für Kante im Graphen voran, bis wir das Ziel erreicht haben. Auch dieser Algorithmus erforscht im Prinzip alle Routen, findet also mit Sicherheit die kürzeste. Allerdings macht er zu jedem Zeitpunkt eine heuristische Abschätzung, wie weit es noch mindestens bis München ist, und wählt daraufhin die beste Route aus.

Grundlage dafür ist eine Tabelle zur Heuristik, die für jeden Ort auf der Landkarte die Luftlinienentfernung nach München kennt.

B	DD	DO	F	H	HB	K	KS	L	M	N	S
450	359	477	304	489	583	456	384	360	0	166	191

Wir lassen jetzt auch keine Motorradfahrer mehr losfahren, sondern gehen wirklich wie ein Computer vor. Wir teilen die Städte (außer Hamburg) in die »besuchten« und »unbesuchten« auf. Die besuchten Städte sind die, deren kürzeste Route von Hamburg aus wir bereits kennen. Am Anfang sind alle Städte unbesucht.

Im ersten Schritt teilen wir den drei Städten, die von Hamburg aus direkt zu erreichen sind, zwei Werte zu. Erstens die Entfernung von Hamburg auf dem Graphen (g). Zusätzlich machen wir aber eine Abschätzung s, wie weit die Strecke Hamburg–München mindestens ist, wenn wir über diese Stadt fahren: nämlich g plus die Luftlinie zwischen der jeweiligen Stadt und München.

Unbesucht

	B	DD	DO	F	H	HB	K	KS	L	M	N	S
g	450				**151**	123						
s	954				**640**	706						

Von diesen drei Städten suchen wir uns nun diejenige aus, für die der Wert s am kleinsten ist. Diese Stadt kommt in die Menge der besuchten Städte. Und alle Städte, die von ihr aus zu erreichen sind, bekommen in der Menge der unbesuchten Städte die Werte g und s zugewiesen.

Unbesucht   **Besucht**

	B	DD	DO	F	HB	K	KS	L	M	N	S		H
g	437				123		**319**	413					
s	941				706		**703**	773					

Wenn man genau hinschaut, sieht man, dass Berlin in dieser Tabelle einen neuen g- und s-Wert bekommen hat. Man erreicht die Stadt nämlich auch über Hannover, und diese Strecke ist kürzer als die direkte von Hamburg.

Den kürzesten s-Wert hat nun Kassel, diese Stadt wird als »besucht« vermerkt, Frankfurt und Nürnberg bekommen Werte.

	B	DD	DO	F	HB	K	L	M	N	S	H	KS
	Unbesucht										**Besucht**	
g	437		364	512	**123**		413		627			
s	941		841	816	**706**		773		793			

Die Stadt mit dem kürzesten s-Wert ist nun Bremen. Wir begeben uns jetzt also wieder an den Start und untersuchen die zweite mögliche Route von Hamburg aus.

	B	DD	DO	F	K	L	M	N	S	H	KS	HB
	Unbesucht									**Besucht**		
g	437		359	512		**413**		627				
s	941		836	816		**773**		793				

Wenn wir über Bremen fahren, wird plötzlich auch der Weg nach Dortmund kürzer, was sich in neuen Werten niederschlägt. Und so sehen die nächsten Schritte des Algorithmus aus:

	B	DD	DO	F	K	M	N	S	H	KS	HB	L
	Unbesucht								**Besucht**			
g	437	528	359	512			**627**					
s	941	887	836	816			**793**					

Unbesucht   **Besucht**

B	DD	DO	F	K	M	S		H	KS	HB	L	N
g	437	528	359	512		**796**	837
s	941	887	836	816			1028

Jetzt sind wir in München angekommen. Die Entfernung ist ein *g*-Wert, also eine tatsächliche Autobahnroute. Alle anderen Städte haben *s*-Werte, die größer sind. Und das bedeutet: Jede andere Route hat eine untere Schranke, die größer ist als unsere gefundene Strecke – sie kann also auf keinen Fall kürzer sein. Also können wir den Algorithmus abbrechen, er hat den kürzesten Weg nach München gefunden.

Auf der Karte sieht man, dass wir uns eine Menge Arbeit gespart haben: Statt alle 25 Kanten auszuprobieren, wurden

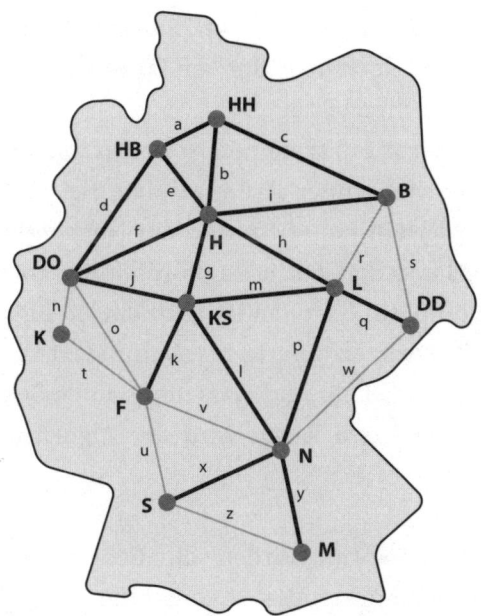

nur 17 benötigt. Eine Verbindung über Köln wurde überhaupt nicht ins Auge gefasst. Dafür kennen wir aber auch nur für die vier »besuchten« Städte und München die kürzeste Strecke von Hamburg aus, während uns der Dijkstra-Algorithmus quasi umsonst alle kürzesten Routen geliefert hat.

Der Unterschied zwischen den beiden Verfahren mag in diesem Beispiel nicht dramatisch aussehen, aber er wird sehr deutlich, wenn das Netzwerk wächst. Etwa wenn man eine Verbindung von der Ostküste der USA zur Westküste sucht. Dann arbeitet sich der A*-Algorithmus sehr zielstrebig voran, während Dijkstra das gesamte Straßennetz durchsuchen muss, um die optimale Route zu finden.

Natürlich kann auch A* sich »irren«, nämlich dann, wenn es nahe der Luftlinie keine geeigneten Verbindungen gibt. Der Algorithmus läuft hoffnungsvoll in jede Sackgasse hinein. Wenn zum Beispiel die Autobahnen k und l nicht existieren würden oder voll gesperrt wären, dann wäre der Weg über Kassel nicht der kürzeste, und man müsste ein paar Schritte zurückgehen und doch über Bremen fahren. Aber selbst dabei spart A* noch Rechenzeit ein.

In realen Navigationssystemen ist der Graph, der berechnet wird, natürlich viel größer als in unserem Beispiel. Jede Straßenkreuzung ist ein neuer Knoten des Netzwerks. Das Straßennetz Nordamerikas hat etwa 35 Millionen dieser Knoten, und für so komplexe Graphen ist auch der A*-Algorithmus zu aufwendig. Wir setzen uns ja ins Auto, starten den Motor, geben unser Fahrziel ein und erwarten binnen Sekunden eine Antwort. Auf mehrere Arten wird der Algorithmus vereinfacht:

- Wie schon erwähnt, werden die Straßen hierarchisiert (Autobahn – Bundesstraße – Landstraße ...), und die kleineren Straßen kommen erst dann ins Spiel, wenn man sich dem Ziel auf der größeren Straße so weit wie möglich genähert hat.

- Es kann sinnvoll sein, den A*-Algorithmus parallel von beiden Seiten zu starten – sobald man sich dann in der Mitte trifft, hat man einen Weg gefunden.
- Häufig gebrauchte Verbindungen können im Voraus berechnet und fest im System abgelegt werden – dann muss der Algorithmus nur noch in einer Tabelle die Entfernung und die Route nachschauen.
- Und schließlich muss es nicht immer der absolut kürzeste Weg sein. Wenn ich einen Weg gefunden habe und abschätzen kann, dass ich auf einer anderen Route maximal ein Prozent der Strecke einspare, dann kann ich für alle praktischen Zwecke die Suche abbrechen.

Die Routenplanungsverfahren finden nicht nur Anwendung, wenn es um konkrete räumliche Entfernungen geht. Viele Probleme lassen sich als Graph mit gewichteten Kanten darstellen, und wenn ich darin die kürzeste Verbindung suche, dann ist das ein Routenproblem. Ein Beispiel ist die sogenannte Arbitrage im Devisenhandel: Dabei tauscht man Geld aus einer Währung in eine andere um, vielleicht noch in eine dritte und vierte, und schließlich zurück in die Ausgangswährung. Die Währungen kann man als Knoten eines Graphen darstellen, wobei es sich hierbei um einen sogenannten vollständigen Graphen handelt: Es führt von jedem Knoten eine Kante zu jedem anderen. Außerdem kommt es natürlich auf die Richtung an – der Wechselkurs vom Euro zum Dollar ist ein anderer als der vom Dollar zum Euro. Eine Umtauschaktion wie die oben erwähnte ist ein geschlossener Pfad in diesem Graphen.

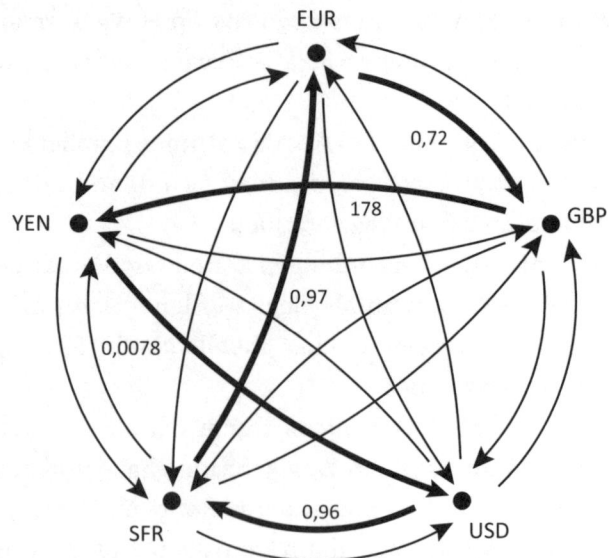

In diesem Beispiel (fette Pfeile) tausche ich Euro zunächst in Pfund, die Pfunde in Yen, die Yen in Dollar, die Dollar in Schweizer Franken und die wiederum in Euro. Ich habe nur die für diesen Tausch relevanten Kurse vom 22. April 2015 an die Pfeile geschrieben. Was bekomme ich am Ende dieser Kette für 100 Euro?

$$100 \cdot 0,72 \cdot 178 \cdot 0,0078 \cdot 0,96 \cdot 0,97 = 93 \text{ Euro}$$

Nicht gerade ein lohnendes Geschäft. Der Verlust kommt natürlich daher, dass bei jeder Transaktion die Bank ein bisschen kassieren will. Es gibt aber Situationen, in denen die Währungskurse nicht so logisch aufeinander bezogen sind wie die großen Währungen in diesem Beispiel. Dann kann ich durch geschicktes Tauschen tatsächlich einen Gewinn machen, im Fachjargon heißt das »Arbitrage«.

Um diese Ungleichgewichte in den Wechselkursen auszunutzen, muss ich einen optimalen Weg durch den Graphen der Währungen suchen. Allerdings muss ich die Wechselkurse multiplizieren – Routenplanungsprogramme addieren die Gewichte der Kanten. Das Problem löst man dadurch, dass man nicht mit den Kursen selbst rechnet, sondern mit deren Logarithmen. Dabei nutzt man aus, dass der Logarithmus eines Produkts die Summe der einzelnen Logarithmen ist.

Der Logarithmus einer Zahl, die kleiner als 1 ist, ist allerdings ein negativer Wert. Ich habe also plötzlich einen Graphen mit negativen Kantengewichten, in dem ich einen Weg suche, der eine positive Länge hat (ich will ja mehr als einen Euro für einen Euro bekommen, und der Logarithmus von 1 ist 0). Für solche Graphen sind weder der Dijkstra- noch der A*-Algorithmus anwendbar. Es gibt andere Verfahren, die es dem Finanzjongleur ermöglichen, hier eine Lösung zu finden, ohne alle möglichen Verbindungen durchprobieren zu müssen. Sicherlich hätte Edsger Dijkstra, als er 1956 in 20 Minuten seinen auch heute noch verwendeten Algorithmus ersann, sich nicht träumen lassen, auf wie vielen Gebieten die Routenplanungsverfahren einmal Anwendung finden würden.

KAPITEL 4: EMPFEHLEN
WOHER AMAZON UND NETFLIX
WISSEN, WAS UNS GEFÄLLT

Vor ein paar Jahren bekam der Schauspieler Kevin Spacey ein Angebot von einer Produktionsfirma. Er sollte die Hauptrolle in einer neuen Serie spielen. »Wir glauben an Sie«, sagte man ihm. »Wir haben unsere Daten angeschaut, und die sagen uns, dass unser Publikum diese Serie schauen will. Wir brauchen keinen Pilotfilm. Wie viele Folgen wollen Sie drehen?«

Kevin Spacey, der diese Geschichte dem *New Yorker* erzählte, nahm den Job an. *House of Cards*, eine Serie über korrupte Politiker in Washington, wurde zu einem Riesenerfolg, der Kritiker und Publikum gleichermaßen begeisterte. Die Serie geht bald in die vierte Staffel und ist das Paradebeispiel für eine neue Art des Fernsehens, die Netflix erfunden hat: Sämtliche Folgen einer Staffel gehen gleichzeitig online und können in einem Rutsch geschaut werden, wenn der Zuschauer das möchte – *binge watching* nennt man das, niemand muss mehr fiebernd eine Woche auf die nächste Folge warten.

Netflix ist aber auch das Paradebeispiel für eine Firma, die akribisch Daten über das Nutzungsverhalten ihrer Abonnenten sammelt. Auf den ersten Blick geht es darum, denen neue Filme zu empfehlen, aber das Beispiel von *House of Cards* zeigt, dass die Daten über den Geschmack der Nutzer für millionenschwere Investitionsentscheidungen ausschlaggebend sein können.

Der Katalog von Netflix, aus dem sich Kunden am Feierabend etwas aussuchen können, umfasst etwa 75 000 Filme. Bei Amazon kann man zwischen zweieinhalb Millionen Büchern wählen. Und bei iTunes, Apples Musikdienst, stehen über 30 Millionen Songs zur Verfügung. Da ist der Abend vor lauter Sucherei oft vorbei, bevor man einen Film gesehen oder ein Musikalbum gehört hat.

Wie haben wir früher unsere Auswahl getroffen? Zunächst einmal war die Auswahl viel überschaubarer. Wenn ich das einmal am Beispiel meiner Jugend erzählen darf: Über Musik erfuhren wir in den 1970er-Jahren vor allem aus dem Radio. Wer sich für Popmusik interessierte, und das waren alle meine Altersgenossen, der durfte sich in der Zeit des öffentlich-rechtlichen Monopols glücklich schätzen, wenn er im Sendegebiet einer der wenigen Popwellen wohnte. Im Radio dominierte ansonsten der deutsche Schlager. Musikvideos gab es nicht, und das Fernsehen sendete Pop- und Rockmusik nur äußerst selten. Der *Musikladen* oder später die legendären *Rockpalast*-Konzerte waren Anlässe, sich in Gruppen vor einem winzigen TV-Gerät zu versammeln.

Für die wirklich eingefleischten Fans reichte diese Auswahl an Mainstream-Pop natürlich nicht aus. Man kaufte sich Magazine, von *Musikexpress* bis *Spex*. Dort rezensierten die Redakteure Platten und berichteten über die angesagtesten neuesten Bands. Oft habe ich jahrelang über Bands nur gelesen und hatte von ihrer Musik nur eine vage Vorstellung im Kopf. Und tatsächlich bin ich damals in Plattenläden gegangen und habe auf Verdacht mein knappes Geld für Platten dieser Bands ausgegeben. Ohne Geld-zurück-Garantie. Kaum vorstellbar für jemanden, der heute in jedes Album hineinhören kann, bevor er es kauft, und zu jedem Film zumindest den Trailer anschauen kann.

Aber die Hauptquelle für neue musikalische Inspiration war die Clique. Wenn ein Freund eine neue Platte erstanden hatte, dann hörte man die gemeinsam an, überspielte sie auf Musikkassetten (den Begriff »Raubkopie« gab es damals noch nicht) und trug die Nachricht weiter. »Heiße Scheibe, musst du hören« – Informationen flossen entlang der Fäden des sozialen Netzwerks, ganz analog. Die Regel dabei war: Wer in der Vergangenheit einen ähnlichen Geschmack hatte wie ich, dessen Empfehlung vertraue ich, manchmal sogar blind. Die Verbreitung ähnelte der von Infektionskrankheiten. Und so wie es in der Epidemiologie sogenannte »Superspreader« gibt, Menschen, die besonders viele andere anstecken, so gab es auch in den Jugendcliquen die Musikgurus, die – egal ob aufgrund tatsächlicher Expertise oder einfach nur, weil sie als cool galten – den Geschmack für viele andere vorgaben.

Diese virale Verbreitung von Geschmack hatte auch ihre Nachteile: Mit dem Ende der Clique brach das System zusammen. So wie ein Virus ausstirbt, wenn es keine Verbreitungswege mehr hat, kommen neue musikalische Trends nicht mehr bei denen an, die sich in ein übersichtliches Netzwerk aus Familie und Arbeitskollegen zurückgezogen haben. Neben einem gewissen geschmacklichen Beharrungsvermögen ist das ein Grund dafür, dass Menschen jenseits der 20er immer wieder die Sorte Musik hören, die sie aus ihrer Jugend kennen. Da weiß man eben, was man hat.

Im digitalen Zeitalter versuchen die Online-Händler nun, dieses System der Empfehlung nachzubilden. Dabei sind sie nicht in der komfortablen Position von Facebook, das die tatsächlichen sozialen Spinnfäden zwischen den Menschen kennt. Ein Online-Händler weiß nur, was seine Kunden gekauft oder angeschaut haben, er kennt nicht die Beziehungen zwischen ihnen. Aber er kann Ähnlichkeiten im Geschmack erkennen. Dem Nutzer sollen Waren, Songs und Filme vorgeschlagen werden, die ihm mit großer Wahrscheinlichkeit gefallen werden. Im Idealfall sind das nicht nur Dinge, die denen sehr ähneln, die er bisher konsumiert hat. Ein gutes digitales Empfehlungssystem schlägt auch Produkte vor, die ein bisschen aus dem Rahmen des bisherigen Geschmacks fallen, die aber bei der »virtuellen Clique« von Menschen mit vergleichbarem Geschmack gut ankommen.

Das alles tun die Firmen natürlich nicht aus Nächstenliebe. Online-Läden wollen mehr Waren verkaufen, und selbst ein Filmverleih wie Netflix, bei dem der Kunde eine Monatspauschale zahlt, hat ein Interesse daran, dass er mehr konsumiert – denn die Daten zeigen, dass ein Abonnent, der viele Filme schaut, eher bei der Stange bleibt als einer, der das System nur ein- oder zweimal im Monat nutzt.

Die einfachste Form der Empfehlung kennt jeder Amazon-Kunde: »Kunden, die X kauften, kauften auch Y.« Das ist uns inzwischen so in Fleisch und Blut übergegangen, dass es schon in der altmodischen analogen Welt kopiert wird – ich habe Fotos von Marktständen gesehen mit Schildern wie »Kunden, die Äpfel kauften, kauften auch Birnen«. Das sind meistens offensichtlich verwandte Produkte: Zu einem Roman wird ein anderes Buch desselben Autors empfohlen, zu einem Handy die Handyhülle. Manchmal geht es auch schief: Als der Amazon-Gründer Jeff Bezos einmal sein System öffentlich vorführte, empfahl es ihm den Softporno *Slave Girls from Beyond Infinity* (deutsch: *Jäger der verschollenen Galaxie*). Ein Firmensprecher erklärte das damit, dass Bezos früher einmal die DVD des Films *Barbarella* mit Jane Fonda bestellt hatte.

Es gibt eben verschiedene Gründe, *Barbarella* zu schauen: etwa weil man Jane Fonda verehrt, oder aber weil man seine Sammlung von Science-Fiction-Streifen mit spärlich bekleideten Schauspielerinnen vervollständigen möchte. Ein gutes Empfehlungssystem sollte den Unterschied kennen.

Es gibt zwei grundsätzliche Verfahren, um zu solchen passgenauen Empfehlungen zu kommen. Das erste, genannt »kollaboratives Filtern«, hat den Vorteil, dass es nichts über die Produkte wissen muss, um die es geht – es behandelt sie als neutrale Schachteln mit beliebigem Inhalt und schaut nur auf das Konsumverhalten großer Mengen von Menschen. Das zweite, genannt »inhaltsbasiertes Filtern«, weiß eine Menge über die Produkte und generiert aus diesem Wissen neue Empfehlungen. In der Praxis werden heute meist beide Ansätze kombiniert.

Die Logik beim kollaborativen Filtern ist die folgende: Ich habe in der Vergangenheit eine Menge Filme gesehen und sie bewertet, etwa nach einem Sternesystem von einem bis fünf Sternen. Ein anderer Nutzer hat die Filme ähnlich bewertet wie ich. Nun hat er einen neuen Film gesehen und ihm fünf Sterne gegeben. Also ist das ein Film, der mir mit hoher Wahrscheinlichkeit gefallen wird.

Die Herausforderung besteht also darin, unter den Millionen anderer User (Netflix zum Beispiel hat 60 Millionen zahlende Kunden) diejenigen herauszufinden, deren Geschmack meinem möglichst nahe ist. Wie berechnet man diese Nähe?

Fangen wir mit einem sehr einfachen Beispiel an. Wir betrachten nur zwei Filme: *Titanic* und *Star Wars*. Und drei Menschen: Anne, Ben und Claudia. Anne ist sehr romantisch veranlagt und macht sich nichts aus Science-Fiction. Sie bewertet *Titanic* mit 4,5 Sternen und *Star Wars* mit einem. Ben dagegen kann schnulzige Liebesfilme nicht ausstehen, steht aber auf

Weltraum und Heldenepen. Er gibt *Titanic* einen Stern und
Star Wars drei (Ben ist mit Höchstnoten sparsam – die sind bei
ihm der *Star Trek*-Reihe vorbehalten). Claudia ist eine ziemlich
unkritische Kinogängerin, alle pompösen Hollywood-Produk-
tionen ziehen sie in ihren Bann. Sie vergibt vier Sterne an *Titanic* und 4,5 Sterne an *Star Wars*. Schließlich haben wir noch
Dennis, der den Massengeschmack verachtet und eher auf
Independent-Filme steht. Er gibt beiden Blockbustern nur
1,5 Sterne.

Wir wollen berechnen, wie nahe Claudia an den Geschmä-
ckern der drei anderen liegt. Sollen ihr in Zukunft Filme empfohlen werden, die Anne mag? Oder Ben? Oder Dennis?

»Nähe« kann man nur berechnen, wenn man einen Abstand
kennt, sich also in einem Raum befindet, in dem es ein solches
Abstandsmaß gibt. In welchem Raum tun wir das? In diesem
Fall in einem beschränkten zweidimensionalen Raum, dessen
beide Dimensionen die Wertungen für *Titanic* beziehungsweise *Star Wars* sind. Mit jedem Film wächst die Dimension
des Raums – bei 75 000 Filmen, die zu bewerten sind, bewegen
wir uns also in einem 75 000-dimensionalen Raum! Da kann
auch *Star Wars* nicht mithalten.

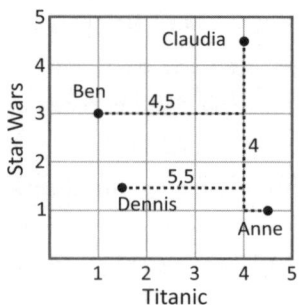

Wir zeichnen ein Koordinatensystem mit zwei Achsen, einer für *Titanic* und einer für *Star Wars*, und tragen darin die Bewertungen der vier Filmfans ein. Was bedeutet »Abstand« in diesem Raum? Man kann ihn auf unterschiedliche Weise definieren. Beginnen wir mit dem »Taxifahrerabstand«. Der ist die kürzeste Strecke, die ein Taxifahrer zwischen zwei Punkten zurücklegt, wenn er immer nur waagerecht und senkrecht fahren kann – denken Sie an die Straßen von Manhattan. Dieser Abstand ist am einfachsten zu berechnen: Man addiert einfach die Unterschiede bei den Bewertungen der beiden Filme. Beispiel Claudia und Anne: Ihre *Titanic*-Bewertungen unterscheiden sich um einen halben Stern, ihre *Star Wars*-Werte um 3,5 Sterne – macht einen Abstand von 4. Das ist kürzer als der Wert von Ben (4,5) und Dennis (5,5) – Annes Geschmack ist demnach Claudias am ähnlichsten.

Wir können aber auch die »Luftlinie« zwischen zwei Punkten betrachten. Die berechnet man nach dem Satz des Pythagoras (Wurzel aus der Summe der Quadrate der Unterschiede – erinnern Sie sich?). Nach dieser Berechnung liegt Ben am nächsten an Claudia – 3,4 gegenüber 3,5 (Anne) und 3,9 (Dennis).

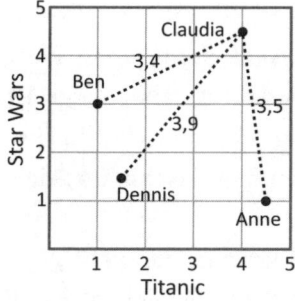

Und es gibt noch eine dritte Möglichkeit, Nähe zu definieren. Es ist zum Beispiel bekannt, dass manche Nutzer (wie Claudia) mit Höchstbewertungen nur so um sich werfen, während andere (wie Dennis) eher zurückhaltend sind. Schaut man nur auf die Richtung, in die eine Bewertung geht – und »Richtung« kann man hier wörtlich nehmen –, dann ähnelt Claudias Urteil eigentlich dem von Dennis stark: Sie haben jeweils beide Filme gleich hoch bewertet und keine besondere Präferenz gezeigt. In diesem Fall verbindet man die Punkte der Nutzer jeweils mit dem Nullpunkt und vergleicht die Winkel zwischen diesen Strahlen.

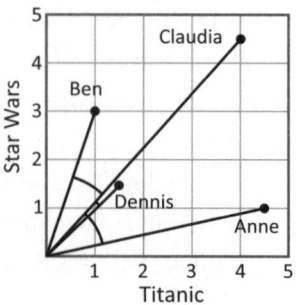

Genauer gesagt, berechnet man den Kosinus des entsprechenden Winkels und erhält dann einen Wert zwischen Minus 1 und 1. Der Wert 1 bedeutet dabei die größte »Nähe«, der Wert Minus 1 die denkbar kleinste. Und in diesem Fall ist Dennis am nächsten an Claudias Geschmack, sie liegen fast auf einer Linie.

Welcher Abstand ist nun der richtige? Die Antwort ist: Es kommt drauf an. In dem Beispiel hatten alle vier Nutzer beide Filme bewertet. Man nennt einen solchen Datensatz auch

»dicht«, je zwei Nutzer sind sehr gut vergleichbar. In diesem Fall sind der Luftlinien- und der Taxifahrerabstand ein gutes Maß für die Ähnlichkeit der Geschmäcker, wobei der Luftlinienabstand extreme Unterschiede in einzelnen Bewertungen mehr »bestraft« als der Taxifahrerabstand.

Aber in der Realität sieht die Sache anders aus: Es gibt Tausende von Filmen und Millionen von Songs in den Datenbanken der Anbieter, und jeder Nutzer kennt nur einen Bruchteil davon, noch weniger hat er tatsächlich bewertet. Die Frage ist: Was macht man bei der Berechnung mit Filmen oder Songs, die ein Nutzer nicht bewertet hat? Man kann den Wert auf null setzen, aber das wäre ja gleichbedeutend mit einer sehr schlechten Note. Tatsächlich ist diese Frage ein Problem, das nicht so leicht zu lösen ist. Bei der Berechnung des Kosinuswerts dagegen fallen diese nicht bewerteten Objekte automatisch heraus. Man vergleicht den Geschmack zweier Nutzer tatsächlich nur dort, wo sie beide Bewertungen abgegeben haben. Das Wort »Geschmacksrichtung« erhält hier eine präzise mathematische Bedeutung.

Aber auch wenn zwei Nutzer in der Vergangenheit die Dinge sehr ähnlich bewertet haben, ist das keine Garantie für eine gute Übereinstimmung in der Zukunft. Nehmen wir an, Ben und Jonas (die einander gar nicht kennen) sind beide Hardrock-Fans und haben einen fast identischen Geschmack, was dieses Genre angeht. Nun spielt aber Bens Schwester Jenny in der Volksmusikkapelle »Die fröhlichen Landeier«, und aus Geschwisterliebe gibt Ben dem Debütalbum der Landeier eine hohe Bewertung. Folglich müsste ein Empfehlungssystem, das auf dem Vergleich zwischen Ben und Jonas basiert, nun Jonas die Volksmusik-CD empfehlen. Der wird das bestenfalls mit einem Kopfschütteln quittieren. Und die nächste Empfehlung wird er wahrscheinlich gar nicht erst zur Kenntnis nehmen.

Das Beispiel ist gar nicht so an den Haaren herbeigezogen. Wir alle haben diverse persönliche Gründe und Motive, warum uns Dinge gefallen. Ein Lied, das man bei einer bestimmten Party gehört hat, ein Film, den man mit einem besonderen Menschen gesehen hat – all das beeinflusst unsere Beurteilung, nicht nur die intrinsischen Merkmale des jeweiligen Werks. Kein Mensch ist die identische Geschmackskopie eines einzelnen anderen. Und deshalb versuchen die besseren Empfehlungssysteme gar nicht erst, den *einen* Menschen zu finden, der denselben Geschmack hat wie ich. Stattdessen finden sie eine ganze Gruppe von anderen Usern, die mir geschmacklich alle relativ nahe stehen, und suchen dann nach Werken, die allen ziemlich gut gefallen – da würde die Volksmusik-CD der Schwester aussortiert.

So wie der Algorithmus die Nähe der Nutzer zueinander berechnet, weil ihnen dieselben Filme gefallen, kann er auch Ähnlichkeiten zwischen zwei oder mehreren Filmen herausfinden – weil sie von derselben Menge von Menschen positiv bewertet werden. So kann der Computer eine grobe Einteilung der Filme in Genres vornehmen, ohne dass er die Spur einer Ahnung hat, wovon sie handeln. Teilweise stimmen die Gruppierungen mit bekannten Sparten wir Comedy, Drama oder Thriller überein, teilweise kann sich der Mensch keinen Reim darauf machen, was die so zusammengefassten Filme tatsächlich gemeinsam haben.

Wie gut ist ein Empfehlungsalgorithmus? Wie misst man seine Fähigkeiten? Indem man ihn Vorhersagen machen lässt, wie viele Sterne ein Nutzer einem Film geben wird, und anschließend dessen Bewertung mit der Prognose vergleicht. Genau das macht Netflix, seit die Firma existiert. Im Jahr 2006 kam das Netflix-Team auf die Idee, sich externe Hilfe zu holen, um seinen Empfehlungsalgorithmus mit dem Namen

Cinematch zu perfektionieren. Es lobte einen Preis von einer Million Dollar aus für einen Algorithmus, der entscheidend besser wäre.

Genauer gesagt: Netflix stellte den Teilnehmern eine Datenbank zur Verfügung, die die Bewertung von 480 000 Nutzern für 17 000 Filme enthielt, insgesamt 100 Millionen Einzelbewertungen. Aufgabe war es, die nächsten drei Millionen Bewertungen dieser User vorherzusagen. Die Abweichung von den tatsächlichen Bewertungen war das Maß für die Qualität der Algorithmen – je kleiner, desto besser. Die Million wurde ausgelobt für den ersten Algorithmus, der um zehn Prozent besser war als Netflix' Cinematch.

Drei Jahre lang lief der Wettbewerb, Tausende von Programmiererteams aus aller Welt bewarben sich. In den ersten beiden Jahren erreichte niemand das Ziel, aber im dritten Durchgang, am 21. September 2009, wurde die Million tatsächlich fällig. Ein siebenköpfiges, internationales Team mit dem Namen BellKor's Pragmatic Chaos schaffte die Zehn-Prozent-Hürde.

Eigentlich wollte Netflix im Jahr darauf den Wettbewerb wiederholen, mit noch mehr Informationen über das Nutzerverhalten, aber daraus wurde nichts: Ein Netflix-Kunde verklagte die Firma wegen mangelnden Datenschutzes. Zwar war der Datensatz anonymisiert worden, aber allein durch einen Vergleich mit Bewertungen auf der beliebten Filmseite IMDb war es offenbar möglich, einzelne Vielgucker aufgrund übereinstimmender Bewertungen zu identifizieren.

Aber vielleicht hatte Netflix auch schon genug Erkenntnisse aus dem Wettbewerb gezogen. Einige Techniken aus den ersten beiden Jahren waren schon in den Cinematch-Algorithmus eingeflossen, und die Verbesserungen waren nur noch marginal, der höhere Aufwand brachte nicht viel mehr Nutzen. Vielleicht war die Methode des kollaborativen Filterns ja weitgehend ausgereizt. Vielleicht war ein weiterer Fortschritt nur möglich, wenn man aufhörte, Filme als beliebige Objekte ohne Eigenschaften zu betrachten, sondern ihren tatsächlichen Inhalt mit in die Empfehlungskriterien einfließen ließ. Genau das ist es, was die Methode des »inhaltsbasierten Filterns« versucht.

Dem amerikanischen Journalisten Alex C. Madrigal, der für das Magazin *Atlantic* arbeitet, fiel im Jahr 2013 auf, dass Netflix seinen Nutzern neben den »Top 10«-Empfehlungen auch häufig eine Reihe von Filmen eines bestimmten Genres anbietet. Und diese Genrenamen waren teilweise sehr spezifisch: »Von Kritikern gelobte Actionfilme, die auf Büchern basieren«, »Romantische Filme mit starker weiblicher Hauptrolle«, »Britische Science-Fiction-Filme der 1960er-Jahre, die in Europa spielen«, »Mutter-Sohn-Filme aus den 1970er-Jahren«. Er begann diese Genres zu sammeln, und bald wies ihn jemand darauf hin, dass Netflix sie offenbar durchnummeriert hat. Gibt man im Browser netflix.com/browse/genre/n ein, wobei *n* eine bis zu fünfstellige Zahl ist, dann kann man sich die ganze Liste anschauen (man muss dafür einen Netflix-Account haben). 1: Afroamerikanische Kriminal-Dokumentationen. 2: Grausige Kultfilme der 1980er-Jahre. 10 000: Japanische Horrorfilme der 1960er-Jahre. 92 000: Emotionale kanadische TV-Dramen.

Insgesamt 76 897 dieser sogenannten *altgenres* fand der Journalist. Und entdeckte damit die Spitze eines Eisbergs an detaillierten Kategorien, mit denen Netflix Filme »taggt«. Natürlich hat die Firma in ihrer Datenbank für jeden Film die üblichen Informationen: Regisseur, Jahr, Land, Hauptdarsteller, Umsatzzahlen und so weiter. Aber das reicht Netflix nicht. Im Jahr 2006 entwickelte ein Team um den Netflix-Vizepräsidenten Todd Yellin die sogenannte »Netflix-Quantentheorie« des Films. Menschliche Testseher analysierten jeden einzelnen Film nach einer Vielzahl von Kategorien. Wie romantisch ist der Film? Wie endet er? Ist der Hauptdarsteller sozial akzeptabel oder ein Außenseiter? Wo spielt der Film? Das Handbuch, mit dem die menschlichen »Tagger« arbeiten, umfasst 36 Seiten. Jeder Film wird seziert, in seine kleinsten Bestandteile zerlegt. Das ist die Basis für den inhaltsbasierten Empfehlungsalgorithmus.

Bei dieser Empfehlungsmethode geht es darum, den persönlichen Geschmack des Nutzers mit den Inhalten des Mediums in Verbindung zu bringen. Es geht dabei nicht nur um die Bewertung, die jemand abgibt. Viele Nutzer machen sich ja gar nicht die Mühe, nach dem Anschauen eines Films Sterne zu vergeben. Seit Netflix vom Versand von DVDs weitgehend aufs Online-Streaming umgestellt hat, verfügt die Firma über viel mehr Daten: Wonach sucht ein Nutzer? Welche Filme beginnt er zu schauen, bricht dann aber nach ein paar Minuten ab? Schaut er eine Serie in einem Rutsch? Dieses Profil der persönlichen Vorlieben wird nach und nach immer größer, und ein maschineller Lernalgorithmus versucht dann, Filme vorzuschlagen, die möglichst genau zu diesem Profil passen. Dabei kommt es, wie auch beim Ranking einer Suchmaschine (siehe Kapitel 2), auch auf die Reihenfolge an: Der am besten passende Film soll natürlich in der Reihe der Vorschläge ganz vorne stehen und nicht an 20. Stelle.

Ein schöner Nebeneffekt dieses Empfehlungssystems: Netflix ist wahrscheinlich die Firma auf der Welt, die am besten versteht, wie Filme funktionieren, welche Kombination von »Quanten« einen erfolgreichen Streifen ausmachen. Deshalb konnten die Unterhändler Kevin Spacey die Rolle anbieten, ohne die Serie vorher zu testen – ihr Algorithmus garantierte ihnen den Erfolg. Was heißt »Erfolg« in diesem Fall? Netflix bekommt ja kein Geld für jeden einzelnen Abruf eines Films, und die Firma veröffentlicht auch keine Daten über diese Abrufe. Ihr geht es darum, die Nutzer mit Eigenproduktionen an sich zu binden. Laut einem unabhängigen Branchendienst haben elf Prozent der Netflix-Abonnenten in der ersten Saison von *House of Cards* mindestens eine Folge geschaut. Ähnliche Werte erzielte die Superheldenserie *Daredevil*. Die Serie *Orange Is the New Black*, die in einem Frauengefängnis spielt, sollen sogar 44 Prozent der Kunden schon einmal geschaut haben. All diese Zahlen sind mit Vorsicht zu genießen, weil Netflix keine Einschaltquoten veröffentlicht.

Die meisten Empfehlungssysteme benutzen heute eine Kombination aus kollaborativem und inhaltsbasiertem Filtern. Und es wird weiterhin heftig daran geforscht. Eines der größten Probleme, auf die es noch keine wirkliche Antwort gibt: Wie baut man in die Algorithmen das ein, was im Englischen mit dem schönen Wort *serendipity* bezeichnet wird, zu Deutsch etwa »glücklicher Zufall«? Die heutigen Empfehlungssysteme servieren dem Nutzer meist mehr von dem, was ihm in der Vergangenheit gefallen hat, sie bleiben innerhalb des Horizonts der schon existierenden Vorlieben. Aber manchmal wollen wir über diesen Tellerrand hinausschauen, wollen mit Sehgewohnheiten brechen und Neues entdecken. Einen guten Vorschlag machen, der außerhalb meiner »Komfortzone« liegt, aber auch nicht völlig abwegig ist – gute Freunde können das, für Computer ist es bis heute eine sehr schwere Aufgabe.

KAPITEL 5: VERBINDEN
WAS FACEBOOK UNS ZEIGT
UND WAS NICHT

Sie sitzen im Urlaub, irgendwo in einem fernen Land, im Café und kommen mit dem Menschen am Nachbartisch ins Gespräch. Der entpuppt sich als Landsmann, erzählt, in welcher Firma er arbeitet, und da fällt Ihnen ein, dass Sie eine Mitarbeiterin dieser Firma kennen – und prompt stellt sich heraus, dass Ihre neue Bekanntschaft eng mit dieser Frau befreundet ist. Allgemeines Erstaunen und Schenkelklopfen: »Wie klein die Welt doch ist!«

Diese kleine Welt, auf Englisch *small world*, ist auch Gegenstand soziologischer Forschung. Es geht um das Netzwerk von Bekanntschaften zwischen Menschen, den »sozialen Graphen«. So wie man die kürzeste Verbindung zwischen zwei Städten im Straßennetz sucht (siehe Kapitel 3), kann man auch den direktesten Weg zwischen zwei Menschen suchen, der von einer Bekanntschaft zur nächsten hüpft. Und dann die Frage stellen: Wie groß ist diese Entfernung maximal? Wie weit bin ich höchstens von einem beliebigen anderen Menschen auf der Erde entfernt? Die Antwort lautet: Ein Freund eines Ihrer Freunde ist höchstwahrscheinlich mit einem Freund eines Freundes dieses Menschen befreundet. (Bitte ersetzen Sie in diesem Satz beliebig oft »Freund« durch »Freundin«, um alle 16 Geschlechtervarianten dieser Verbindung zu ermitteln!)

Der soziale Graph hat mich schon seit meiner Jugend fasziniert. Vielleicht war der Auslöser ein Experiment, das unser Sozialkundelehrer einmal mit unserer Klasse veranstaltete: Jeder Schüler sollte alle seine Freunde und Freundinnen auf einen Zettel schreiben. Der Lehrer sammelte die Zettel ein, ersetzte alle Namen durch Zahlen und gab mir und einem anderen Schüler die so erstellte Tabelle mit dem Auftrag, einen entsprechenden Graphen zu zeichnen – es sollte ein Lehrstück über soziale Beziehungen werden. Das wurde es auch, aber auf andere Weise als beabsichtigt: Wir machten uns nämlich daran, die Anonymisierung zu knacken. Wir kannten ja unsere eigenen Angaben, wussten, wo sie sich überschnitten, und dann waren nur ein paar einfache logische Schlüsse notwendig, um alle Knoten dieses Graphen eindeutig zu identifizieren. Am nächsten Tag hing der Graph an der Wand des Klassenzimmers – mit Klarnamen statt Nummern. Jeder konnte sehen, wer besonders beliebt bei den Mitschülern war und wer abseits stand.

Natürlich war das eine soziale Grausamkeit, die ich später bitter bereute. Das ist für viele heutzutage vielleicht gar nicht mehr so verständlich – wir tragen in sozialen Netzwerken unsere Freundschaften offen zur Schau, kaum jemand verbirgt in seinem Facebook-Profil, mit wem er verbunden ist. In unserer Schulklasse dagegen war das Öffentlichmachen dieses Netzwerks eine soziale Bombe.

Anfang der 1990er-Jahre stieß ich dann durch ein Schauspiel des Autors John Guare mit dem Titel *Six Degrees of Separation* (das auch mit Will Smith verfilmt wurde) auf ein Problem, das kluge Geister schon seit dem Jahr 1929 faszinierte. Damals schrieb der Ungar Frigyes Karinthy eine Kurzge-

schichte, in der eine Diskussion zwischen den Hauptdar-
stellern aufkam: »Einer von uns schlug das folgende Experiment vor, um zu beweisen, dass die Erdbevölkerung einander
heute näher sei als jemals zuvor. Wir sollten irgendeinen der
1,5 Milliarden Erdbewohner aussuchen – irgendjemanden,
irgendwo. Er würde wetten, dass er mit lediglich fünf Individuen, einer davon ein persönlicher Bekannter, den Kontakt zu
diesem Individuum herstellen könnte, nur über das Netzwerk
der persönlichen Bekanntschaften.«

Fünf Zwischenstationen – das würde nach der mathematischen Definition eine Entfernung von sechs Schritten im
Netzwerk bedeuten. Der Sozialwissenschaftler Stanley Milgram versuchte dann in den 1960er-Jahren an der Harvard
University im amerikanischen Cambridge, die Frage empirisch
zu behandeln: 296 Menschen wurden willkürlich aus der Be-
völkerung der Städte Omaha in Nebraska und Wichita in Kan-
sas ausgewählt – beide von Cambridge aus die denkbar ent-
ferntesten Provinzen. Ihre Aufgabe: Sie alle sollten eine
Nachricht auf den Weg schicken, die irgendwann eine Zielperson erreichen sollte, entweder einen Börsenmakler in Boston
oder die Frau eines Theologiestudenten in Cambridge. Da sie
ihn oder sie nicht kannten, sollten sie aus ihrem Bekannten-
kreis als erste Station jemanden auswählen, der ihrer Meinung
nach am ehesten das erste Brückenglied zu dem Börsianer sein
könnte. Dieser Bekannte sollte dann entsprechend verfahren – bis der Brief hoffentlich die Zielperson erreichte.

Tatsächlich kamen 64 der Briefe beim Empfänger an, der
Rest ging irgendwo unterwegs verloren. Die Zahl der Zwischenstationen variierte von zwei bis zehn – im Mittel waren
es 5,2. *Six degrees of separation!*

Selbstverständlich bewies das Experiment im strengen
Sinne gar nichts. Die Testpersonen hatten ein paar grobe An-

gaben über die Zielperson und konnten so versuchen, sich ihr zu nähern, etwa indem sie Bekannte mit demselben Beruf oder demselben Wohnort aussuchten. Aber niemand kann in der wirklichen Welt wissen, ob es nicht doch noch eine kürzere Verbindung gibt.

Wenn dagegen das Beziehungsnetzwerk komplett bekannt ist, können die mathematischen Algorithmen aus Kapitel 3 relativ schnell die tatsächlich kürzesten Verbindungen im sozialen Graphen ermitteln. 1994 schauten drei Studenten am Albright College im US-Staat Pennsylvania den Film *Footloose* und sinnierten über dessen Hauptdarsteller Kevin Bacon, der in einem Interview damit geprahlt hatte, dass er in Hollywood praktisch jeden kennen würde. Die Studenten fragten sich: In dem Netzwerk aller Schauspieler, in dem eine Verbindung zwischen zwei Personen dann bestand, wenn sie zusammen in einem Film gespielt hatten – was war die kürzeste Verbindung zu Kevin Bacon? So wurde die »Bacon-Zahl« definiert: Kevin Bacon selbst hatte die Zahl 0, jeder, mit dem er jemals gespielt hatte, die Zahl 1 und so weiter.

1996 dann programmierte ein Student der University of Virginia die Sache auf der Basis einer großen Filmdatenbank. Inzwischen ist die Grundlage dafür die Internet Movie Database (IMDb), und wenn man in die Suche auch Auftritte in Fernsehsendungen einbezieht, dann werden die Verbindungen sehr kurz: Ich habe noch nie in einem Film mitgespielt, war aber in ein paar Fernsehshows und habe daher eine Bacon-Zahl von 3, die über diverse Verbindungen hergestellt werden kann – am besten gefällt mir die, bei der ich über Judy Winter und Christoph Waltz mit Bacon verknüpft bin.

Ein paar Jahre später stieß ich dann auf eine Website namens sixdegrees.com. Sixdegrees war das erste soziale Netzwerk im Internet, das diesen Namen verdiente. Schon der

Name machte klar: Wir wollen die Verbindungen zwischen den Menschen im Netz widerspiegeln und ihnen ermöglichen, ihre Freundeskreise dort abzubilden. Man konnte eine Profilseite einrichten, auf der man seine Hobbys und Vorlieben auflistete, und Freunde dazu einladen, Mitglieder zu werden. Ich schrieb mich sofort ein.

Nach einem Jahr bestand mein Netzwerk aus genau zwei Personen. Die Idee mag auf den ersten Blick faszinierend gewesen sein, aber wenn man einmal Mitglied war, gab es nicht mehr viel zu tun. Will ich wirklich alle Freunde meiner Freunde kennenlernen? Offenbar wollte das kaum jemand – sixdegrees hatte ein paar Millionen Mitglieder, die auch nicht viel mit dem Dienst anfangen konnten. Im Jahr 2000 machte die Seite wieder zu.

In den Jahren darauf kamen und gingen zahlreiche weitere soziale Netzwerke. Der Internetexperte Clay Shirky prägte die Abkürzung YASNS: *Yet Another Social Networking Service.* Erfolg hatten diejenigen, die sich an eine spezielle Nutzergruppe wandten oder einen bestimmten Zweck verfolgten: etwa LinkedIn, ein Business-Netzwerk, mit dem man berufliche Kontakte finden kann. Oder MySpace, das von zwei Nutzergruppen lebte, die sich kaum überschnitten – Musikbands, die dort ihre Homepage einrichteten, und Teenagern, die sich dort eine bunte Homepage einrichten konnten. In diesem Wirrwarr von sozialen Netzen erregte es kein großes Aufsehen, als im Februar 2004 Mark Zuckerberg an der Harvard University »The Facebook« als Kontaktseite für Studenten dieser Elite-Uni gründete.

Der Rest der Geschichte ist bekannt: Facebook öffnete sich zuerst für Studierende aller Universitäten und dann für die Allgemeinheit. Heute sind über 1,4 Milliarden Nutzer jeden Monat aktiv, das sind über 25 Prozent der Weltbevölkerung über 14 Jahre. Was hat Facebook, was die anderen Netzwerke nicht hatten? Darüber haben viele kluge Menschen nachgedacht. Facebooks Erfolg hat wirtschaftliche Gründe – Zuckerberg hat früh potente Investoren an sich binden können, die ihm eine aggressive Expansion ermöglichten. Er hat technische Gründe – Facebook gab schon früh eine Schnittstelle zu seiner Datenbank frei, mit deren Hilfe Drittentwickler »Apps« entwickeln konnten, etwa Spiele, die man in dem Netzwerk spielen kann.

Ein Hauptgrund für den Erfolg ist aber sicherlich der »Newsfeed« von Facebook, jener nie aufhörende Strom von Nachrichten aus dem eigenen Netzwerk: Freunde erzählen aus ihrem Leben, stellen Fotos und Videos hinein. Sie »teilen« aber auch wichtige Nachrichten, die ihnen über den Weg laufen, und verlinken auf journalistische Seiten. Im Jahr 2006 führte Facebook den Newsfeed ein, »eine personalisierte Liste von Nachrichtengeschichten über den ganzen Tag hinweg, damit du Bescheid weißt, wenn Mark Britney Spears zu seinen Favoriten hinzufügt oder wenn dein Schwarm wieder Single ist«, so die damalige Ankündigung.

Dieses neue Feature wurde von der Gemeinschaft der User zunächst gar nicht einhellig begrüßt. Viele waren gar nicht begeistert, dass ihre Aktivität, etwa dass sie ihr Profilfoto ausgetauscht hatten, plötzlich ihren Freunden als »Nachricht« mitgeteilt wurde. Es bildeten sich sogar Gruppen gegen den Newsfeed, die dank Newsfeed schnell Tausende von Mitgliedern gewannen.

Kaum jemand erkannte damals, dass dieser Newsfeed einmal das bestimmende Element des sozialen Netzwerks werden würde. Er ist längst mehr als eine Tratsch-Quelle. Für 30 Prozent der US-Bürger ist Facebook heute die wichtigste Nachrichtenressource. Auch ich bekomme viele Neuigkeiten nicht dadurch mit, dass ich systematisch die Nachrichtenseiten abgrase oder rituell um 20 Uhr die »Tagesschau« einschalte. Wenn etwas passiert, was ich wichtig finde, dann gibt es fast immer einen Facebook-Freund, der die Nachricht unmittelbar postet. Der Newsfeed ist es, der die Menschen dazu bringt, mehrmals am Tag bei Facebook einzuchecken – viele finden gar nicht mehr heraus. Facebook ist längst ein kleines Internet im großen, und tut alles, um seinen Mitgliedern klarzumachen: Ihr braucht eigentlich gar nichts anderes mehr, alles Wichtige erfahrt ihr bei uns.

Wie kommt dieser Newsfeed zustande? Natürlich durch einen Algorithmus. Für viele Nutzer ist das überraschend, sie glauben, dass die Nachrichten dort so hineinfließen, wie sie erstellt werden. Aber damit wären die meisten überfordert. In den Anfangstagen des Netzwerks ging das noch, da tröpfelten die Beiträge, inzwischen ist aus diesem Tröpfeln ein reißender Strom geworden, den man komplett gar nicht mehr zur Kenntnis nehmen kann, selbst wenn man Stunden pro Tag auf der Seite verbringt. Dieser Strom reißt nie ab, so weit man auch die Seite herunterscrollt. Das liegt nicht nur daran, dass der Einzelne immer mehr Freunde hat – es postet auch jeder mehr. Mark Zuckerberg hat einmal eine Formel dafür aufgestellt, die analog zum mooreschen Gesetz für Mikroprozessoren das zuckerbergsche Gesetz genannt wird: Jeder User teilt heute doppelt so viele Dinge mit sozialen Netzwerken wie vor einem Jahr, und nächstes Jahr werden es wieder doppelt so viele sein. Auch wenn es schwierig ist, sich vorzustellen, dass wir in zehn Jahren tausendmal so viele persönliche Informationen ins Netz stellen werden wie heute – die Kurve weist auf jeden Fall nach oben.

»Jedes Mal, wenn jemand den Newsfeed aufruft, gibt es im Durchschnitt 1500 mögliche Geschichten von Freunden, Men schen, denen man folgt, und Fanseiten, die man anschauen könnte«, schrieb der Facebook-Ingenieur Lars Backstrom 2013. »Die meisten Menschen haben nicht genügend Zeit, um sich das alles anzusehen. Bei Menschen mit vielen Freunden und Likes können es auch 15 000 potenzielle Geschichten sein.«

15 000 mögliche Geschichten, und ich schaue mir vielleicht nur die ersten 50 an, also nur eine von 300 – das erinnert schon stark an die Zahl der Treffer bei einer Google-Suche, und auch Facebook muss all diese möglichen Geschichten in eine Reihenfolge bringen. So hatte der Newsfeed-Algorithmus bis vor zwei Jahren den Spitznamen »EdgeRank«, analog zu Googles PageRank (siehe Kapitel 2). Facebook entscheidet also, was ich zu sehen bekomme und was nicht, und wie wir sehen werden, hat das weitgehende Folgen politischer und publizistischer Natur.

Allerdings steckt hinter EdgeRank längst nicht so viel komplexe Mathematik wie hinter Googles Suchalgorithmus. In seiner einfachsten Form folgt der Algorithmus der folgenden Formel:

$$R = \sum_e u_e \cdot w_e \cdot d_e$$

Um die zu verstehen, muss man erst einmal erklären, was ein »Edge« ist. Hier geht es nicht um die Verbindung zwischen Menschen im sozialen Netz, sondern um die Verbindung zwischen Menschen und Objekten. Nehmen wir an, ein Freund stellt ein selbst gedrehtes Katzenvideo bei Facebook ein. Dann ist jede Interaktion zwischen einem Nutzer und diesem Video ein solcher Edge. Das ursprüngliche Einstellen des Videos – ein Edge. Jemand »liket« das Video – ein Edge. Jemand kommentiert das Video – ein weiterer Edge. Jemand teilt das

Video ... so kommt leicht eine zwei- oder dreistellige Zahl von Edges zusammen, die zu dem einen Objekt, eben dem Katzenvideo, gehören.

Um den EdgeRank zu berechnen, bestimme ich zunächst für jeden Edge e die drei Faktoren u_e, w_e und d_e.

u_e: Meine Affinität zu dem Nutzer, der den Edge erzeugt hat. Wie oft interagiere ich mit ihm? Schreibe ich ihm Nachrichten, klicke ich seine Beiträge an? Je mehr Interaktion, desto höher der Wert. Die Affinität ist richtungsabhängig – ich kann eine hohe Affinität zu einem Freund haben, der aber eine geringe zu mir.

w_e: Das »Gewicht« des Edge. Ein »Like« zählt weniger, als wenn ich eine Geschichte teile. Fotos und Videos zählen mehr als reine Textbeiträge. Es ist anzunehmen, dass dieser Faktor auch individualisiert ist: Wenn ich häufig Videos anklicke, bekommen Videos bei mir ein höheres Gewicht.

d_e: Hier handelt es sich um einen Zeitfaktor. Je älter ein Edge ist, umso geringer wird dieser Faktor. Eine Geschichte, die ein Freund gestern Abend gepostet hat, ist gegenüber einem Posting von heute Morgen schon im Hintertreffen. Wir jagen immer den neuesten Entwicklungen hinterher, das Alte hat es demgegenüber schwer.

Weil ein einzelner Beitrag durchaus mehrere Edges haben kann, werden schließlich die Werte für alle diese Edges aufaddiert, und was dabei herauskommt, ist der EdgeRank. Und je höher der EdgeRank, umso weiter oben taucht der Beitrag in meinem Newsfeed auf.

Die Formel sieht simpel aus, und tatsächlich mag Facebook ein paar Jahre lang den EdgeRank so berechnet haben – genau weiß das außerhalb der Firma niemand, der Algorithmus ist geheim. Seit 2013 wird der Name EdgeRank Facebook-intern jedoch nicht mehr verwendet, und der Algorithmus ist längst viel komplexer geworden. Der schon erwähnte Facebook-Ingenieur Lars Backstrom hat öffentlich einmal von 100 000 Faktoren gesprochen, die in die Berechnung mit einfließen.

Immer wieder wird der Algorithmus auch neu justiert. Wöchentlich treffen sich die Ingenieure, um Neuerungen zu besprechen. In Knoxville im US-Staat Tennessee werden 30 Tester dafür bezahlt, ununterbrochen den Newsfeed zu lesen, Geschichten zu bewerten und auch so umzusortieren, wie es ihnen am besten gefällt. Ihre Erfahrungen fließen in den Algorithmus mit ein.

Meistens geschehen die Änderungen ohne große Verlautbarung – im Jahr 2014 wunderten sich zum Beispiel viele Firmen und Organisationen, dass ihre Facebook-Nachrichten plötzlich kaum noch bei ihren »Fans« ankamen. Der Grund war, dass Facebook an den Stellknöpfen gedreht und dafür gesorgt hatte, dass private Nachrichten gegenüber institutionellen bevorzugt wurden.

Manchmal spielt Facebook auch mit offenen Karten. 2013 wurden zwei Neuerungen angekündigt: *Last Actor* ist ein Faktor, der die letzten 50 Interaktionen eines Nutzers besonders stark berücksichtigt. So spiegelt der Newsfeed meine aktuellen Interessen stärker wider als Vorlieben, die ich in der Vergangenheit gezeigt habe. Und durch *Story Bumping* bekomme ich besonders wichtige Nachrichten gezeigt, auch wenn sie schon vor meinem letzten Facebook-Besuch gepostet wurden – so sollen auch die User, die sich seltener und kürzer einloggen, wichtige Dinge nicht verpassen.

Seit einiger Zeit sind die User dem Nachrichtenstrom auch nicht mehr hilflos ausgeliefert. Neben jeder Geschichte gibt es jetzt einen Knopf, mit dem man Nachrichten dieses Absenders ganz ausblenden oder zumindest seltener sehen kann. Der Nutzer kann auch seine Facebook-Freunde in »Echte Freunde« und »Bekanntschaften« sortieren, von den Letzteren sieht er dann weniger. Und generell gilt: Je aktiver man auf Facebook ist, je mehr man klickt, kommentiert und weiter teilt, umso mehr trainiert man den Algorithmus auf seine eigenen Präferenzen. »Kurz gesagt, reprogrammieren Sie den Algorithmus«, so drückte es ein Blogger der *New York Times* im Juli 2015 aus.

Genau das ist allerdings der Eindruck, den auch Facebook selbst immer wieder erzeugen will. Unser Algorithmus sorgt doch nur dafür, dass Sie das sehen, was Sie sehen wollen, betont die Firma. Das immer perfekter zu bewerkstelligen sei ihr größtes Streben. Damit bestreitet Facebook, eine auswählende Instanz zu sein, und gibt jegliche Verantwortung an den einzelnen User zurück. Selten wird das so deutlich wie bei der kontroversen Frage, ob wir durch soziale Medien zunehmend in einer »Filterblase« leben.

Der Ausdruck *filter bubble* stammt von dem Autor Eli Pariser, der selbst bei der Website Upworthy arbeitet, die virale Nachrichten in sozialen Netzwerken verbreitet. Anders als bei traditionellen Medien wie einer Zeitung oder einem Fernsehsender, die uns ein mehr oder weniger diverses Programm präsentieren, servieren uns die Algorithmen von Facebook, Google und Co. zunehmend nur noch das, was uns schon in der Vergangenheit gefallen hat. Etwas vereinfacht ausgedrückt hieße das für politische Nachrichten: Linke lesen nur noch Beiträge von anderen Linken und Artikel aus linkslastigen Medien, für die Rechten ist es umgekehrt. Jeder lebt in einer Blase, die ihm Tag für Tag die eigene Weltsicht bestätigt – und das ist schlecht für die Demokratie, weil die vom Austausch konträrer Meinungen lebt. Parisers Buch *Filter Bubble. Wie wir im Internet entmündigt werden* machte seine Gedanken populär.

Die Online-Medien können heute ohne Facebook nicht mehr leben. »Die Homepage ist tot« ist ein häufig gehörter Satz in der Branche. Das heißt: Viele Menschen gehen nicht mehr zu tagesschau.de oder zeit.de, um sich über die neuesten Nachrichten aus aller Welt zu informieren. Sie loggen sich stattdessen auf Facebook ein und warten darauf, dass die Meldungen im Nachrichtenstrom an ihnen vorbeischwimmen. Etwa 20 Prozent der Besucher von Nachrichtenseiten kommen heute schon aufgrund eines auf Facebook geteilten Links dorthin.

»Oft hört man den Satz ›Wenn die Nachricht wichtig ist, dann wird sie mich finden‹, besonders von den Millennials«, sagte der Medienforscher Kelly McBride vom Poynter Institute 2014 auf der Konferenz South by Southwest. »Aber hinter dieser Aussage steckt etwas wirklich Wichtiges: Wenn die Nachricht dich findet, dann tut sie das aufgrund eines Algorithmus.« Und dieser Algorithmus sei nicht neutral, sondern in ihm steckten gewisse Annahmen und Urteile der Programmierer.

Übernimmt Facebook die Rolle des Chefredakteurs, der entscheidet, was auf der Titelseite meiner Zeitung steht? Natürlich nicht. Niemand wählt die Inhalte explizit aus. »Wir versuchen, uns ausdrücklich nicht als Redakteure zu verstehen«, sagt der junge Programmierer Greg Marra, der mit an Facebooks Newsfeed arbeitet.

Die Facebook-Leute sehen sich als Freunde der Medien, die ihnen Besucher verschaffen. Seit Neuestem bietet die Firma ihnen sogar an, ihre Nachrichten direkt bei Facebook einzustellen, damit die Nutzer keinen Umweg mehr gehen müssen. »Für die Verleger ist Facebook ein bisschen wie der große Hund, der im Park auf dich zugaloppiert kommt«, schrieb der *New York Times*-Journalist David Carr. »Aber oft ist es schwer zu sagen, ob er mit dir spielen oder dich fressen will.« Und fügt hinzu: »Sobald Firmen online eine gewisse Größe erreichen, haben sie die Tendenz, zu beschließen, dass sie das Internet zwar gern haben, aber doch lieber eine bessere Version davon hätten.« Und das ist natürlich ihre *eigene* Version. »Das Endziel [von Facebooks Newsfeed-Algorithmus] ist nicht eine informierte Öffentlichkeit oder ein Publikum, das gut unterhalten wird, sondern eine Nutzerbasis, die in ständigem Kontakt mit Facebook ist«, analysiert Jay Rosen, Professor für Journalismus an der New York University.

Wie kann man denn nun konkret nachweisen, dass Facebook eine Filterblase erzeugt? Letztlich nur dann, wenn man Zugang zu Facebooks Daten hat. Die Firma hütet einen unbeschreiblich wertvollen Schatz – die Beziehungen zwischen großen Teilen der Menschheit, Daten über persönliche Vorlieben und Leidenschaften. Und nur Facebook weiß, wem wann welche Nachrichten präsentiert werden. Die Firma hat ein großes eigenes Datenforschungsteam, aber bisweilen kooperiert man auch mit auswärtigen Wissenschaftlern und gibt ihnen Zugang zu anonymisierten Datensätzen. Daraus werden dann manchmal Artikel in angesehenen wissenschaftlichen Zeitschriften. Eine solche Studie erlangte negative Berühmtheit: Forscher untersuchten darin, ob die Stimmung der Beiträge, die die Mitglieder lesen, auf ihre eigenen Postings abfärbt (Ergebnis: ja, tut sie). Die Arbeit, erschienen in den angesehenen *Proceedings of the National Academy of Sciences (PNAS)*, wurde kritisiert, weil für sie der Newsfeed vieler Facebook-Mitglieder manipuliert worden war, indem vorwiegend Nachrichten mit einer bestimmten Stimmung gezeigt wurden. Und das natürlich, ohne vorher das Einverständnis der User einzuholen – ein Verstoß gegen die ungeschriebenen Regeln der Sozialwissenschaften.

Im Mai 2015 erschien dann eine Studie zum Problem der Filterblase: Präsentiert uns Facebook vorwiegend Inhalte, deren Tendenz unserer schon existierenden Meinung entspricht? Für diese Arbeit wurde der Newsfeed nicht beeinflusst. Man beobachtete lediglich etwa zehn Millionen Nutzer, nämlich jene User in den USA, die in ihrem Profil ihre politische Einstellung preisgaben. Das heißt in Amerika, sich als entweder konservativ oder liberal zu bezeichnen. Zehn Millionen klingt viel, aber es sind nur etwa vier Prozent der amerikanischen Facebook-User. Geben Sie in Ihrem Profil Ihre politische Richtung an? Wahrscheinlich eher nicht. Die Bekenner sind also eine kleine Minderheit.

Untersucht wurde, wie diese Nutzer mit 226 000 Nachrichtengeschichten umgingen. Die Artikel selbst wurden als konservativ oder liberal eingestuft – und zwar nicht aufgrund ihres Inhalts, den kann Facebooks Algorithmus noch nicht analysieren –, sondern aufgrund ihrer Herkunft. Weil konservative User eher zu *Fox News* neigen und liberale eher zur *Huffington Post*, bekamen die Medien entsprechende politische Stempel. Insgesamt gab es 3,8 Milliarden »mögliche Kontakte« mit diesen geteilten Nachrichten, das bedeutet: Ein Freund hatte eine Geschichte geteilt. 903 Millionen Mal erschienen die Geschichten tatsächlich im Newsfeed der Nutzer, und 59 Millionen Mal wurde draufgeklickt.

Zunächst einmal wurde deutlich, dass die Menschen nicht in einer absoluten Blase leben. Fast jeder Konservative hat liberale Freunde, und fast jeder Liberale hat konservative Freunde. Zwei weiteren Fragen widmete sich die Studie:

- Klickt ein Nutzer seltener auf eine Nachricht, die nicht seiner politischen Orientierung entspricht?
- Wählt der Newsfeed von Facebook besonders häufig die

Nachrichten aus, die zur politischen Orientierung eines Nutzers passen?

Die Studie, die in dem Wissenschaftsmagazin *Science* erschien, kam zu dem Schluss: »Verglichen mit dem algorithmischen Ranking beschränkte die Auswahl der Individuen über das, was sie konsumieren, das Maß der Konfrontation mit *cross-cutting content.*« *Cross-cutting content* – damit sind Inhalte gemeint, die der eigenen politischen Überzeugung widersprechen. Also seien es vor allem die User selbst, die sich ihre Filterblase basteln und nur ihnen genehme Inhalte zur Kenntnis nehmen. Der Beitrag des Algorithmus sei dagegen eher klein – ein Ergebnis, das Facebook natürlich gerne weiterverbreitete.

Dieser Schluss allerdings brachte viele Kritiker auf die Barrikaden. Neben methodischen Mängeln (es war eben kein Ergebnis über alle Facebook-Nutzer, sondern über die kleine Minderheit, die ihre politische Überzeugung vor sich her trägt) störte sie vor allem, dass hier die persönliche Verzerrung der Nachrichtenauswahl mit der durch den Algorithmus in einen Topf geworfen wurde.

Dass Menschen die Medien, die sie konsumieren, nach ihrer politischen Überzeugung aussuchen, ist für Medienforscher ein alter Hut. Man abonniert nicht unbedingt eine Tageszeitung, deren Kommentare ständig der eigenen Meinung widersprechen, und daher ist es auch nicht ungewöhnlich, dass Menschen im Internet eher auf Links von Medien klicken, deren Tendenz sie teilen. Es geht eigentlich nicht darum, ob die entsprechende Auswahl durch den Algorithmus noch tendenziöser ist als die eigene, sondern ob sie sich dazuaddiert!

Und das waren die Zahlen, die in der Studie wirklich herauskamen: Die potenziellen Geschichten, die ein liberaler Nutzer zu sehen bekommen könnte, stammten zu 24 Prozent aus dem »anderen Lager«, bei den konservativen waren es 35 Prozent. Das sind eigentlich ermunternde Zahlen – sie zeigen, dass Facebook-Nutzer sich nicht nur mit Gleichgesinnten umgeben.

Der Algorithmus zeigte die Nachrichten aber nicht in diesem Verhältnis – er reduzierte den Anteil der »anderen« Nachrichten um acht Prozent bei den Liberalen und um fünf Prozent bei den Konservativen. Die Nutzer selber selektierten dann noch einmal, das reduziert ihren Anteil um weitere sechs Prozent (Liberale) und 17 Prozent (Konservative).

Das heißt also: Wenn ich ein Linker bin, dann enthält mir Facebook eine von 20 rechtslastigen Geschichten vor. Einem Rechten verschweigt es eine von 13 »linken« Geschichten. Es sortiert die Inhalte schon ein wenig nach meinen Vorlieben vor und verbirgt Geschichten, die mir nicht gefallen könnten – und ich selber treffe dann natürlich auch noch einmal eine Auswahl. Kann man daraus den Schluss ziehen, dass Facebook ja gar nicht so schlimm »zensiert«, weil ich selber ja noch viel schlimmer bin?

Der Microsoft-Forscher Christian Sandvig verglich die Interpretation der Autoren mit einer (fiktiven) Studie der Tabakindustrie, die zu dem Ergebnis kommt, dass Rauchen viel harmloser sei, als in einer Kohlengrube zu arbeiten. »Aber hier haben wir eine Studie über Bergleute, die rauchen. Wahrscheinlich während sie in der Kohlengrube sind.«

Facebook trägt also zu meiner Filterblase bei, indem es gewisse Inhalte aus meinem Newsfeed heraussortiert. Aber das macht natürlich jede Tageszeitung ebenfalls. Auch Journalisten selektieren »die Nachrichten«, bewusst oder unbewusst. Und natürlich erwarte ich von einem Algorithmus, dass er, anders als ein von mir nicht beeinflussbarer Redakteur, eine Auswahl entsprechend meinen persönlichen Vorlieben trifft.

Die Kritik an Facebook zielt also nicht grundsätzlich auf die Tatsache, dass die Firma für uns Nachrichten selektiert, sondern darauf, dass sie sich nicht zu dieser redaktionellen (und in gewisser Weise auch journalistischen) Selektion bekennt und die Kriterien dafür offenlegt. Stattdessen versteckt man sich hinter einem – nicht öffentlichen – Algorithmus, einem scheinbar neutralen Agenten, der immer nur das Wohl des Nutzers im Sinne habe.

Als Journalist habe ich eine Hochachtung vor einer guten Redaktion, deren Aufgabe es ist, aus dem Nachrichtenstrom jeden Tag oder jede Woche die nach ihrer Meinung wichtigsten Meldungen herauszusuchen und vor allem auch selber Themen zu setzen, indem sie eine Geschichte recherchiert und zur Meldung macht. Ihre Seiten bieten einen begrenzten Platz, aber auch die Aufnahmekapazität des Lesers ist begrenzt. Diese Selektion ist einerseits Service am Leser, andererseits bestimmten diese Redaktionen aber in der Vergangenheit auch das, worüber die Öffentlichkeit diskutierte. Was nicht in den Medien vorkam, das existierte einfach nicht. Schon mehrmals in der Geschichte ist den Medien – zu Recht oder zu Unrecht – der Vorwurf gemacht worden, Teile des politischen Spektrums auszugrenzen. Diese Torwächterfunktion verlieren die Journalisten gerade. Im Internet hat theoretisch jeder Blogbeitrag die Chance, über soziale Medien millionenfach verbreitet zu werden.

Gleichzeitig lernen wir aber auch gerade, dass es eben nicht reicht, eine kluge Meinung ins Netz zu stellen und darauf zu hoffen, dass sie sich viral verbreitet. Die Art, wie der Algorithmus Nachrichten gewichtet, hat zu neuen Regeln geführt: Nachrichten werden zu *clickbaits* reduziert, zu kleinen Ködern, die vor allem geklickt werden wollen. Sie müssen auf wenigen Zeilen oder in wenigen Sekunden Video eine Sucht nach mehr erzeugen. Websites wie Buzzfeed oder heftig.co nutzen mit ihren ewigen Listen und Schockmeldungen (»... bei Nummer 19 drehte sich mir der Magen um!«) unsere Neugier, manchmal auch unsere niederen Instinkte aus. Der Mensch kann sich kaum dagegen wehren – dem Algorithmus kann man beibringen, solche Seiten seltener zu zeigen. Eine durchaus redaktionelle Entscheidung der Programmierer.

Wie dicht ist denn nun das Bekanntschaftsnetzwerk der Menschheit? Die Frage, die hinter der Theorie der *six degrees of separation* steht, lässt sich zumindest für die Facebook-Nutzer mit mathematischer Präzision beantworten – jedenfalls wenn man mit der Facebook-Forschungsabteilung zusammenarbeitet, die exklusiv über die entsprechenden Daten verfügt. Im Jahr 2011 wurde die Zahl tatsächlich ermittelt. Zunächst einmal wurde festgestellt, dass 99,9 Prozent aller Facebook-Nutzer einen großen zusammenhängenden Graphen bilden, in dem es möglich ist, eine Verbindung von jedem User zu jedem anderen herzustellen. Das heißt aber auch, dass es ein paar gibt, die außerhalb dieses Graphen angesiedelt sind und »unendlich weit« von jedem seiner Mitglieder entfernt sind.

Die Studie kam zu dem Schluss, dass die durchschnittliche Entfernung zwischen zwei Facebook-Mitgliedern 4,74 beträgt, das heißt, die Zahl der »Mittelsmänner« ist im Schnitt 3,74. Sind die *six degrees of separation* also zu hoch gegriffen? Durchaus nicht, denn bei denen ging es ja nicht um den Durchschnitt, sondern um die maximale Entfernung. Und da sagt uns die Facebook-Studie: Für 92 Prozent aller Paare von Nutzern lässt sich eine Verbindung mit höchstens vier Zwischenstationen herstellen, für 99,6 Prozent eine mit fünf Zwischengliedern in der Kette. Die Zahl von maximal fünf Stationen, die Frigyes Karinthy 1929 in seiner Kurzgeschichte vermutete, scheint also tatsächlich sehr nahe an der Wahrheit zu sein.

KAPITEL 6: VORHERSAGEN
WIE AUS KORRELATIONEN PROGNOSEN WERDEN

Ein Kunde der amerikanischen Supermarktkette Target stürmte vor ein paar Jahren in das Büro des Kundendienstes in einer Filiale im Minneapolis und wedelte mit einem Bündel Coupons. »Die hat meine Tochter per Post bekommen!«, wütete der Mann. »Sie geht noch zur Schule, und Sie schicken ihr Coupons für Babykleidung und Kinderbetten? Wollen Sie sie ermutigen, schwanger zu werden?« Der Kundendienstmitarbeiter entschuldigte sich für den Fauxpas.

Die Geschichte, erzählt 2012 im *New York Times Magazine*, ist auf den ersten Blick ein Beispiel für missglückte Zielgruppenwerbung, wie sie jeder von uns immer wieder erfährt: Rasenmäherangebote für Großstadtbewohner, Bierwerbung für Abstinenzler, Grillwürstchen für Vegetarier. Die Ironie dieser Geschichte: Als der Target-Mitarbeiter ein paar Tage später anrief, um sich ein weiteres Mal zu entschuldigen, erzählte ihm der Mann zerknirscht: »Ich habe mit meiner Tochter gesprochen. Offenbar geht in unserem Haus einiges vor, was ich nicht mitbekomme. Im August kommt das Baby. Ich muss mich bei Ihnen entschuldigen.«

Die Geschichte wird gern erzählt als ein Beispiel für das intime Wissen, das Handelskonzerne heute über uns haben.

Was, wenn Firmen eines Tages mehr über uns wissen als unsere nächsten Vertrauten? Es wäre tatsächlich ein ziemliches Wunder gewesen, wenn Target von der Schwangerschaft gewusst hätte, bevor die junge Frau den Test machte. So ist die Geschichte eher ein Lehrstück über die mangelnde Kommunikation zwischen Eltern und Kindern.

Denn beim näheren Hinsehen sind es nur einige banale Indizien, die Target veranlassten, der Kundin Schwangerschaftswerbung zu schicken: Laut dem Artikel im *New York Times Magazine* benutzt die Firma 25 Produkte, um einen »Schwangerschafts-Score« zu ermitteln. Wenn eine junge Frau plötzlich unparfümierte Körperlotion kauft, eine neue Handtasche, die auch als Wickeltasche fungieren könnte, Zink- und Magnesiumtabletten zur Nahrungsergänzung – dann schnellt nicht nur dieser Schwangerschafts-Score in die Höhe, Target kann irgendwann sogar den Geburtstermin ziemlich genau vorhersagen.

Ein anderer Fall: Robert McDaniel, ein 22-jähriger Schulabbrecher aus dem Chicagoer Stadtteil Austin, der zu 85 Prozent von Schwarzen bewohnt wird, bekam im August 2013 Besuch von einer Polizistin. Die wollte ihn weder festnehmen noch verhören, sondern ihm nur eine Botschaft überbringen: Benimm dich anständig, oder du musst die Konsequenzen tragen. Wir haben dich auf dem Kieker! »Ich habe doch nichts anderes gemacht als andere Jugendliche – Gras rauchen, zocken. Meinen die das ernst?«, sagte der junge Mann der *Chicago Tribune*. Der Grund für den Besuch: McDaniels Name stand auf einer sogenannten *heat list*, einer Liste von 420 Menschen, die nach Ansicht des Polizeicomputers in der nächsten Zeit zu einer gewissen Wahrscheinlichkeit ein gewalttätiges Verbrechen begehen würden.

Die Beamtin und ihre Kollegen klapperten die Liste ab, um

den Kandidaten Hilfe bei der Jobsuche und andere soziale Dienste anzubieten. McDaniel war von dieser Zuwendung gar nicht begeistert – er fürchtete eher, dass seine Nachbarn ihn für einen Polizeispitzel halten könnten. Ein guter Freund war im vergangenen Jahr im Stadtteil erschossen worden, weswegen er wohl auf die Liste geraten war. Denn das Computerprogramm berechnete den Score nicht nur aufgrund der kriminellen Vergangenheit der Betroffenen, sondern bezog auch ihr soziales Umfeld mit ein.

Soll die Polizei versuchen, Verbrechen vorzubeugen und die gefährlichsten Kandidaten im Auge zu behalten, anstatt erst dann zu ermitteln, wenn schon Menschen gestorben sind? Bürgerrechtler erinnert dieses *predictive policing* fatal an den Film *Minority Report*, der auf einer Kurzgeschichte von Philip K. Dick aus dem Jahr 1956 basiert. Dort ermittelt das »Precrime«-System (das nicht auf Computeranalyse basiert, sondern auf den übersinnlichen Fähigkeiten einiger Spezialbegabter), wer in Zukunft ein Verbrechen begehen wird. Der Unterschied zur Gegenwart: Die potenziellen Straftäter werden dort schon festgenommen, bevor sie zur Tat schreiten können. Die Zahl der Straftaten konnte so um 99,8 Prozent reduziert werden.

Zwei Beispiele für Computerprognosen, die unangenehme Gefühle wecken. Dringen sie doch in unsere privatesten Sphären ein. Kann ich nicht einmal eine Schwangerschaft so lange geheim halten, wie ich es will? Wieso komme ich auf eine Liste potenzieller Krimineller, wenn ich rein gar nichts getan habe (außer Pot geraucht zu haben)? Es sind zwei extreme Beispiele für die sogenannte »prädiktive Analyse« (englisch: *predictive analytics*). Bei ihr geht es darum, aus großen Datenbeständen (Big Data) Prognosen abzuleiten. Also in einem Heuhaufen unstrukturierter Informationen bedeutsame Stecknadeln zu finden. Wir begegnen solchen Analysen, wenn uns persönliche Werbung auf einer Website präsentiert wird; wenn unsere Kreditkarte an der Kasse abgelehnt wird, weil ein Algorithmus ein verdächtiges Muster bei ihrem Einsatz entdeckt hat; wenn Google unsere Eingabe ins Suchfeld automatisch (und manchmal unfreiwillig komisch) ergänzt; wenn wir beim Anruf im Callcenter besonders lange in der Warteschleife hängen, weil ein Algorithmus uns als nicht besonders wichtigen Kunden identifiziert hat.

Im letzten Beispiel ahnen die meisten gar nicht, dass da überhaupt ein Computer am Werk ist. Ähnlich ist es, wenn die Bank unseren Wunsch nach einem Kredit ablehnt – sie tut das immer öfter, weil unsere aus vielen Daten ermittelte »Score« zu niedrig ist. Jeder Klick im Internet, jeder bargeldlose Einkauf landet als Datenspur nicht nur in einem, sondern in vielen Computern rund um die Welt, und wir können sicher sein, dass er irgendwann in einen dieser prädiktiven Algorithmen eingeht.

Es wird schon lange diskutiert, ob man sich über diese Algorithmen freuen soll oder nicht. Was das gesellschaftlich im Vergleich zum *predictive policing* weniger brisante Thema Werbung betrifft, könnte man argumentieren: Wenn schon Werbung, dann doch lieber für Produkte, an denen ich tatsächlich interessiert bin. Für andere ist es eine Horrorvorstellung, dass so viele Firmen über ein detailliertes Profil von ihnen verfügen.

Zumal das, was in dem Profil steht, längst nicht immer richtig ist. Die amerikanische Bestsellerautorin Carol Roth beklagte sich in ihrem Blog darüber, dass Target offenbar bei ihr eine Schwangerschaft diagnostiziert hatte – sie erhielt nicht nur Werbung, sondern bekam sogar ein kostenloses Babyfläschchen-Set nach Hause geschickt. Gleichzeitig ging Google davon aus, dass sie über 65 und männlich sei (jeder registrierte Nutzer kann übrigens diese Einschätzung von Google überprüfen: http://www.google.com/ads/preferences/). Auf Facebook bekommen wir ständig Werbung gezeigt, für die wir offenbar nicht die Zielgruppe sind. Wir werden tagein, tagaus beobachtet, beurteilt und einsortiert und können in den meisten Fällen nicht einmal das falsche Bild von uns korrigieren.

Das Wort »prädiktiv« muss sich nicht auf die Zukunft beziehen. Es geht nicht unbedingt um die Vorhersage von Ereignissen, sondern um die Abschätzung einer Unbekannten. Manchmal ist es ein Zahlenwert (»Wie viel Geld wird ein Kunde im nächsten Jahr in unserem Webshop ausgeben?«), oft aber auch ein diskreter Wert, etwa die Antwort »ja« oder »nein« (»Stammt diese Kreditkartentransaktion von ihrem legitimen Besitzer?«). Es kann auch um Bewertungen von Ereignissen in der Vergangenheit gehen (»Hat diese Person das Verbrechen begangen?«).

Der Schluss von der Vergangenheit auf die Zukunft, von Bekanntem auf Unbekanntes, ist zunächst eine zutiefst menschliche Fähigkeit. Wir praktizieren diese Art von Wenn-dann-Schlussfolgerung ständig, unser Leben hängt davon ab. Wer aus dem Rascheln im Busch korrekt darauf schließen kann, dass gleich der Säbelzahntiger um die Ecke kommt, hat einen klaren evolutionären Vorteil. Von klein auf üben wir diese Fähigkeiten ein und bezahlen für Fehlprognosen manchmal einen hohen Preis. Der Musikforscher David Huron hat ein ganzes Buch mit dem Titel *Sweet Anticipation* geschrieben, in dem er die These vertritt, dass wir Musik deshalb genießen, weil sie diesen »Zukunftssinn« schärft. So bauen harmonische und melodische Abfolgen in der Musik eine Spannung auf, die zu einem bestimmten Ton oder Akkord hinführt – wir sagen diese Auflösung sozusagen voraus und empfinden eine tiefe

Befriedigung, wenn unsere Voraussage korrekt war und der Schlussakkord erklingt. Umgekehrt quälte Mozart seinen kranken Vater damit, dass er auf dem Piano klimperte und dem armen Mann die Auflösung vorenthielt. Musik wird so zum gefahrlosen Trainingscamp für den Antizipationssinn.

Und natürlich sind wir auch im »richtigen« Leben immer solche Antizipationsmaschinen, machen Prädiktionen, oft ohne uns dessen bewusst zu sein, und verallgemeinern (vielleicht zufällige) Korrelationen zu kausalen Regeln. Polizisten müssen sich oft den Vorwurf gefallen lassen, dass sie Verdächtige selektiv ins Auge fassen, aufgrund von ethnischen oder sozialen Merkmalen. Ist es da nicht besser, wenn ein Computer die Selektion mit kaltem Verstand vornimmt?

Arbeitgeber wählen Kandidaten für einen Job nicht nur aufgrund der Qualifikation aus. Das fängt schon bei der Einladung zum Vorstellungsgespräch an: In einer Umfrage für mein Buch *Wie wir Deutschen ticken* stellte ich die Frage: »Stellen Sie sich vor, Sie sind Personalchef einer Firma und bekommen Bewerbungsschreiben von mehreren Kandidatinnen und Kandidaten, die im Wesentlichen über die gleichen Qualifikationen verfügen. Wen würden Sie zu einem Vorstellungsgespräch einladen?« Es wurden sieben männlich klingende Namen vorgegeben, die auf einen unterschiedlichen ethnischen Hintergrund schließen ließen. 45 Prozent der Befragten würden einen Sven Becker einladen, 37 Prozent Scott Smith – aber nur jeweils 25 Prozent Akonto Mbeki und Dmitrij Iwanow. Die Diskriminierung aufgrund von Aussehen und Geschlecht ist dabei noch gar nicht berücksichtigt. Ein klares Argument für anonymisierte Bewerbungen ohne Foto – oder auch für eine Vorauswahl der Kandidaten durch den Computer.

Um Vorhersagen zu machen, wenden die Computer sehr unterschiedliche Algorithmen an. Allen gemeinsam ist, dass

sie aus bekannten Zusammenhängen auf unbekannte schlie-
ßen sollen. Die bekannten Zusammenhänge – das sind die
Daten, die in der Vergangenheit gesammelt wurden. Zusätz-
lich muss man annehmen, dass die Größen, die sich in diesen
Daten widerspiegeln, auch tatsächlich für eine Prognose geeig-
net sind und ausreichen. Dass also zum Beispiel dann, wenn
dieselben Bedingungen wieder vorherrschen, auch dasselbe
Resultat entsteht. Insbesondere wenn es um menschliches
Verhalten geht, kann man diese Annahme durchaus mit einem
Fragezeichen versehen.

Aber so viele Daten man auch sammelt, sie bilden niemals
die komplette Wirklichkeit ab. Wenn der Betrugserkennungs-
algorithmus eines Kreditkartenunternehmens nur verfolgt,
wo ich meine Karte einsetze, dann schöpft er wahrscheinlich
Verdacht, wenn ich die Karte heute in Deutschland, morgen in
Italien und übermorgen in den USA benutze. Es ist gut möglich, dass meine Kreditkartennummer gestohlen wurde und
nun von Bösewichten in den drei Ländern eingesetzt wird. Es
kann aber auch sein, dass ich mich tatsächlich auf Reisen be-
finde. Wenn es keine anderen Daten gibt – soll die Firma meine
Karte sperren? Letztlich kann ein Algorithmus nur einen
Wahrscheinlichkeitswert für einen Betrug ermitteln, eine Zahl
zwischen 0 und 1, dann muss das Unternehmen entscheiden,
wie »scharf« es sein Sicherheitsprogramm einstellt. Ob es
schon bei einem Score von 0,7 Alarm schlägt oder erst bei 0,9.
Was ist schlimmer – ein Kartenmissbrauch oder ein verärger-
ter Kunde, der die Karte nicht benutzen kann? Ich habe den
Eindruck, dass meine Bank sehr früh Alarm schlägt – jedenfalls bekomme ich fast immer Ärger, wenn ich die Karte im
Ausland zum ersten Mal benutzen möchte.

Doch selbst wenn man alle Umweltbedingungen kennen
würde: Um eine Prognose machen zu können, muss man

immer noch zusätzlich annehmen, dass der Mensch, um den es geht, sich unter identischen Bedingungen auch identisch verhält. Dass er also prinzipiell berechenbar ist.

Für eine Prognose braucht man mindestens zwei Größen: eine Zielgröße, die man vorhersagen will, und eine andere, aus der man sie herleitet, sie wird mathematisch auch der »Prädiktor« genannt. Und der einfachste Zusammenhang zwischen zwei Größen ist eine lineare Abhängigkeit: Die Zielgröße wächst und schrumpft in genau dem Maß, wie es der Prädiktor tut.

So ein Zusammenhang muss nicht perfekt sein: Das Gewicht eines Menschen hängt nicht linear von seiner Größe ab – es gibt dicke Menschen, die 1,80 groß sind, und dünne. Aber ganz allgemein wiegen große Menschen im Mittel natürlich mehr als kleine. Ähnlich ist es mit dem Spritverbrauch und der PS-Zahl von Autos: Tendenziell verbrauchen stärkere Motoren mehr Benzin, auch wenn es unter ihnen ganz erstaunlich sparsame gibt.

Die Methode, mit der man sich solche linearen Zusammenhänge für einen prädiktiven Algorithmus zunutze macht, nennt sich lineare Regression. Wie die funktioniert, erkläre ich an einem etwas abseitigen Beispiel. Vielleicht haben Sie auch schon einmal gehört, dass die Rocklänge der Frauenmode angeblich auf geheimnisvolle Weise mit der wirtschaftlichen Entwicklung zusammenhängt: Wenn die Aktienkurse steigen, werden die Röcke kürzer. Im Jahr 1971 hat sich tatsächlich eine Studentin der University of Tennessee namens Mary Ann Marby mit dem Phänomen beschäftigt und die Börsenkurse von 1921 bis 1970 mit der jeweiligen Rocklänge verglichen. Hier sind die Durchschnittswerte für den Dow Jones und die Höhe des Rocksaums, vom Boden gemessen, in Prozent der Körpergröße (je höher, desto kürzer) für die jeweiligen Jahre, exemplarisch gemessen an Fotos in der Zeitschrift *Vogue*:

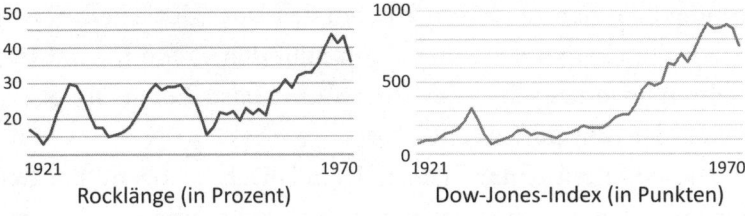

Rocklänge (in Prozent)   Dow-Jones-Index (in Punkten)

Die Kurven ähneln sich erstaunlich, finden Sie nicht? Lediglich zwischen 1938 und 1947 ist der Trend ein anderer, in den Kriegsjahren werden die Röcke kurz, obwohl die amerikanische Wirtschaft stagniert. Hat der Männermangel dazu geführt, dass sich die Frauen aufreizender kleideten?

Um einen möglichen linearen Zusammenhang zu untersuchen, lässt man die Zeitdimension außer Acht und betrachtet lediglich die Punktepaare (*x,y*) aus einem Börsenkurs und einer bestimmten Rocklänge. Letztere wollen wir aufgrund des Dow Jones vorhersagen. Diese Punkte bilden eine »Wolke«, wenn man sie in ein Diagramm einzeichnet.

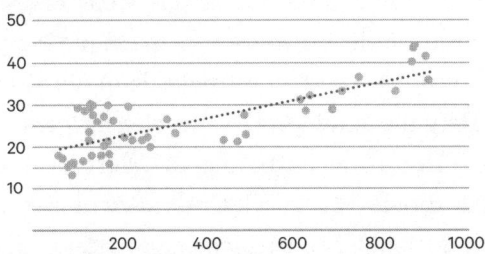

Rocklänge in Abhängigkeit vom Dow Jones

Bei einer perfekten linearen Abhängigkeit würden alle Punkte auf einer geraden Linie liegen. Das tun sie hier nicht, insbesondere bei den niedrigen Werten des Dow gibt es ein ziemliches Durcheinander. Aber wenn man den Trend betrachtet, sieht man doch, dass der Rocksaum umso höher steigt, je höher der Dow Jones geht.

Wie beschreibt man diesen Trend mathematisch? Bei der linearen Regression sucht man eine Gerade, die den Zusammenhang am besten beschreibt. Was heißt »am besten«? Die vertikalen Abstände der Datenpunkte zu dieser Geraden sollen insgesamt möglichst gering sein. Genauer gesagt: Man betrachtet die Summe der Quadrate dieser Abweichungen und sucht die Gerade, für die dieser Wert am kleinsten ist.

Wie das berechnet wird, ist an dieser Stelle nicht so wichtig – man kann sich das per Knopfdruck von einem Tabellenkalkulationsprogramm wie Excel ausgeben lassen und bekommt die Gleichung für diese Gerade, in diesem Fall lautet sie:

$$y = 0{,}0218 \cdot x + 17{,}876.$$

Es ist natürlich absurd, die Rocklänge mit drei Stellen hinter dem Komma anzugeben, aber das weiß Excel nicht. Wir können also nun fleißig Prognosen machen: Wenn der Dow 300 Punkte beträgt, setzt man diese Zahl als Wert für x ein und erhält als y die Zahl 24,416. Vergleichen wir das mit der Wirklichkeit: Der Dow hatte diesen Wert zweimal, einmal 1929 und das andere Mal 1953. Und tatsächlich entsprach die Rocklänge in diesen Jahren einigermaßen dem durch die Gleichung errechneten Wert.

Man darf die lineare Regression nicht blind einsetzen. Die Formel kann man nämlich immer verwenden, auch wenn der Zusammenhang zwischen den beiden Größen nicht sehr ausgeprägt ist. Im Extremfall gibt es überhaupt keinen Zusammenhang zwischen den x- und y-Werten – der Algorithmus wird trotzdem immer einen finden, wenn man ihn dazu zwingt:

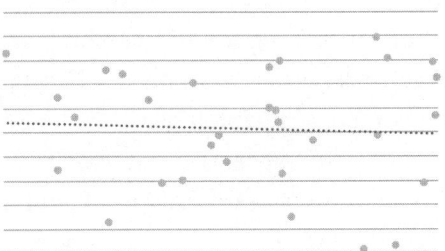

Das obige Bild zeigt Excels Regressionsgerade zu einer Menge von völlig zufällig ermittelten (x,y)-Werten. Die lineare Regression ergibt also nur dann einen Sinn, wenn eine gewisse Korrelation zwischen den betrachteten Größen besteht. Die Korrelation nimmt Werte zwischen Minus 1 und plus 1 an. Minus 1 bedeutet eine perfekte umgekehrte Korrelation (y wird in dem Maße kleiner, wie x wächst), bei 0 ist kein Zusammenhang gegeben, plus 1 bedeutet eine perfekte positive Korrelation. Zwischen Rocksäumen und Aktienkursen beträgt die Korrelation 0,78, das ist ein ziemlich guter Wert. Er bedeutet jedoch nicht, dass es irgendeinen kausalen Zusammenhang zwischen den Werten gibt. Natürlich schauen Modedesigner nicht auf den Börsenkurs, wenn sie die Entwürfe für die nächste Saison machen. Es könnte sogenannte »verborgene Variablen« geben, die für den scheinbaren Zusammenhang verantwortlich sind. Im Fall der Rocklängen ist viel diskutiert worden über die Geschlechterökonomie, die von der Wirtschaft beeinflusst wird. Aber letztlich kann alles auch bloß Zufall sein.

Für eine gute prädiktive Analyse ist eine hohe Korrelation

wichtig. Die wahre Ursache dieser Korrelation interessiert die Algorithmen wenig. Zum Beispiel fand der amerikanische Personaldienstleister Gild, der sich auf *people analytics* spezialisiert hat, heraus, dass sich besonders gute Programmierer häufig auf einer bestimmten japanischen Manga-Website herumtrieben. Warum sich gerade die besseren Programmierer für diese Comics interessieren, kann der Firma herzlich egal sein – solange der Zusammenhang durch die Statistik bestätigt wird und man auf diese Weise tatsächlich qualifizierte Kandidaten findet. Je größer die Zahl der Datenpunkte ist, die eine Korrelation bestätigen, umso sicherer kann man sein, dass der Zusammenhang nicht zufällig ist.

Äußerst vorsichtig sein muss man, wenn man den ermittelten linearen Zusammenhang auf Werte anwendet, die außerhalb der bisher gemessenen liegen. Der Dow Jones hat sich ja seit 1971 weiterentwickelt, mal nach oben, mal nach unten, generell ist er aber gewaltig gestiegen. Zum Zeitpunkt der Niederschrift dieses Kapitels stand er bei 16 459 Punkten. Setzt man diesen Wert in die oben ermittelte Regressionsgleichung ein, dann ergibt sich für die Rocklänge ein Wert von etwa 377. Das aber heißt, dass der Rocksaum etwa zehn Meter über dem Boden liegt, weit über dem Kopf der Rockträgerin. Ein offenbar absurdes Ergebnis.

Das ist ein Charakteristikum jeder linearen Regression: Man kann die Gerade nach links und rechts bis ins Unendliche verlängern, auch die y-Werte werden dabei beliebig groß oder klein. Oft aber ist der Zielwert, den man ermitteln will, beschränkt. Bei der Rocklänge etwa kann er nicht kleiner als 0 und nicht größer als etwa 50 Prozent sein. Ist der gesuchte »Score« eine Wahrscheinlichkeit, dann kann er nur Werte zwischen 0 und 1 annehmen. In diesem Fall benutzt man keine lineare, sondern eine sogenannte logistische Regression. Und man sucht keine Gerade durch die bekannten Messwerte, sondern eine s-förmige Kurve, die niemals das Intervall zwischen 0 und 1 verlässt.

In den wenigsten Fällen wird ein Algorithmus aus einer einzigen Messgröße, einem einzelnen »Prädiktor«, eine Prognose ableiten und etwa eine Kundin als schwanger einsortieren, nur weil sie einmal ein Babyprodukt gekauft hat. Oder eine Kreditkarte sperren, nur weil sie im Ausland eingesetzt worden ist. Zu differenzierteren Aussagen kommt man, wenn man viele Prognosen, viele lineare oder logistische Regressionen miteinander verknüpft. Das kann man per Hand tun, es gibt aber auch mathematische Verfahren dafür. Und neuerdings werden auch zunehmend sogenannte neuronale Netze dafür eingesetzt. »Deep Learning« heißt das Schlagwort, mit dem in den letzten Jahren in der künstlichen Intelligenz sehr große Erfolge erzielt worden sind. Dabei wird das alte Konzept der neuronalen Netze mit großen Datenmengen (Big Data) verknüpft (siehe Kapitel 11). Der Computer lernt, aus bekannten Korrelationen seine eigenen Schlussregeln zu entwickeln, die er aber nicht ausdrücklich offenlegen kann. Viele sehen hier eine Entwicklung, die Maschinen wirklich intelligent macht – nachdem uns das die Computerforscher in den vergangenen 50 Jahren schon mehrmals versprochen hatten, mit eher enttäuschenden Resultaten.

Die Propheten von Big Data versprechen uns nun, dass der Berg der Daten nur groß genug und die Computer rechenstark genug sein müssen, schon liefern uns die Algorithmen die tollsten Erkenntnisse frei Haus. Ein oft zitiertes Beispiel ist Google Flu Trends, ein von dem Suchmaschinenriesen 2008 ins Leben gerufener Service, der die jährlichen Grippewellen besser und vor allem schneller prognostizieren sollte als die öffentlich bediensteten Epidemiologen. Die Idee dahinter war, dass sich die Verbreitung der Krankheit irgendwie im Suchverhalten der Menschen spiegeln würde. Wer Krankheitssymptome verspürt, der schaut im Internet nach Mitteln dagegen. Also muss man nur schauen, ob gewisse Suchanfragen öfter gestellt werden, und schon kann man mit regionaler Präzision sehen, wo gerade eine Grippewelle ausbricht.

Allerdings überlegten sich die Google-Wissenschaftler nicht selbst, welche Suchanfragen das denn sein könnten. Stattdessen näherten sie sich der Frage völlig agnostisch: Sie nahmen sich die 50 Millionen häufigsten Suchanfragen vor und verglichen deren Häufigkeit mit der Grippestatistik zwischen 2003 und 2008. Also eine Suche nach Korrelationen, wie ich sie oben beschrieben habe. Dann wählten sie die 45 Anfragen aus, die am besten zu den Kurven der Vergangenheit passten, auch regional gesehen. Und diese Anfragen benutzten sie als Indikatoren für die Zukunft, um die Zahl der Grippeinfektionen vorherzusagen.

Welche 45 Anfragen das waren, hat Google nie veröffentlicht. Die Forscher schreiben, dass die Suchbegriffe tatsächlich etwas mit der Krankheit zu tun haben. Die Details aber sind geheim.

Am Anfang war Google Flu Trends sehr erfolgreich bei der Vorhersage der Grippewellen. Aber dann unterliefen dem Programm einige schwere Schnitzer: Die Schweinegrippe-Pandemie von 2009 sah es überhaupt nicht voraus. Im Jahr 2013 prognostizierte es doppelt so viele Fälle, wie nachher tatsächlich auftraten. Im Moment macht Google keine Grippevorhersage mehr, man kann aber die alten Daten auf der Website noch einsehen.

Es gibt mehrere Gründe, warum dieser Versuch einer epidemiologischen Vorhersage heute als gescheitert angesehen werden muss:

– Es handelte sich vor allem in der Anfangszeit um einen Fall von Extrapolation. Man schloss aus einer Korrelation in der Vergangenheit auf die Zukunft. Aber die Voraussetzungen waren nicht in jedem der Folgejahre gleich. Zum Beispiel wurde in manchen Jahren in der Presse viel über die Grippeepidemie berichtet – prompt suchten mehr Menschen im Netz nach Informationen, und es wurden zu viele Erkrankungen vorhergesagt.

– Vor allem aber versuchte man, aus relativ »verrauschten« Daten exakte Schlüsse zu ziehen. Wenn Epidemiologen einen Grippefall verzeichnen, dann haben sie den Patienten eingehend untersucht und das Virus identifiziert. Wenn ein Laie meint, er habe die Grippe, dann hat er sie meistens nicht – in der Umgangssprache (im Deutschen wie im Englischen) bezeichnen wir mit dem Wort häufig banale Erkältungskrankheiten, bei denen kein Influenzavirus im Spiel ist.

Sobald aber die Qualität der zugrunde liegenden Daten schlecht ist, kann die Prognose nicht perfekt sein, mögen die Datenmengen auch noch so groß sein. Nach der ersten Euphorie beginnt sich diese Erkenntnis in der Big-Data-Gemeinde durchzusetzen. Zum Beispiel sind Daten, die aus Postings in sozialen Netzwerken wie Facebook extrahiert werden, notorisch unscharf.

Das heißt nicht, dass man aus solchen Daten keine interessanten Trends herauslesen kann. Es ist aber vielleicht ein bisschen weniger Hybris gegenüber den etablierten Prognosemethoden angebracht und ein bisschen mehr Demut.

Was bei Kundenbetreuungsprogrammen nur Kopfschütteln oder peinliche Momente beschert, kann im Bereich polizeilicher Ermittlungen ganze Existenzen vernichten. Darf man solche Vorhersageprogramme, die nach nicht nachvollziehbaren Kriterien Urteile über Menschen fällen, in der Kriminalitätsprävention einsetzen? In den USA zum Beispiel werden schwarze männliche Jugendliche überdurchschnittlich oft kriminell, was vor allem soziale Ursachen hat. Das sogenannte *racial profiling*, bei dem Polizeibeamte bei Personenkontrollen Menschen aufgrund ihrer Hautfarbe oder anderer äußerer Merkmale strenger behandeln, ist gesetzlich verboten (in Deutschland gibt es keine klaren Regeln dazu).

Zurzeit wird heftig über offenen und verdeckten Rassismus bei der US-amerikanischen Polizei diskutiert. Würde ein Deep-Learning-Algorithmus die herrschende Diskriminierungspraxis bei Kontrollen und Verhaftungen nur weiter ausbauen, oder würde er im Gegenteil objektiver und weniger vorurteilsbelastet handeln als ein Mensch? Würde er vielleicht intern ein Kriterium »schwarze Hautfarbe« entwickeln, das verdachtsverstärkend mit in sein Urteil einfließt? Weil die neuronalen Netze keine expliziten Regeln entwickeln, nach denen sie zu ihren Schlüssen kommen, wäre das nur schwer nachzuweisen, verstieße aber gegen Antidiskriminierungsgesetze. Nach der amerikanischen Rechtsprechung gilt selbst die indirekte Verwendung rassischer Persönlichkeitsmerkmale (etwa über das Stadtviertel, in dem jemand wohnt) als diskriminierend, man nennt das *disparate impact* (siehe Seite 221).

Ähnlich sensibel ist der Einsatz von prädiktiver Analyse im Finanzbereich. Ich habe ja schon die Algorithmen angesprochen, die bei einem möglichen Kreditkartenbetrug Alarm schlagen. Hier setzen die Firmen tatsächlich bereits künstliche Intelligenz und Deep Learning ein. Beim sogenannten Kreditscoring dagegen, bei dem jedem Verbraucher eine Zahl zugeschrieben wird, die seine Kreditwürdigkeit beziffert, ist es noch nicht so weit. Ich habe darüber mit Gerhard Fahner gesprochen, der als Direktor der Analytics-Abteilung bei der Firma Fico arbeitet. Deren Fico-Score ist in den USA das, was in Deutschland die Schufa-Auskunft ist.

Die neuen KI-Systeme, sagt Fahner, werden beim Kreditscoring aus gutem Grund noch nicht eingesetzt. »Wenn ein Kreditscoresystem sagt: Sie kriegen bei uns keinen Kredit, dann muss das auch erklärt werden können. Deshalb kann man es sich gar nicht leisten, das von einer Blackbox-KI entscheiden zu lassen.« Die Kreditscoring-Algorithmen, die eben über keine künstliche Intelligenz verfügen, müssen von staatlichen Behörden genehmigt werden, und in den USA (und ähnlich auch in Deutschland) ist es zum Beispiel verboten, Religion, Hautfarbe, Geschlecht und Wohngegend als Faktoren beim Kreditscoring zu berücksichtigen. »Der Score sollte nur von Dingen abhängen, die in ihrer persönlichen Verantwortung liegen.« Und nachweisen kann man das nur, wenn die Regeln des Algorithmus explizit vorliegen.

Aber ist es dem Scoring-Entwickler selbst nicht manchmal ein bisschen unheimlich, dass ein Algorithmus darüber entscheidet, ob er sich ein Häuschen kaufen kann oder nicht? »Das ist eine zweischneidige Sache«, gibt Fahner zu. »Wenn wir uns zurückversetzen in die Zeit, als die Kreditentscheidung noch von Ihrem freundlichen Banker getroffen wurde, muss man sich da auch fragen: Hat der gute Mann irgendwelche Vorurteile?«

Diese Algorithmen, die im Verborgenen arbeiten und über unser Leben entscheiden, treffen ihre Voraussagen immer aufgrund vergangener Ereignisse. Etwa wenn sie für eine Kreditentscheidung den letzten Steuerbescheid berücksichtigen, der aber eigentlich nur Auskunft darüber gibt, wie viel Geld ich vor zwei Jahren verdient habe. »Viele sagen: Big Data ist der

Auspuffqualm von alten Geschäftsentscheidungen«, sagt Fahner. Wenn die prädiktive Analyse von der Vergangenheit auf die Gegenwart und Zukunft schließt, dann tut sie das unter der Annahme, dass alles irgendwie so bleibt, wie es ist. Aber Menschen verändern sich, ihre Lebensumstände bleiben nicht konstant, ihr Geschmack wandelt sich. Warum bietet der Algorithmus ihnen daher nicht einmal etwas Überraschendes an (wie im Kapitel über Empfehlungssysteme gesehen, ist diese *serendipity* keine Stärke von Algorithmen)? Nicht nur wenn es um Konsumvorlieben geht, auch bei harten Finanzgeschäften plädiert Fahner dafür, dass Algorithmen sich offener und transparenter geben und erklären, wieso sie zu bestimmten Entscheidungen und Empfehlungen gekommen sind. »Man kann dem Kunden ja auch manchmal eine Frage stellen«, sagt Gerhard Fahner. »Mögen Sie diese Art von Angebot überhaupt, oder sollen wir mal Schluss machen damit?«

In der Wirklichkeit ist diese schöne neue Welt der verständnisvollen und offenen Algorithmen noch nicht angekommen. Target zum Beispiel, das amerikanische Kaufhaus, würde seinen Kundinnen, die es für schwanger hält, das niemals offen sagen und ihnen einen Prospekt voll mit Angeboten für werdende Mütter schicken. Die würden sich dann nämlich sofort fragen: Woher weiß die Firma das? Stattdessen werden die entsprechenden Produkte im digitalen Werbematerial unauffällig zwischen andere einsortiert, sodass es so aussieht, als stünden sie ganz zufällig dort.

Bei der prädiktiven Analyse geht es nicht nur um Prognosen, selbst wenn die Analyse die Zukunft betrifft. »Prädiktive Analyse macht es möglich, nicht nur die Zukunft vorherzusagen«, sagt Eric Siegel, der ein Standardwerk über die Disziplin verfasst hat, »sondern sie zu beeinflussen, indem man die Entscheidungen einzelner Menschen beeinflusst.« So sei die Analytics-Gruppe von Präsident Barack Obama ein entscheidender Faktor für das Wahlergebnis bei der Präsidentschaftswahl 2012 gewesen. »Während es [dem erfolgreichen Statistiker] Nate Silver um die Vorhersage des Wahlergebnisses ging, ging es Obamas Team darum, die Wahl selbst zu gewinnen.«

Während Wahlkampf früher vor allem daraus bestand, per Gießkannenprinzip einem möglichst großen Publikum denselben Wahlspot vorzusetzen und die Städte flächendeckend mit Plakaten zu bepflastern, erlaubt die prädiktive Analyse es, Wähler individuell anzusprechen. Auch die amerikanischen Kampagnenmanager, die über neunstellige Budgets verfügen, müssen sich fragen: Wie erzeugt jeder ausgegebene Dollar eine möglichst große Wirkung? Welche Nachricht muss der schwankende Wechselwähler zu welchem Zeitpunkt bekommen, um meinem Kandidaten die Stimme zu geben? Wie mobilisiere ich meine glühenden Anhänger, ihre Freunde und Nachbarn zur Stimmabgabe zu bewegen? Bei Obamas Team begann das mit einer sehr effektiven Spendenkampagne, ging über gezielte Werbung in den unentschiedenen *swing states* bis hinunter zum einzelnen Aktivisten. Obama-Fans konnten eine App auf ihr Smartphone laden, die dann per Knopfdruck Nachrichten an eine Auswahl von per Computer ausgewählten Facebook-Freunden schickte – und sei es nur die Aufforderung, sich zur Wahl zu registrieren oder möglichst früh wählen zu gehen. Einer von fünf Menschen, die so von einem Facebook-Freund angesprochen wurden, reagierte auf diese Nachricht. Mit solchen Traumquoten kann die traditionelle Wahlwerbung nicht aufwarten.

Schon heute sind prädiktive Algorithmen häufig im Hintergrund aktiv, auch wenn wir es nicht ahnen. Wenn es beim Anruf im Callcenter heißt: »Anrufe können zu Trainingszwecken aufgezeichnet werden«, dann geht es bei diesem »Training« oft darum, einem Algorithmus beizubringen, erboste Kunden von entspannten zu unterscheiden und entsprechend weiterzuvermitteln. Politiker können von darauf spezialisierten Firmen die internationalen sozialen Medien durchkämmen lassen auf der Suche nach Anzeichen dafür, dass vielleicht irgendwo eine Revolte wie der (von kaum jemandem erwartete) Arabische Frühling 2011 aufkeimt. Bei Jobbewerbungen wird in Zukunft der Computer häufig die Vorauswahl der Kandidaten übernehmen, sodass die Personalabteilung sich nur noch die als am besten befundenen Kandidaten näher anschauen muss.

Und in Zukunft wird zumindest online kaum noch eine Werbebotschaft, die uns erreicht, zufällig sein. Praktisch alle diese Nachrichten bekommen wir, weil ein Algorithmus sie für uns ausgesucht hat. Manchmal lachen wir über dessen offenkundige Dummheit – mir präsentiert das Netz zum Beispiel ständig Produkte, die ich mir in der letzten Woche gekauft habe und jetzt bestimmt nicht noch einmal kaufen möchte. Natürlich wird es Verluste durch fehlgeleitete Werbung auch in Zukunft geben. Die totale Berechenbarkeit des Einzelnen muss gar nicht das Ziel der Werber sein. »Die prädiktive Analyse ist so wertvoll, weil man gar keine so präzisen Vorhersagen machen muss«, sagt der Experte Eric Siegel. »Eine Vorhersage, die besser ist als Raten, reicht oft aus, um im großen Maßstab besser zu operieren – beim Marketing, beim Entdecken von Betrug, bei polizeilichen Untersuchungen. Mit ein bisschen Vorhersage kommt man schon ziemlich weit.«

KAPITEL 7: INVESTIEREN
WIE ALGORITHMEN DIE MÄRKTE
BEHERRSCHEN

Kann ein einzelner Mensch die Weltwirtschaft an den Rand einer Katastrophe bringen? Noch dazu ein 36-jähriger Trader, der ohne Verbindung zu den großen Investmentfirmen im Haus seiner Eltern im Londoner Vorort Hounslow vor dem Computer sitzt und von dort aus an den internationalen Börsenplätzen handelt? Stimmen die Vorwürfe des US-amerikanischen Justizministeriums, dann hat Navinder Singh Sarao genau das getan. Die Strafverfolger sagen: Sarao war verantwortlich für den sogenannten »Flash Crash« von 2010. Fünf Jahre nach diesem Vorfall, bei dem es auch den hartgesottensten Tradern kalt den Rücken hinunterlief, wurde Sarao am 21. April 2015 festgenommen.

Der 6. Mai 2010 begann schon nicht besonders gut an den amerikanischen Börsenplätzen. In Europa wurde wieder einmal um ein Hilfsprogramm für Griechenland gerungen, und am Mittag dümpelte der Dow-Jones-Index bereits 300 Punkte unter dem Vortageskurs, ein Minus von knapp drei Prozent. Um 14.32 Uhr begann er plötzlich, rapide weiter zu sinken. In der nächsten halben Stunde verlor er knapp 1000 Punkte gegenüber dem Eröffnungskurs – die zweitgrößte Schwankung in der Existenz der Börse.

Aber die Kurse gingen nicht einfach nur auf Talfahrt. Sie zuckten auf und ab und erreichten Werte, die jeder Experte als lächerlich bezeichnen würde. Die Aktie der Beratungsfirma Accenture, sonst über 20 Dollar wert, wurde plötzlich mit einem Cent notiert. Die Apple-Aktie stieg von 36 auf 100 000 Dollar. Aktien und Derivate wurden panisch verkauft – wenn man denn bei Computeralgorithmen von Panik reden kann. In 36 Minuten verloren die Aktienbesitzer ungefähr eine Billion Dollar. Dann begann sich der Markt zu erholen. Die Kurse kletterten genauso schnell wieder hoch, wie sie gefallen waren. Zu Börsenschluss lag der Dow Jones drei Prozent unter dem Niveau des Vortags.

Was war passiert? Das wusste erst einmal niemand. Und dass es fast fünf Jahre dauerte, bis die Behörden einen Verantwortlichen ausgemacht zu haben glaubten, wirft ein bezeichnendes Licht auf die Ohnmacht der Marktkontrolleure. Sie mussten Abertausende von Kauf- und Verkaufsordern auf diversen Märkten durchforsten. Zwischenzeitlich stand ein großer Aktienfonds im Verdacht, durch den (legalen) Verkauf eines großen Postens von Terminkontrakten die Lawine ausgelöst zu haben. Dann aber konzentrierten sich die Strafverfolger auf den unscheinbaren britischen Trader.

Sarao werden 22 Vergehen zur Last gelegt, darunter Betrug und Marktmanipulation. Der wichtigste Vorwurf: sogenanntes *spoofing*. Darunter versteht man, dass ein Trader vorgibt, große Mengen von Wertpapieren, in diesem Fall Derivate, kaufen oder verkaufen zu wollen. Dann aber zieht er das Angebot zurück, bevor der Handel ausgeführt wird. Das Ziel dabei ist es, dem Markt ein Signal zu geben und damit die Kurse nach oben oder unten zu beeinflussen, um dann selber mit Gewinn verkaufen oder billig einkaufen zu können.

Sarao gab vor, sogenannte E-Mini-S & P-Papiere verkaufen

zu wollen. Damit wettete er 200 Millionen Dollar darauf, dass der Markt fallen würde. Automatisierte Computerprogramme nahmen das als Verkaufssignal und begannen tatsächlich, Papiere zu verkaufen – zunächst Optionsscheine, dann aber auch die Aktien selber. Weil der Abschwung so gewaltig war, schwoll die Verkaufswelle immer weiter an – wie heiße Kartoffeln wurden die Papiere zwischen den handelnden Computerprogrammen hin und her gereicht, keiner der Algorithmen wollte auf ihnen sitzen bleiben.

Sarao, so die Behörden, sei für ein Fünftel aller Verkaufsorders in dieser verrückten halben Stunde verantwortlich gewesen. Insgesamt habe er mit seinen verbotenen Praktiken – *spoofing* ist in den USA nicht erlaubt – 40 Millionen Dollar verdient.

Der Flash Crash von 2010 war ein extremes Beispiel dafür, wie der automatische Handel an der Börse zu gewaltigen Kursschwankungen führen kann. Das einzige war es nicht. Manchmal trifft es nur einzelne Papiere: Am 1. Dezember 2014 verloren Apples Aktionäre durch einen unerklärlichen Kurssturz binnen Minuten 40 Milliarden Dollar. Ein anderer Fall wurde später unter dem Namen »Knightmare« bekannt: Ein eigentlich deaktivierter Algorithmus der Handelsfirma Knight Capital begann am Morgen des 1. August 2012, wie wild Aktien aller möglichen Firmen an der New Yorker Börse zu kaufen. Er überbot alle Konkurrenten und setzte binnen kürzester Zeit sieben Milliarden Dollar um. Fieberhaft suchten die Programmierer nach dem Fehler – als sie ihn nach einer Dreiviertelstunde fanden, hatte das Unternehmen bereits 440 Millionen Dollar verloren, 40 Prozent seines Marktwerts. Knight Capital wurde vom Konkurrenten Getco geschluckt.

Die Börsen waren einmal Vermittlungsstellen, um Firmen mit Kapitalgebern zusammenzubringen. Dann wurden sie der

Tummelplatz menschlicher Spekulanten, vielleicht am schönsten porträtiert in Gestalt des Börsenmaklers Gordon Gekko in dem Film *Wall Street* von 1987. Die Trader der 1980er-Jahre wurden abgelöst durch die »Quants« – Informatiker, Mathematiker und Physiker, die Computeralgorithmen für den automatischen Handel programmieren. Die Algorithmen tragen Namen wie »Sniper«, »Guerilla«, »Stealth« oder »Chameleon« und gehorchen Regeln, die ihnen einmal ein Mensch eingegeben hat, aber dann handeln sie autonom, und das in Sekundenbruchteilen. Und sie handeln in den weitaus meisten Fällen untereinander. So können sich kleine Effekte binnen kürzester Zeit zu großen Wellen summieren, bevor ein Mensch die Chance hat einzugreifen.

Es ist nicht einmal bekannt, wie groß der Anteil des Computerhandels an den Börsen ist. Denn sämtliche Orders gehen per Computer ein, egal ob sie von einem Menschen stammen oder von einem Rechner. Die Schätzungen für die Märkte in Europa und den USA schwanken zwischen 50 und 70 Prozent. Die schnellen Algorithmen kaufen und verkaufen ständig Papiere, um auch die geringsten Gewinnmargen auszunutzen. Die Beratungsfirma LPL Financial berichtet, dass heute eine Aktie im Durchschnitt nur noch fünf Tage in der Hand eines Besitzers bleibt – vor 50 Jahren waren es noch acht Jahre.

Aber treten wir einen Schritt zurück: Der automatisierte Handel per Algorithmus wird häufig mit dem Hochfrequenzhandel gleichgesetzt. Dabei handelt es sich aber um zwei verschiedene Dinge. Computerhandel kann auch ganz langsam und unspektakulär ablaufen. Die langsame Variante stand eigentlich am Anfang, erst als die Technik den blitzschnellen Kauf und Verkauf von Wertpapieren ermöglichte, wurde die Temposchraube immer weiter gedreht.

Damit ein Algorithmus an der Börse handeln kann, braucht

er – neben den technischen Voraussetzungen – vor allem Regeln. Die müssen aus den vorliegenden Daten, also lang- und kurzfristigen Börsenkursen der Vergangenheit, eindeutige Anweisungen entwickeln: Kaufe x Anteile des Papiers A, verkaufe y Anteile des Papiers B. Wie kommt man zu solchen Regeln? Da die Börse keinen naturwissenschaftlich präzisen Gesetzen folgt, sind es letztlich in Computercode gegossene Erfahrungsregeln der Börsianer. Nur dass der Computer diese mathematisch formulierten Regeln viel exakter und schneller berechnen kann als jeder menschliche Trader.

Wenn der Normalsterbliche sein Geld in Aktien anlegt, dann tut er das meist in der Hoffnung, dass der Kurs des Papiers im Laufe der Zeit steigt und ihm eine ansehnliche Verzinsung seines Kapitals bringt. Das hat auch in der Vergangenheit im Durchschnitt gut geklappt, wenn der Anleger einen langen Atem hatte: In den letzten zehn Jahren zum Beispiel ist der deutsche Aktienindex DAX um 108 Prozent gestiegen, das entspricht einer jährlichen Verzinsung von 7,5 Prozent – und das trotz der Weltwirtschaftskrise von 2008! Ein Trader dagegen, der an der Börse mit Spekulation Geld verdienen will, lebt nicht vom allgemeinen Kursanstieg, jedenfalls nicht nur. Der Treibstoff seines Motors sind die Kursschwankungen, die der langfristige Anleger verabscheut. Bei einem niedrigen Kurs kaufen und bei einem hohen verkaufen ist seine Maxime. So kann er selbst bei sinkenden Kursen Gewinne erzielen. Er ist immer auf der Suche nach einem Trend, aus dem er Kapital schlagen kann.

Betrachten wir als Beispiel die Kursentwicklung der Siemens-Aktie in den vergangenen zehn Jahren.

Die Bilanz ist eher bescheiden: Eine Aktie, die man im September 2005 für 61,65 Euro gekauft hat, war im September 2015 86,55 Euro wert – ein Zuwachs von 40,4 Prozent, das

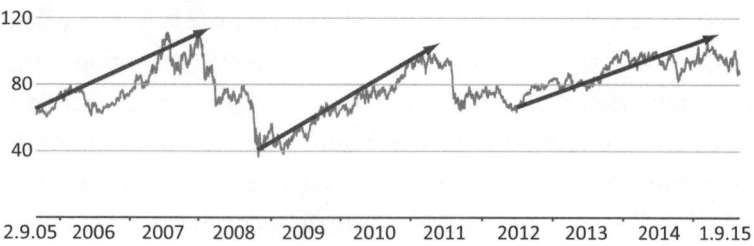

entspricht etwa 3,5 Prozent pro Jahr. Allerdings machte das Papier in dieser Zeit eine ziemliche Berg-und-Tal-Fahrt. Schauen wir uns nach der Devise »nachher ist man immer klüger« an, was ein geschickter Händler bei diesem Kursverlauf hätte unternehmen können:

Kneift man die Augen zusammen und schaut von Weitem auf den Siemens-Kurs, kann man drei Phasen des Aufschwungs ausmachen, jeweils gefolgt von einer Phase des Kursverlusts. Hätte jemand ganz ohne Hektik dreimal die Aktie bei einem relativ niedrigen Stand gekauft und bei einem hohen Stand wieder verkauft (siehe Grafik), hätte er am Ende einen Gewinn von über 150 Euro oder 246 Prozent gemacht – sechsmal so viel wie der konservative Anleger.

Treiben wir die Sache noch etwas weiter und stellen wir uns einen hellseherischen Trader vor, dem das Schicksal immer schon den Börsenkurs von morgen zuspielt. Ist der Kurs höher als heute, dann kauft beziehungsweise hält er die Aktie. Fällt der Kurs, dann verkauft er oder steigt nicht ein. Dieser Händler hätte in den vergangenen zehn Jahren die Aktie 680-mal gekauft und 680-mal verkauft. Sein Fleiß wäre mit einem Gewinn von über 1200 Euro oder über 2000 Prozent belohnt worden!

Das Beispiel ist natürlich aus zwei Gründen abwegig: Nicht nur ist die Zukunft uns prinzipiell unbekannt. Vernachlässigt wurde bei dieser Berechnung auch die Tatsache, dass der Börsenhandel nicht umsonst ist – bei jedem Aktienkauf oder -verkauf wird eine Provision fällig, die den Gewinn empfindlich schmälern würde. Was die Berechnung aber zeigt: Im Auf und Ab der Börsenkurse steckt ein Potenzial, das man für sich nutzen kann, auch wenn der Aktienkurs selbst gar nicht besonders steigt. Vorausgesetzt, man spekuliert auf den richtigen Trend.

Wie destilliert man einen Trend aus der gezackten Fieberkurve eines Börsenwerts heraus? Eine Methode ist es, den sogenannten gleitenden Durchschnitt einer Aktie zu betrachten. Ein solcher Durchschnitt ist immer ein gutes Mittel, wenn man eine »verrauschte« Datenreihe betrachtet. Wenn Sie sich zum Beispiel jeden Morgen wiegen, werden Sie feststellen, dass die Werte starke Sprünge machen. Das liegt daran, dass unser Körpergewicht zum Beispiel stark schwankt, je nachdem, wie viel Flüssigkeit wir zu uns genommen haben. Gleichzeitig ist eine billige Haushaltswaage auch nicht sehr genau und misst mal mehr, mal weniger. Indem man immer die sieben Messwerte der vergangenen Woche zusammenfasst und den Durchschnitt berechnet, bekommt man eine glattere Kurve, die deutlicher macht, wohin der Trend geht. Hier ist eine Messreihe aus anderthalb Monaten im vergangenen Sommer, als ich mich ein bisschen zu schwer fand:

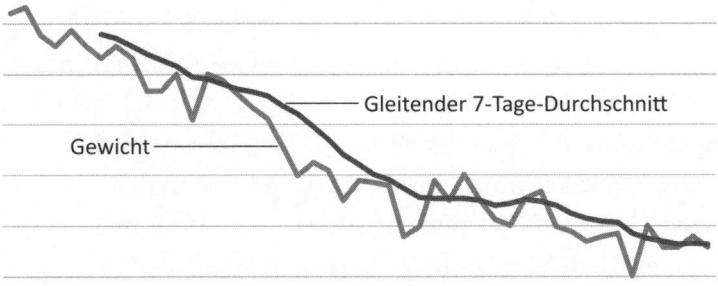

Man sieht sofort: Die Linie ist erstens glatter als die Kurve der eigentlichen Messwerte. Sie zeigt einen eindeutigen Trend nach unten. Und sie verläuft meistens oberhalb der tatsächlichen Werte. Das ist bei einem echten Abwärtstrend die Regel, weil im gleitenden Durchschnitt ja noch die meist höheren Werte der vergangenen Woche enthalten sind.

Börsenexperten untersuchen ebenfalls gleitende Durchschnitte. Meist betrachten sie dabei längere Zeiträume als eine Woche – 50 Börsentage oder gar 200. Je größer die Anzahl der Tage ist, die in einen solchen Durchschnitt einfließen, umso glatter ist die Kurve, aber auch umso träger. Hier ist der gleitende 200-Tage-Durchschnitt der Siemens-Aktie, ein besonders gern von Experten benutzter Wert:

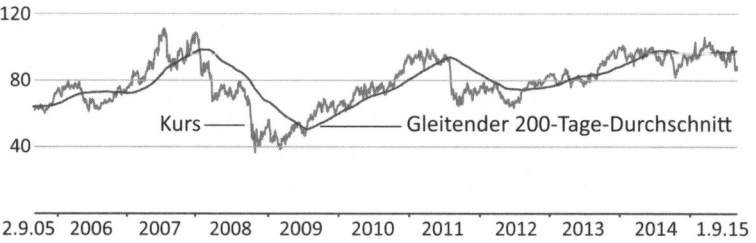

Die Trendlinie gibt nun sehr deutlich die Phasen des Auf- und Abstiegs der Aktie wieder. Allerdings sieht man auch sehr gut, dass diese Linie der tatsächlichen Kursentwicklung um mehrere Monate hinterherhinkt. Kann man sie nutzen, um Kauf- oder Verkaufsentscheidungen zu treffen? Lässt sich daraus ein Algorithmus ableiten, der eine gute Rendite verspricht?

Erster Versuch einer möglichen Regel: Wenn der 200-Tage-Durchschnitt ein Tal durchschritten hat, sollte man kaufen. Wenn er einen Berg überquert hat, sollte man kaufen. Das Problem mit dieser Regel: Man kann ja nur in die Vergangenheit schauen und weiß selbst bei der glatteren Durchschnittslinie erst nach ein paar Wochen, ob eine Bergspitze wirklich die Bergspitze war. Das würde die Sache noch träger machen. Man nimmt daher ein anderes Signal als Zeichen für eine Kursumkehr:

- Wenn die Kurslinie die Durchschnittslinie von unten nach oben durchschneidet: kaufen!
- Wenn die Kurslinie die Durchschnittslinie von oben nach unten durchschneidet: verkaufen!

Diese simple Regel hätte dazu geführt, dass der Anleger die Siemens-Aktie im Verlauf der zehn Jahre 39-mal gekauft und 39-mal wieder verkauft hätte. Was man sofort sieht: Er hätte die Finanzkrise von 2008 tatsächlich ziemlich gut überstanden, weil er bei einem noch recht hohen Stand der Aktie ausgestiegen wäre. Den nachfolgenden Aufstieg hätte er weitgehend wieder mitgenommen. Und so führt die reine Kursbilanz dazu, dass die Strategie zu einem Gewinn von knapp 73 Prozent geführt hätte – erheblich mehr als der Kursgewinn der Aktie in derselben Zeit.

Allerdings wäre ein großer Teil dieses Gewinns von den Transaktionskosten der vielen Käufe und Verkäufe aufgefressen worden. Schon bei einem Prozent für jede Transaktion wäre insgesamt ein Minus herausgekommen. Zumal die meisten Transaktionen nichts gebracht hätten. Insbesondere wenn der Kurs sich »seitwärts« bewegt, also keinen eindeutigen Trend zeigt, kreuzen sich Trend und Kurs ständig, was zu hektischer Aktivität ohne wirklichen Gewinn führt.

Ein wirklich erfolgreicher Algorithmus muss also ein wenig komplexer sein als diese simple Regel. Um die Hektik aus der

Sache herauszunehmen, kann man zum Beispiel den 200-Tage-Durchschnitt statt mit dem Tageskurs mit dem 50-Tage-Durchschnitt vergleichen. Es gibt auch eine Vielzahl anderer Größen, die Trader als Signale zum Kaufen oder Verkaufen nutzen. Und natürlich schauen sie nicht nur auf den Kurs, sondern auch auf die wirkliche Welt: Wie sieht die Bilanz eines Unternehmens aus? Was steht über die Firma in der Zeitung? Inzwischen werden vielfach Nachrichten über Unternehmen von Algorithmen geschrieben. So wie im Sport geht es ja bei Wirtschaftsnachrichten in vielen Fällen nur darum, Zahlen zu Unternehmen in Hauptsätze mit Subjekt und Prädikat zu kleiden: »Das Unternehmen ... stellte auf seiner Hauptversammlung am ... in ... den Geschäftsbericht für das Jahr ... vor. Der erwirtschaftete Gewinn betrug ..., die Aktionäre dürfen sich über eine Dividende von ... freuen.« Solche Nachrichten können Algorithmen heute verfassen – andere Algorithmen können die Sätze wieder auf ihr Zahlenskelett reduzieren und diese Informationen bei ihren Entscheidungen berücksichtigen.

Außerdem haben wir bisher nur über das Kaufen und Verkaufen von Aktien geredet. Daneben gibt es aber auch noch Termingeschäfte mit Aktien und sogenannte Leerverkäufe, bei denen man sich Aktien bei einem hohen Kurs »leiht« und bei niedrigem Kurs zurückgibt – letztlich eine Spekulation auf sinkende Kurse. All dies sind Optionen, über die moderne Algorithmen verfügen und die sie binnen Sekunden ausführen können. Das Ideal ist ein Algorithmus, der verlässlich Gewinne produziert, egal ob der Markt nach oben oder nach unten geht.

Damit kommen wir zum Stichwort »Hochfrequenzhandel«. Die schnellen Algorithmen, von denen dabei die Rede ist, spekulieren meist nicht auf einen Aktientrend. Sie scheuen eher das Risiko. Stattdessen versuchen sie, winzige Ungereimtheiten der Börsenwelt auszunutzen. Etwa, dass ein Wert an zwei Börsenplätzen nicht exakt gleich notiert wird, sondern mit winzigen Zeitverzögerungen. Diese Arbitrage kann ein Algorithmus risikolos ausnutzen, wenn er nur schnell genug zuschlägt. Solche kleinen Kursdifferenzen spielen sich häufig in Zeitskalen unterhalb einer Sekunde ab. Deshalb sind die Hochfrequenzhändler solche Geschwindigkeitsfetischisten. Eine gewöhnliche Internetverbindung über größere Distanzen ist ihnen meist zu langsam – entweder müssen sie ihre Rechner ganz nah an der Börse aufstellen oder sogar in der Börse selbst, die solche Plätze für gutes Geld vermietet.

Geht es um die Kommunikation mit zwei Börsenplätzen, etwa New York und Chicago, dann ist es gut, wenn man sich auf spezielle Leitungen verlassen kann: Die Firma Spread Networks stellte 2010 eine Glasfaserleitung zwischen diesen beiden Städten fertig, 1331 Kilometer lang, die den direktesten Weg nimmt, auch durch Berge hindurch – selbst die Lichtgeschwindigkeit kann zu langsam sein, wenn das Licht einen Umweg machen muss. Mehrere Hundert Millionen Dollar kostete das Projekt, aber offenbar gibt es Firmen, die hohe Preise dafür bezahlen, diese Leitung nutzen zu dürfen. Im Moment werden neue Kabel über den Atlantik verlegt, die London und New York miteinander verbinden – exklusiv für die schnellen Händler, die damit sechs Tausendstelsekunden Zeit gewinnen. Denn eine Tausendstelsekunde kann einen Gewinn von 100 Millionen Dollar pro Jahr bedeuten, schreibt die Zeitschrift *InformationWeek*.

Weil die Algorithmen im Hochfrequenzhandel so blitzschnell reagieren müssen, sind sie meist nicht besonders kompliziert. Komplex wird die ganze Angelegenheit dadurch, dass viele Algorithmen sich auf dem Markt tummeln und miteinander Handel treiben. Und wenn sie dann noch einer ähnlichen Logik folgen und alle auf einmal versuchen, bestimmte Wertpapiere zu verkaufen, dann können sich lawinenartige Kursstürze ereignen. Wenn der menschliche Händler längst sieht, dass hier etwas nicht stimmt mit der Kursentwicklung, handelt dann der Computer weiter in der Hoffnung, von der Entwicklung zu profitieren. Und niemand weiß, welchen Stecker er ziehen muss.

Es sei denn, man etabliert institutionelle Schalter, die umgelegt werden, wenn der Kurs eines Papiers aus den Fugen zu geraten droht. Sogenannte *kill switches* werden diskutiert, die den Handel aussetzen, sobald die Schwankung eine definierte Breite übersteigt. Man könnte auch das Tempo aus dem Hochgeschwindigkeitshandel ganz herausnehmen, indem man Mindesthaltezeiten für Wertpapiere einführt. Aber die Börsen und auch die staatlichen Regierungen sind sehr zögerlich mit solchen administrativen Regeln – haben sie doch stets die Angst, dass das scheue internationale Kapital sich eine andere Spielwiese sucht, auf der weniger einengende Regeln gelten.

Der Hochfrequenzhandel wird oft zum Buhmann gemacht, wenn die Rede auf die Börsen kommt. Vielleicht weil er so gut als Sinnbild für den modernen Kapitalismus taugt: Wer genügend Kapital zum Zocken an der Börse hat, der muss, so scheint es, nur noch einen Knopf drücken, und in Windeseile vervielfacht sich der eingesetzte Reichtum. Politische Forderungen nach der Einschränkung dieses Handels gehören zum Standardrepertoire linksgerichteter Politiker. Übersehen wird dabei, dass die Computerverfahren den Börsenhandel auch demokratisiert haben – sie geben jedem, der einen Computer mit Internetverbindung hat, einen Zugang zum Markt, und die Provisionen betragen nur noch einen Bruchteil von dem, was früher die menschlichen Broker kassiert haben.

Der Computerhandel hat die Volatilität der Kurse, also ihre zuckenden Ausschläge nach oben und unten, verringert und nach Ansicht vieler Experten die Börsen eher stabilisiert. Und das Handelsvolumen der Hochgeschwindigkeitshändler mag riesig sein – der Gewinn, den sie daraus ziehen, ist im Vergleich zu anderen Börsengeschäften eher marginal und geht stetig zurück: Nach einer Schätzung von Wissenschaftlern der Purdue University schrumpfte der Profit an den amerikanischen Börsen von fünf Milliarden Dollar im Jahr 2009 auf nur noch 1,2 Milliarden im Jahr 2012.

Und so sind es vielleicht nicht die Regulatoren, die den Hochfrequenzhandel in der Zukunft eindämmen werden – es sieht so aus, als würden sich die Algorithmen selbst die Geschäftsgrundlage zunehmend entziehen. Mit ihren blitzschnellen Reaktionen sorgen sie dafür, dass die winzigen Margen, von denen sie profitieren, immer kleiner werden. Der »Spread« zwischen Angebots- und Nachfragekurs wird kleiner, die Arbitrage sinkt, es müssen immer größere Handelsvolumina aufgebracht werden, um denselben Gewinn zu erzielen. Nimmt man dazu die steigenden Kosten für das Wettrüsten um die schnellsten Datenleitungen, dann sinkt die Profitabilität noch weiter. Nach Expertenschätzungen hat sich das Volumen des Hochfrequenzhandels in den letzten Jahren wieder verringert.

Das heißt aber nicht, dass die Ära des Algorithmenhandels vorbei wäre und die Börsianer ihre Geschäfte wieder schreiend auf dem Parkett erledigen. Auch weiterhin werden Computerprogramme für einen großen Teil des Handelsvolumens verantwortlich sein. Aber es wird vielleicht weniger aufs Tempo ankommen, sondern auf die Intelligenz. Auch in der Finanzwelt wird zunehmend auf maschinelles Lernen gesetzt. Die neuesten Programme sind nicht mehr nur auf die nackten

Kurszahlen angewiesen, sondern verarbeiten auch die – häufig von anderen Algorithmen geschriebenen – Börsennachrichten. Sie handeln zunehmend wie ein guter alter menschlicher Trader – mit Erfahrungswissen, Faustregeln und aufgrund von Nachrichten aus der »wirklichen« Wirtschaft. Nur dass sie dies mit erheblich größerem Detailwissen und ohne jegliche Emotion tun. Ob mit diesen klügeren Algorithmen die Gefahr eines neuen Flash Crashs oder einer noch schlimmeren Kurskatastrophe kleiner wird – das kann heute noch niemand sagen.

KAPITEL 8: VERSCHLÜSSELN
VON NSA UND RSA – ALGORITHMEN
UND PRIVATSPHÄRE

Es ist eines der großen Rätsel der modernen Wissenschaft: Wo sind die Aliens?

Seit einigen Jahren werden täglich neue sogenannte Exoplaneten in unserer Milchstraße entdeckt – Planeten, die andere Sterne umkreisen. Es sind Milliarden in unserer Galaxie, und darunter mindestens Millionen, auf denen Bedingungen herrschen, unter denen sich Leben entwickeln könnte. Und wenn sich Leben entwickelt, so glauben die meisten Wissenschaftler, müsste es irgendwann auch eine intelligente Zivilisation hervorbringen, die ins All reist, mit Radiowellen kommuniziert. Einige ihrer Funksprüche, ob für uns gedacht oder nicht, müssten wir hier auf der Erde auffangen und verstehen können. Seit Jahrzehnten lauscht das sogenannte SETI-Programm *(Search for Extraterrestrial Intelligence)* nach solchen Botschaften. Aber bislang wurden keine empfangen. Das All schweigt.

Dieses Schweigen kann man auf viele Arten interpretieren: Es gibt kein außerirdisches Leben. Oder zumindest keine technische Zivilisation. Oder diese Zivilisationen sind nicht an Kontakt mit der Außenwelt interessiert. Oder sie kommunizieren auf eine Weise, die wir noch nicht kennen, weil wir zu primitiv sind. Oder jede Zivilisation löscht sich selbst nach – in kosmischen Maßstäben – kurzer Zeit aus, sodass es unwahrscheinlich ist, dass zwei zur gleichen Zeit existieren ...

Eine ganz neue Interpretation steuerte im September 2015 Edward Snowden bei. Ja, genau der Edward Snowden, der die Lauschpraktiken des amerikanischen Geheimdienstes NSA enthüllte und seitdem im russischen Exil lebt. Er tauchte als virtueller Gast in einer Sendung des populären Astrophysikers Neil deGrasse Tyson auf, in Form eines Roboters, dessen Kopf ein Bildschirm ist. Seine These: Die Funksprüche der Aliens gibt es sehr wohl, sie werden auch von unseren Antennen empfangen, aber wir können sie von zufälligem Hintergrundrauschen nicht unterscheiden, weil sie verschlüsselt sind. »Es gibt nur eine kurze Periode in der Entwicklung [einer außerirdischen Zivilisation], in der ihre gesamte Kommunikation mit den primitivsten und ungeschütztesten Mitteln versendet wird.«

Geht es nach Snowden, leben wir also in der Steinzeit der Kommunikation. Fast alle Nachrichten, die wir täglich hin und her senden, können zumindest von den Geheimdiensten gelesen werden. Snowdens Enthüllungen haben das gezeigt – und danach haben viele Menschen angefangen, sich über die Verschlüsselung ihrer E-Mails und anderer Nachrichten Gedanken zu machen. Zunehmend wird Verschlüsselung in Apps und andere Programme eingebaut. So wie wir intime Post früher nicht per Postkarte, sondern in versiegelten Umschlägen verschickt haben, so können wir auch unsere elektronische Post vor ungebetenen Mitlesern schützen.

Menschen verschlüsseln Nachrichten schon seit Tausenden von Jahren. Schon als Kinder haben wir Geheimcodes gelernt wie etwa den, alle Buchstaben um eine gewisse Zahl von Stellen im Alphabet zu verschieben. Rückt man etwa in dem Satz

»Ich liebe dich« alle Buchstaben um drei Positionen weiter, dann wird daraus »Lfk olheh glfk«. Die Zahl Drei ist dabei der Schlüssel zur Entwirrung dieses Kauderwelschs. Wenn der Empfänger den Schlüssel kennt, muss er nur jeden Buchstaben um drei Positionen zurückschieben, und schon kann er die Botschaft im Klartext lesen.

Das ist natürlich keine sehr gewiefte Verschlüsselungsmethode. Es gibt nur 26 mögliche Schlüssel, und die hat jemand, der die geheime Botschaft abfängt, schnell durchprobiert. Im Lauf der Jahrhunderte wurden erheblich komplexere Verschlüsselungsverfahren entwickelt. Die Enigma-Maschine der Deutschen Wehrmacht war ein Beispiel für einen mathematisch sehr schwer zu knackenden Code – der schließlich trotzdem von einem britischen Team unter der Leitung des Computerpioniers Alan Turing entschlüsselt wurde.

Aber bis vor etwa 40 Jahren war die Kenntnis eines geheimen Schlüssels immer noch die Voraussetzung dafür, eine geheime Botschaft zwischen zwei Partnern zu verschicken. Den können die beiden auf einem sicheren Kanal austauschen – etwa indem sie sich von Angesicht zu Angesicht treffen und ihn verabreden. Wenn ich den anderen gut kenne, kann ich den Schlüssel auch aus einer Information ableiten, die nur wir beide haben: »Die Postleitzahl der Stadt, in der wir uns 1997 getroffen haben.«

Aber wie ist es, wenn ich mein Gegenüber nicht persönlich kenne und auch keinen sicheren Kanal für die Übertragung des Schlüssels habe? Etwa wenn ich eine Kreditkartennummer an einen Online-Händler übertragen will? Auf den alten Briefverkehr übertragen: Wie kann ich eine Botschaft auf eine Postkarte schreiben, die der Empfänger entschlüsseln kann, aber weder der Briefträger noch der Geheimdienstmitarbeiter, der die Postkarte in die Finger bekommt?

Das klingt paradox. Wenn es der eine lesen kann, warum nicht der andere? Aber tatsächlich entwickelten 1977 drei amerikanische Forscher – Martin Hellman, Whitfield Diffie und Ralph Merkle – das erste Public-Key-Verschlüsselungsverfahren. Ein Verfahren, bei dem der Schlüssel öffentlich ist, aber trotzdem nicht jedem zugänglich.

Allerdings funktioniert die Sache tatsächlich nicht, indem man nur eine Nachricht verschickt. Sobald man mehrfach Informationen austauschen kann, wird das Paradox schon weniger paradox. Dazu ein gegenständliches Beispiel: Alice möchte Bob eine geheime Botschaft schicken. Die beiden haben Angst vor der bösen Eve*, die die Postsendung abfangen könnte. Also steckt Alice den Zettel in ein Kästchen und sichert das mit einem Schloss. Selbst wenn Eve das Kästchen in die Finger bekommt, kann sie es nicht öffnen. Aber auch Bob kann das nicht, wenn er die Sendung bekommt. Stattdessen versieht er sie mit einem zweiten Schloss und schickt sie zurück an Alice. Die entfernt nun ihr Schloss und schickt das Kästchen wieder an Bob, der dann sein Schloss öffnet und die Nachricht liest. Zu keinem Zeitpunkt dieses Prozesses hat Eve die Möglichkeit, die Schatulle zu öffnen, weil immer mindestens ein Schloss dran ist und die beiden Schlüssel sicher bei Alice und Bob zu Hause liegen.

Beim Diffie-Hellman-Verfahren wird sogar ein Teil des Schlüssels zur Entzifferung der Nachricht offen ausgetauscht – aber niemals der gesamte Schlüssel. Um das Verfahren zu beschreiben, benutzen wir eine Analogie: Der Schlüssel besteht in diesem Fall aus einem Eimer Farbe, der nach einer gewissen Rezeptur aus mehreren Grundfarben zusammengemixt wird.

---

* Diese drei Namen werden in der Kryptografie fast immer für Beispiele verwendet. Alice und Bob stehen für die Kommunikation zwischen A und B, und Eve wurde wahrscheinlich gewählt, weil der Name an *eavesdropping* (Abhören) erinnert.

Sagen wir aus den Farben Rot, Gelb, Blau und Weiß. Das Mischen der Farben ist eine einfache Sache, aber das Entmischen, also die Bestimmung der genauen Zutaten, ist praktisch unmöglich. Es wird also nach einem Prozess gesucht, bei dem Alice und Bob jeweils einen Eimer derselben Farbe haben, Eve dagegen nicht.

Der Prozess beginnt damit, dass beide Beteiligten sich eine »private Farbe« mischen. Alice zum Beispiel ein hübsches Rosa aus Rot und Weiß und Bob ein helles Grün aus viel Gelb und wenig Blau. Diese privaten Farben gelangen während des gesamten Austauschs nie an die Öffentlichkeit, sondern bleiben bei den beiden zu Hause.

Im nächsten Schritt sendet Alice Bob das Rezept für eine »öffentliche Farbe«. Etwa ein leuchtendes Orange, das zu gleichen Teilen aus Rot und Gelb besteht. Sie könnte ihm auch einen Eimer Farbe schicken, aber das Rezept reicht in diesem Fall. Bob kann sich diese Mischung anrühren, aber wenn Eve die Nachricht belauscht hat, kann sie das natürlich auch. Alle haben nun also einen Eimer der öffentlichen Farbe vor sich stehen.

Nun mischen sowohl Alice als auch Bob in einem größeren Behälter eine Farbe an, die aus einem Eimer ihrer privaten Farbe und einem Eimer der öffentlichen Farbe besteht. Alice mischt also Rosa mit Orange, das wird eine Art Lachs. Bob erzeugt aus Orange und Grün einen Braunton.

Diesen Behälter mit der öffentlich-privaten Farbe schicken nun beide an den jeweils anderen. Auch hier muss man damit rechnen, dass Eve die Post abfängt, unbemerkt eine winzige Probe aus jedem Topf nimmt und nun über drei Farbproben verfügt: die öffentliche sowie die beiden öffentlich-privaten von Alice und Bob.

Im letzten Schritt schüttet Alice nun einen Eimer ihrer privaten Farbe in die Mischung, die sie von Bob bekommen hat, und Bob macht am anderen Ende das Gleiche. Und tatsächlich haben nun – wenn wir den Verlust durch Eves Farbenklau vernachlässigen – sowohl Alice als auch Bob einen Behälter mit einer Farbe, die aus je einem Eimer der öffentlichen sowie von Alices und Bobs privater Farbe besteht. Der »Schlüssel« ist also ausgetauscht.

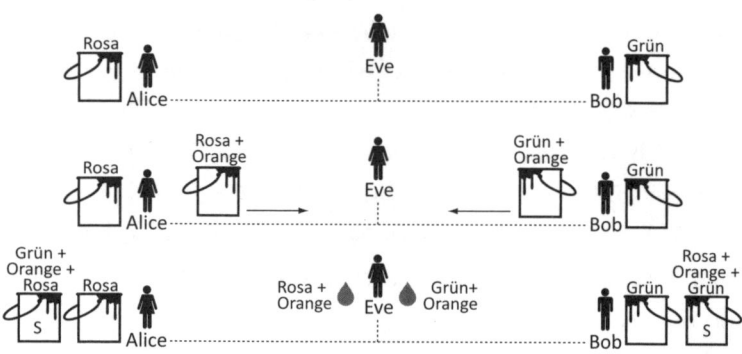

Die Frage ist: Kann Eve diese Schlüssel-Farbe aus ihren drei Farbproben rekonstruieren? Wenn sie die beiden Farbproben mischt, dann enthält diese je einen Teil von Alices und Bobs privaten Farben, aber zwei Teile der öffentlichen Farbe. Und da sie diese öffentliche Farbe zwar kennt, aber nicht »herausmischen« kann, wird sie auch mit noch so viel Mischen niemals den Farbton zustande bekommen, den Alice und Bob nun zur Verfügung haben.

Was die beiden nun mit dieser Farbe anstellen, weiß ich auch nicht. Es war ja auch nur eine Analogie, die zeigen sollte, wie die beiden zu einem Stück Information gelangen, das nur sie besitzen und kein Außenstehender, auch nicht die NSA. In der Realität erfolgt die »Mischung« hier natürlich auf mathematische Art und Weise und ist entsprechend komplizierter. Man braucht dafür einen Prozess, der in der einen Richtung (»Mischen«) einfach ist und in der anderen (»Entmischen«) schwer bis unmöglich.

Es gibt mehrere mathematische Funktionen, die diese Eigenschaft haben. Wenn man zum Beispiel zwei Primzahlen nimmt, etwa 37 und 23, dann ist es ziemlich leicht, das Produkt der beiden zu bilden: $37 \cdot 23 = 851$. Umgekehrt aber ist es sehr schwer, die Primfaktoren einer Zahl wie 851 zu finden, wenn man sie nicht kennt.* Im Prinzip muss man 851 nacheinander durch alle Primzahlen teilen: 2, 3, 5, 7 … so lange, bis eine Division ohne Rest aufgeht. Bei wirklich großen Zahlen ist dieser Prozess selbst für schnelle moderne Rechner nicht in vertretbarer Zeit zu bewältigen.

Das Diffie-Hellman-Verfahren benutzt eine andere Rechnung, die in der einen Richtung leicht, aber in der umgekehrten schwer ist: das diskrete Potenzieren beziehungsweise den diskreten Logarithmus. Um das zu verstehen, muss man sich zunächst einmal mit der »Uhrenarithmetik« beschäftigen.

In dieser Arithmetik rechnet man nicht mit unendlich vielen natürlichen Zahlen, sondern mit endlich vielen, die sich zyklisch wiederholen. Das tun wir täglich, wenn wir auf das Zifferblatt einer Uhr schauen: Die Zahlen gehen nur bis Zwölf, danach beginnen wir von vorn zu zählen. Wenn es zehn Uhr morgens ist und wir eine Verabredung in sechs Stunden haben, dann findet die um vier Uhr nachmittags statt (man könnte auch sagen: um 16 Uhr, aber dann rechnen wir mit der »Basis« 24). Wir betrachten immer nur den Rest, der bei der Division

---

* Ich schreibe »die Primfaktoren«, weil die Zerlegung in Primzahlen immer eindeutig ist. Wenn also 851 das Produkt der beiden Primzahlen 23 und 37 ist, dann enthält die Zahl keine anderen Primfaktoren.

durch zwölf übrig bleibt, und schreiben dafür in Klammern (mod 12), ausgesprochen: »modulo 12«.

Es ist also

$10 + 6 = 4 \pmod{12}$

Entsprechend kann man auch multiplizieren:

$10 \cdot 6 = 60 = 0 \pmod{12}$

Und potenzieren:

$10^6 = 1\,000\,000 = 4 \pmod{12}$

Das Verfahren läuft nun folgendermaßen ab: Statt einer persönlichen Farbe wählen Alice und Bob jeweils eine persönliche Zahl. Sagen wir, Alice wählt $a = 6$ und Bob $b = 11$. Dann schickt Alice statt einer öffentlichen Farbe zwei Zahlen an Bob: Einen »Modulus« p, in dem gerechnet wird, zum Beispiel 7. Und eine »Basis« g, auf der alle Rechnungen aufbauen, etwa 2.*

Als Nächstes berechnen Alice und Bob ihre »privat-öffentlichen« Zahlen A und B nach den folgenden Formeln:

$A = g^a \pmod{p} = 2^6 \bmod 7 = 64 \pmod{7} = 1$
$B = g^b \pmod{p} = 2^{11} \bmod 7 = 2048 \pmod{7} = 4$

Diese Zahlen teilen sie einander per E-Mail mit: Alice schickt die 1 an Bob, Bob die 4 an Alice. Und nun berechnet jeder den Schlüssel, indem er die privat-öffentliche Zahl des anderen mit seiner eigenen privaten Zahl potenziert:

Alice: $S = B^a \pmod{p} = 4^6 \pmod{7} = 4096 \pmod{7} = 1$
Bob: $S = A^b \pmod{p} = 1^{11} \pmod{7} = 1 \pmod{7} = 1$

---

* Tatsächlich wählt man als Modulus eine Primzahl und als Basis eine Zahl, die den entsprechenden Uhren-Zahlenraum erzeugt – das heißt, dass die Folge 1, g, g^2, g^3 … alle Zahlen modulo p durchläuft.

Diese Zahl 1 ist der gemeinsame Schlüssel, über den Alice und Bob nun verfügen. Das sieht ein bisschen wie Zauberei aus, aber letztlich steckt dahinter nur die mathematische Regel, dass es egal ist, ob man die Basis g zuerst mit a potenziert und dann mit b oder umgekehrt – das Ergebnis ist dasselbe.

Und was ist mit Eve, die die ganze Zeit mitgehört hat? Sie kennt die Basis g, den Modulus p und die beiden persönlich-privaten Zahlen. Sie bräuchte aber mindestens eine der privaten Zahlen von Alice und Bob. Um zum Beispiel die von Alice zu errechnen, müsste sie herausfinden, welche Zahl x die folgende Gleichung erfüllt:

$$2^x = 1 (\text{mod } 7)$$

Mathematisch heißt das: Gesucht ist der Logarithmus von 1 zur Basis 2 modulo 7. Und während bei den gewöhnlichen Zahlen so ein Logarithmus relativ leicht zu berechnen ist, zumindest mit Computerhilfe, gibt es zur Ermittlung der Logarithmen in der »Uhrenarithmetik« kein einfaches Verfahren. Natürlich kann man im Falle des Modulus 7 alle Zahlen von 0 bis 6 durchprobieren (es ist egal, ob Alices private Zahl 6, 13, 20 oder größer ist – modulo 7 sind alle diese Zahlen gleich). Aber in der Realität arbeitet man bei der Verschlüsselung mit einem Modulus, der aus Hunderten von Ziffern besteht, und dann wird das Ausprobieren sehr aufwendig. Eve wird es auch mit dem leistungsfähigsten Computer nicht schaffen, die privaten Zahlen und damit auch den Schlüssel S auszuspähen.

Das Diffie-Hellman-Verfahren kommt jedes Mal zum Einsatz, wenn Sie im Internet surfen und in der Adresszeile Ihres Browsers statt des üblichen »http« für Webseiten »https« steht. Etwa wenn Sie in einem Internet-Shop einkaufen – das

Kürzel bedeutet dann, dass Ihr Computer und der Computer des Online-Händlers wie Alice und Bob einen gemeinsamen Schlüssel berechnet haben, den nur sie kennen. Und mit dem ver- und entschlüsseln sie nun die Übermittlung Ihrer Kundendaten – was Sie bestellt haben, aber auch Ihre Adresse und vor allem Ihre Zahlungsdaten, etwa die Kreditkarten- oder Kontonummer. Wer auch immer auf dem Weg dazwischen Ihren Datenaustausch belauscht, sieht nur einen wirren Zeichensalat, den er nicht entziffern kann.

Das gilt aber nur für Lauscher. Wenn die böse Eve außerdem die Fähigkeit hat, die Nachrichten abzufangen, zu verändern und dann weiterzuschicken, könnte sie die Verschlüsselung knacken. Der Einfachheit halber erkläre ich das anhand der Analogie mit den Farbeimern. Zur Erinnerung: Alice und Bob haben jeweils eine persönliche Farbe, Rosa und Hellgrün. Eve wählt selbst eine persönliche Farbe, sagen wir Lila. Sobald Alice die öffentliche Farbe Orange bekannt gegeben hat und die beiden legitimen Teilnehmer der Kommunikation die mit ihrer persönlichen Farbe mischen, tut auch Eve das.

Als Nächstes tauschen Alice und Bob ihre Mischungen miteinander aus. Das heißt, sie denken, sie tun es – aber insgeheim fängt Eve ihre Behälter ab und ersetzt sie jeweils durch einen mit ihrer eigenen Mischung. Zu den beiden abgefangenen Behältern gießt sie jeweils einen Eimer ihrer eigenen Farbe. Sie hat jetzt zwei verschiedene Farbbehälter, also auch zwei Schlüssel – S_1 ist der Schlüssel für die Kommunikation mit Alice, S_2 der für die Kommunikation mit Bob. Sie kann nun jede Nachricht von Alice entschlüsseln, lesen, mit Bobs Schlüssel neu verschlüsseln und weiter an Bob schicken – und umgekehrt. Die beiden merken nichts davon, sie kommunizieren miteinander in der Annahme einer sicheren Verbindung.

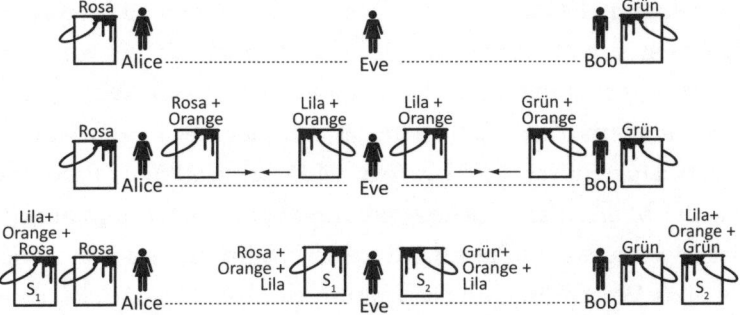

Eve kann die Nachrichten sogar verändern, ohne dass die beiden das merken.

Allerdings nur, wenn sie die absolute Kontrolle über die Kommunikation hat und wirklich jede Nachricht bearbeitet. Sobald auch nur eine verschlüsselte Nachricht von Alice auf direktem Wege zu Bob gelangt, wird der den Schlüssel S_2 auf sie anwenden. Da sie aber mit S_1 verschlüsselt wurde, kommt dabei nur Unleserliches heraus – und Bob weiß, dass die Nachricht kompromittiert wurde. In der Praxis ist eine solche totale Kontrolle nur möglich, wenn Eve sehr nahe an Alice oder Bob sitzt, am besten direkt an der Leitung, die aus ihrem Computer kommt. Denn im realen Internet ist nicht immer klar, welchen Weg die einzelnen »Pakete« nehmen, aus denen eine Nachricht besteht – das Netz ist so konstruiert, dass das sogenannte »Routing« auf vielfältige Weise geschehen kann und jedes dieser Pakete sich seinen eigenen Weg durchs Internet sucht.

Der Diffie-Hellman-Algorithmus hat den Nachteil, dass für jede Kommunikation das gesamte Verfahren von vorn beginnen muss – Wahl des privaten und öffentlichen Schlüssels, Erzeugung des Schlüssels für die Kommunikation. Etwas eleganter geht das beim sogenannten RSA-Algorithmus, der nur ein

Jahr später, 1983, von Ron Rivest, Adi Shamir und Leonard Adleman veröffentlicht wurde (sein Kürzel besteht aus den Anfangsbuchstaben der Nachnamen). Bei diesem Verfahren, das vor allem für E-Mails benutzt wird, legt sich jeder Nutzer einen dauerhaften öffentlichen Schlüssel zu. Wenn Bob eine Nachricht an Alice schicken will, fragt er sie nach ihrem öffentlichen Schlüssel, codiert damit seine Nachricht und schickt sie ihr. Das Verschlüsselungsverfahren ist aber so gestrickt, dass man dazu einen weiteren, privaten Schlüssel braucht, den nur Alice besitzt. Eve kann also mit der Nachricht, die sie abhört, nichts anfangen. Genauer gesagt: Wie beim Diffie-Hellman-Verfahren beruht die Verschlüsselung auf einer Rechnung, die in der einen Richtung leicht und in der anderen schwierig ist. In diesem Fall ist es die oben schon erwähnte Erzeugung einer sehr großen Zahl aus Primfaktoren. Die Multiplikation ist leicht – aber die Zerlegung ist ein in vernünftiger Zeit nicht lösbares Problem.

Die Erfinder des RSA-Algorithmus wurden sehr reich mit ihrer Erfindung – sie verkauften ihre Firma 1996 für 251 Millionen Dollar. Im Jahr 2013 machte die Firma RSA, mit der die Gründer nichts mehr zu tun hatten, dann negative Schlagzeilen: Aus den von Edward Snowden veröffentlichten Papieren ging hervor, dass die Firma Geld von der NSA genommen und dafür eine »Hintertür« in einen ihrer Sicherheitsalgorithmen eingebaut hatte. Konkret ging es um ein Verfahren zur Erzeugung von Zufallszahlen, das weniger zufällig war als angenommen. Es ermöglichte, verschlüsselte Nachrichten relativ schnell zu knacken. Die Firma beteuerte, von dieser Manipulation nichts gewusst zu haben.

Trotz solcher Versuche – Verschlüsselung macht die Kommunikation sicher. Warum wird sie dann nicht von mehr Menschen eingesetzt? Als das Internet entwickelt wurde, war es eine Plattform für Wissenschaftler, die sich darüber austauschten. Datensicherheit und Geheimhaltung waren damals kein Thema. Als das Netz sich dann über die Welt ausgebreitet hatte und zunehmend auch Inhalte darüber transportiert wurden, die vielleicht nicht jeder mitlesen sollte, war es zu spät für den Einbau von allgemeinen Sicherheitselementen. Und alle Verschlüsselungsprogramme, die der Nutzer von sich aus installieren muss, haben sich nicht durchsetzen können – da siegt immer die Bequemlichkeit über die Einsicht, mag man sich noch so über die Überwachung durch die Geheimdienste empören. Es gibt Verschlüsselungsprogramme, digitale Signaturen, die die Authentizität eines Absenders garantieren, es gibt die sichere E-Post der Post – die Menschen aber schicken lieber alles per »Postkarte«, also als unverschlüsselte E-Mail.

Letztlich setzen sich Verschlüsselungsverfahren nur durch, wenn sie hinter den Kulissen eingesetzt werden, etwa im elektronischen Handel. Seit der Veröffentlichung der Snowden-Dokumente sind auch mehr und mehr große Hardware- und Software-Hersteller dazu übergegangen, Verschlüsselung in ihre Geräte und Dienste einzubauen. Etwa Cloud-Speicherdienste, die nicht nur den Datenverkehr selbst, sondern auch die gespeicherten Daten so verschlüsseln, dass sie selbst sie nicht lesen können und im Falle einer Anfrage des FBI nur mit den Schultern zucken könnten. Im Moment toben juristische Auseinandersetzungen zwischen amerikanischen Regierungsorganen und Firmen wie Apple und Microsoft darüber, ob der elektronische Datenverkehr prinzipiell abhörbar sein muss oder nicht. Man stelle sich vor, der Staat würde den Gebrauch von Briefumschlägen verbieten!

Es wird wohl noch eine Weile dauern, bis unsere Zivilisation die Verschlüsselung jeder Kommunikation als etwas ganz Selbstverständliches empfinden wird. Was Edward Snowdens

Interpretation der kosmischen Funkstille angeht: Die SETI-Forscher, die nach intelligenten Signalen aus dem All lauschen, haben seinen Bemerkungen energisch widersprochen: Sie suchen nämlich gar nicht in erster Linie nach Nachrichten, die sie verstehen können, sondern nach Funksprüchen, die sie überhaupt als Nachrichten identifizieren können. Also einer Folge von Signalen auf einem eng begrenzten Frequenzband, die eindeutig nicht natürlichen Ursprungs sind. Was die Nachricht ist, das ist erst in zweiter Linie interessant. Nach ihrer Auffassung können wir überhaupt nur extraterrestrische Signale empfangen, wenn sie ausdrücklich für andere Zivilisationen gedacht und deshalb nicht verschlüsselt sind.

Aber wer weiß – vielleicht sind die uns überlegenen Außerirdischen so weit, dass sie nicht nur ihre Nachrichten verschlüsseln können, sondern überhaupt die Tatsache verbergen, dass sie kommunizieren. Ihr Informationsaustausch verschwände dann, für uns unerkennbar, im kosmischen Hintergrundrauschen. Vielleicht wollen sie wirklich nicht von uns gestört werden.

KAPITEL 9: KOMPRIMIEREN

WIE ALGORITHMEN SPEICHERPLATZ SPAREN

Ein Weissman-Score von 5,2! Was die Firma Pied Piper da im Jahr 2014 auf dem »Disrupt«-Event des Online-Magazins *TechCrunch* vorführte, ließ die Experten im Publikum sprachlos zurück. Der junge Programmierer Richard Hendricks und seine Helfer hatten einen Kompressionsalgorithmus programmiert, der verlustfrei Daten aller Art auf einen Bruchteil ihrer Größe zusammenquetschen konnte. Durch einen radikal neuen Ansatz stellte das Programm alle Konkurrenten in den Schatten, insbesondere einen Algorithmus, den die Firma Hooli am Vortag präsentiert hatte.

Klappe, Ende der ersten Staffel der Fernsehserie *Silicon Valley*. Das Start-up Pied Piper gibt es nicht, Hooli ist eine kaum verbrämte Anspielung an den Giganten Google. Und der Algorithmus ist eine Fiktion der Serienschreiber. Nicht einmal den Weissman-Score gibt es – beziehungsweise es gab ihn noch nicht, bevor die Serie entstand. Die Autoren hatten den Stanford-Professor Tsachy Weissman und seinen Studenten Vinith Misra als Experten angeheuert, um der Serie einen möglichst realistischen Anstrich zu geben und auch die technischen Details plausibel zu machen. Und da musste eine Zahl her, die es ermöglichte, komplexe Algorithmen miteinander zu vergleichen. Inzwischen wird der Weissman-Score sogar in Seminaren gelehrt – er kann tatsächlich als Maß benutzt werden, um neue Algorithmen zur Datenkompression mit herkömmlichen Verfahren zu vergleichen.

Die Serie benennt ein durchaus reales Problem: dass wir immer mehr Daten produzieren. Regelmäßig meldet unser Computer, die Festplatte sei voll. Obwohl sich die Speicherfähigkeit von Chips nach dem mooreschen Gesetz alle zwei Jahre verdoppelt, ist der Platz auf unseren Speichermedien immer knapp, weil unser Speicherbedarf mindestens so schnell wächst. Und die Up- und Downloads übers Internet dauern immer länger, als wir es uns wünschen würden. Jeglicher Fortschritt in der Speicher- und Übertragungstechnik wird von unserem Hunger nach mehr Daten sofort aufgefressen. Das gilt nicht nur für den Heimanwender, sondern insbesondere für die Profis: Unter dem Stichwort »Big Data« werden immer größere Datenmengen umgeschlagen.

Um noch einmal *Silicon Valley* zu zitieren: »Die Datenproduktion explodiert mit all den Selfies und den nutzlosen Dateien in der Cloud, die die Leute nicht löschen wollen«, erklärt dort der Hooli-Chef seinen Mitarbeitern. »92 Prozent der Daten der Welt wurden allein in den vergangenen zwei Jahren produziert. Wenn das so weitergeht, reicht die Speicherkapazität der Welt im nächsten Frühjahr nicht mehr aus.« Der Mann prognostiziert Datenknappheit, Datenrationierung und einen Datenschwarzmarkt. Und die Rettung vor dem »Datageddon« sieht er in neuen Verfahren zur Datenkompression.

Dieser 92-Prozent-Wert kursiert tatsächlich in seriösen Publikationen, beziehungsweise er kursierte dort im Jahr 2013, und wenn er stimmt und der Trend sich fortsetzt, haben wir inzwischen noch einmal zehnmal so viele Daten produziert.

Aber selbst wenn der Faktor kleiner ist und die Vision eines Datenschwarzmarkts eine dramaturgische Übertreibung der Fernsehschreiber – sowohl Speicherplatz als auch Übertragungsbandbreite werden auch in absehbarer Zukunft ein knappes Gut darstellen. Es sind auch in Zukunft Tricks gefragt, die Datenmengen zu reduzieren, die Information zusammenzuquetschen, ohne dass sie dabei Schaden nimmt.

Reden wir zunächst einmal von den Größenordnungen, um die es geht. Computerdaten werden in Bits und Bytes gemessen. Sie liegen in binärem Code vor, bestehen also auf der Maschinenebene nur aus Nullen und Einsen. Ein Bit ist die kleinste Einheit, sozusagen ein »Buchstabe«, der entweder 0 oder 1 sein kann. Das wäre aber ein dürftiges Alphabet, deshalb braucht ein echter Buchstabe acht Bit, auch ein Byte genannt. Mit einem Byte kann man 2^8, also 256 verschiedene Zeichen codieren.

Je nachdem, was gespeichert werden soll, geht es dabei um sehr unterschiedliche Größenordnungen:

Text: Das ist das einzige Medium, bei dem Kompression heute kaum noch interessant ist, jedenfalls für den Laien. Eine Seite Text hat etwa 2000 Buchstaben, also zwei Kilobyte (KB), und der gesamte *Faust* von Goethe hat 800 000 Buchstaben, also 800 KB. Wenn Sie noch Disketten kennengelernt haben, dann war damit eine halbe Diskette voll – auf einen heutigen USB-Stick mit acht Gigabyte Speichervermögen passen 10 000 entsprechende Bücher drauf. Und was die Übertragung angeht: Über eine heute in Deutschlands Privathaushalten übliche Datenleitung mit 16 Megabit pro Sekunde (Mbit/s) rauscht der *Faust* in einer halben Sekunde durchs Netz.

Bilder: Sie kennen den Begriff »Megapixel« – digitale Fotos haben mehrere Millionen Bildpunkte, die auf meinem Handy zum Beispiel acht Millionen. Jeder Bildpunkt hat Informationen zu drei Farbkanälen (rot, grün, blau) mit jeweils 256 Helligkeitsstufen, das sind acht Bit oder ein Byte. Die volle Bildinformation besteht also aus 24 Millionen Byte. Aber statt 24 Megabyte (MB) nimmt das Bild auf der Festplatte viel weniger Platz ein, typischerweise um die zwei MB. Diese Verkleinerung auf weniger als ein Zehntel schafft der sogenannte JPEG-Algorithmus.

Musik: Für die klassische CD wird das Tonsignal 44 100-mal pro Sekunde gemessen, mit 65 536 Lautstärkestufen (16 Bit) auf zwei Kanälen. So fein muss man die Musik zerhacken, damit unser Ohr das als eine gute Klangqualität wahrnimmt. Und vielen audiophilen Menschen ist das noch nicht gut genug. Das macht pro Sekunde 176 400 Byte, ein Drei-Minuten-Song nimmt etwa 32 MB ein. Damit passen immerhin noch 250 Songs auf einen Acht-Gigabyte-Stick. Aber als man vor etwa 15 Jahren begann, Musik auf Computern und tragbaren Geräten zu hören, waren die Dateien noch zu groß – es begann die Blütezeit des in Deutschland erfundenen MP3-Standards, bei dem typischerweise die Dateien auf zehn Prozent ihrer Originalgröße zusammengequetscht werden. Mehr dazu später!

Video: Hier kommen ja Bild und Ton zusammen, und es entstehen wirklich große Datenmengen. Ein HD-Video hat 1920 mal 1080 Bildpunkte. Wenn jeder Bildpunkt seine Farbe mit 24 Bit codiert und 30 Bilder pro Sekunde erzeugt, dann sind das in jeder Sekunde etwa 187 MB. Ein Film von einer Stunde würde 672 Gigabyte einnehmen, das wären über 80 der erwähnten USB-Sticks. Und dabei ist die Tonspur noch gar nicht berücksichtigt. Moderne Kompressionsalgorithmen schaffen es aber, diese Menge mit dem MPEG-Standard auf ein bis zwei GB herunterzukomprimieren – also auf ein Fünfhundertstel. Und trotzdem ist das Bild noch gestochen scharf. Diese Datenmenge kann man auch in Echtzeit übers gewöhnliche Internet transportieren.

Grundsätzlich muss man die Kompressionsverfahren in zwei Gruppen einteilen: verlustfreie und verlustbehaftete Kompression. Verlustfrei bedeutet: Aus einer Datei wird lediglich redundante Information entfernt, beim Dekomprimieren wird die ursprüngliche Datei wiederhergestellt. Man kann das vergleichen mit Orangensaft, dem man in Südamerika Wasser entzieht. Das Konzentrat wird über den Atlantik geschifft, in Europa wieder mit Wasser auf die ursprüngliche Menge gestreckt, und das Resultat ist ein Orangensaft, der die gleiche Zusammensetzung hat wie vorher (auch wenn viele den »Direktsaft« bevorzugen, der nie konzentriert wurde).

Bei einer verlustbehafteten Kompression dagegen entsteht nach dem Entpacken eine Datei, die sich von der ursprünglichen unterscheidet, aber nur so weit, dass man ihr die ursprüngliche Information noch weitgehend entnehmen kann. Das geht bei Texten kaum, weil schon die Veränderung eines Buchstabens den Sinn entstellen kann. Bei Bildern, Tönen und Filmen nehmen wir aber eine verminderte Qualität in Kauf, wenn wir dadurch Speicherplatz sparen können. Um wieder das Orangensaftbeispiel zu bemühen: Vielen reicht auch ein »Fruchtnektar«, der nur zu 50 Prozent aus Orangensaft besteht, der Rest ist Wasser und Zucker.

Die meisten verlustfreien Kompressionsverfahren lassen sich auf Dateien aller Art anwenden – sie schauen sich die Bits und Bytes an und versuchen, ihren Inhalt knapper auszudrücken. Wie geht das?

In Computerdateien sind die Einsen und Nullen nicht zufällig verteilt. Es gibt Wiederholungen und Muster. Denken wir zum Beispiel zurück an die Zeit des Faxens: Eine beschriebene Seite wird dabei optisch abgetastet und in kleine Bildpunkte zerlegt. Normalerweise ist nur ein Bruchteil der Fläche einer Seite mit Schrift bedeckt, vielleicht ein Prozent. Und das bedeutet, dass in der Bilddatei nur ein schwarzes Pixel auf 100 weiße kommt. Wenn ein schwarzer Punkt mit 1 und ein weißer Punkt mit 0 bezeichnet wird, könnte ein beliebiger Ausschnitt aus einer Fax-Datei so aussehen:

00000000000000000000000000000000000000000000
00000000000000000000000000011000000000000000000
0000000100000000000000000000000...

Man könnte einfach die Nullen und Einsen zählen und die Datei so darstellen:

71x0, 2x1, 24x0, 1x1, 22x0 ...

Oder auch, wenn man weiß, dass es mit Nullen beginnt:

71, 2, 24, 1, 22 ...

Die gleiche Information wird also mit erheblich weniger Zeichen ausgedrückt und kann von dem, der sie empfängt, vollständig rekonstruiert werden. Tatsächlich gibt es Kompressionsverfahren, die auf dieser Methode basieren, man nennt das auch »Lauflängencodierung«.

Nicht alle Datenarten haben aber solche langen Ketten von Wiederholungen. Texte zum Beispiel enthalten selten Buchstabenfolgen wie »aaaaaaaaaa«. Aber in ihnen tauchen manche

Buchstaben häufiger auf als andere. Diese Tatsache kann man ausnutzen, um die Dateigröße kräftig zu reduzieren.

Wie schon erwähnt, braucht ein Buchstabe in der sogenannten ASCII-Codierung ein Byte oder acht Bit an Speicherplatz. Mit acht Bit kann man 256 verschiedene Zeichen codieren – aber die meisten Texte kommen mit erheblich weniger unterschiedlichen Zeichen aus. Darauf basiert die sogenannte Huffman-Codierung, die der Amerikaner David A. Huffman 1951 entwickelt hat. Er war Student am renommierten MIT im amerikanischen Cambridge und bekam von seinem Professor die Semesteraufgabe, einen möglichst effektiven Binärcode zu finden. Und er ersann eine Methode, die platzsparender war als alles, was es bis dahin gegeben hatte.

Huffmans Code ordnet den Buchstaben neue, kürzere Bit-Ketten zu – und dabei den häufigen Buchstaben besonders kurze.

Nehmen wir als Beispiel einen kurzen Text:

GOOGLE IST DAS DATAGEDDON.

Er besteht aus 25 Zeichen (die Leerzeichen zählen mit!). Zehn unterschiedliche Zeichen kommen in unterschiedlichen Häufigkeiten vor. Diese Häufigkeiten bestimmt das Huffman-Verfahren als Erstes:

I, L, N: einmal

E, S, T: zweimal

A, G, O, Leerzeichen (␣): dreimal

D: viermal

Um den Code zu erzeugen, zeichnen wir als Erstes einen Baum. Das ist im mathematischen Sinne wieder einmal ein Graph, also eine Verbindung von Knoten und Kanten. Ein Baum ist ein Graph, in dem es keine geschlossenen Wege gibt. Ausgehend von einem Ursprung, verzweigt sich dieser Baum immer weiter, am Ende der Zweige sitzen die »Blätter«, von denen keine weiteren Zweige ausgehen. Die Blätter im Huff-man-Baum sind genau die unterschiedlichen Buchstaben, die im Text vorkommen.

Der Baum wird tatsächlich nicht vom Stamm aus konstru-iert, sondern von den Blättern aus. Genauer gesagt, wir neh-men uns immer die beiden Buchstaben oder Knoten mit den geringsten Zahlen und zeichnen einen neuen Knoten, von dem sie ausgehen. In diesem Fall sind es zwei der nur einmal vorkommenden Buchstaben, zum Beispiel N und I:

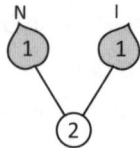

Der neue Knoten bekommt auch einen Wert zugewiesen, und zwar die Summe der beiden Blätter.

Wir suchen nun wieder die beiden Blätter beziehungsweise Knoten mit dem geringsten Wert – das L und einer der Buch-staben, die zweimal vorkommen, also zum Beispiel das E.

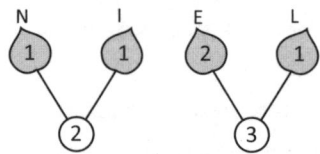

Es bleiben noch zwei Blätter mit dem Wert 2 übrig, S und T. Außerdem gibt es den gerade erzeugten Knoten mit dem

Wert 2. Der bekommt als Partner einen dreimal vorkommenden Buchstaben, etwa das G. Man hätte auch einen anderen wählen können – der Huffman-Baum ist nicht eindeutig!

Stück für Stück wird der Baum zusammengesetzt. Immer die beiden kleinsten Knoten oder Blätter werden verbunden, bei gleichen Werten hat man die freie Wahl. Das macht man so lange, bis alles zu einem Knotenpunkt zusammenläuft, dem »Stamm«, aus dem der ganze Baum herauswächst.

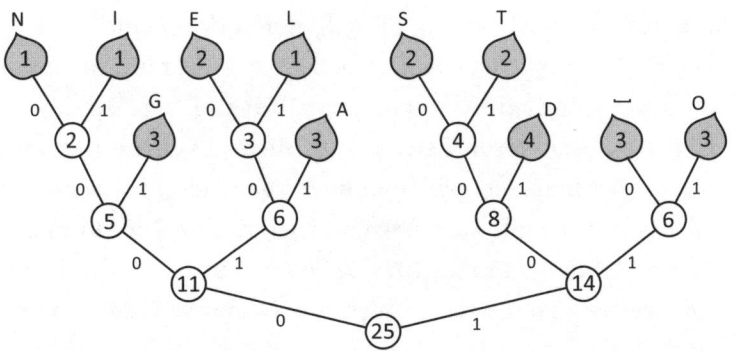

Ein Code wird aus diesem Baum, indem man vom Stamm ausgeht und jeweils den Ast, der nach links abzweigt, mit einer 0 markiert und den, der nach rechts geht, mit einer 1. Man könnte es auch umgekehrt halten, aber man muss konsistent bleiben. Der Code für jedes Blatt, also für jeden Buchstaben, ergibt sich, indem man vom Stamm aus zu ihm hinläuft und die Ziffern notiert. Der Code für den Buchstaben A ist zum Beispiel 011. Hier ist die komplette Codetabelle:

A: 011   L: 0101
D: 101   N: 0000

E: 0100   O: 111

G: 001   S: 1000

I: 0001   T: 1001

Leerzeichen: 110

Der Baum hat einige besondere Eigenschaften:

- Die Zahl, die am Stamm steht, ist genau die Anzahl der Zeichen des Textes.
- Buchstaben, die häufiger vorkommen, haben einen kürzeren Code als Buchstaben, die seltener vorkommen.
- Der Code ist »präfixfrei«. Das bedeutet: Es kommt nicht vor, dass der Code eines Zeichens gleichzeitig der Anfang des Codes eines anderen Zeichens ist. Jeder Buchstabe steht ja auf einem Blatt, es geht von dort kein weiterer Zweig aus. Dieses Prinzip gilt zum Beispiel auch für Telefonnummern: Wenn 112 die Nummer für die Feuerwehr ist, dann darf es im Ortsnetz zum Beispiel nicht die Nummer 11247 geben – nach den ersten drei Ziffern wird man schon mit der Feuerwehr verbunden. In unserem Huffman-Code ist nach den Ziffern 011 schon klar, dass es sich um ein A handelt – es gibt keinen Code mit vier oder mehr Stellen, der mit 011 beginnt. Man muss deshalb die Zeichen nicht voneinander abtrennen, die Zerlegung des Bitstroms in einzelne Zeichen ist immer eindeutig.

Der Code für unseren Satz GOOGLE IST DAS DATAGEDDON ergibt sich nun ganz einfach, indem man die Codes aller Buchstaben ohne Lücke hintereinanderschreibt:

00111111001010101001100001100010011101010111000110

1010111001011001010010110111110000

Das sind insgesamt 83 Bit. Vorher bestand der Satz aus

25 Zeichen à acht Bit, also 200 Bit. Der Huffman-Code hat die Datenmenge also auf 41,5 Prozent des ursprünglichen Werts reduziert!

Ganz so einfach ist die Sache allerdings nicht. Wenn jemand diesen Code wieder in lesbaren Text umwandeln will, dann braucht er die Codetabelle, fast wie bei einer Geheimschrift. Diese Liste nimmt natürlich auch Speicherplatz ein – im Falle des kurzen Textes sind das dann nachher insgesamt mehr Zeichen als vorher, die »Kompression« war also gar keine. Das Verfahren ist erst dann platzsparend, wenn die Texte länger sind – die Codetabelle wächst ja nicht im gleichen Maße mit, sondern umfasst immer nur die verwendeten Zeichen und ihren Code.

Ein weiterer Nachteil des Huffman-Codes: Damit die Tabelle erstellt werden kann, müssen zunächst einmal alle Zeichen des Textes durchgezählt werden. Das kann bei großen Textmengen viel Zeit in Anspruch nehmen.

Es gibt aber auch Verfahren, die nicht erst den ganzen Text durchkämmen, sondern gleich vorne anfangen zu codieren, der Code ändert sich dynamisch, wenn sich die Häufigkeit der Buchstaben verändert. Solche Codes sind dann auch lesbar, wenn man dieses dynamische Codierungsverfahren umkehrt, man braucht keine explizite Tabelle. Ein Beispiel ist die sogenannte LZW-Komprimierung.

Die Frage ist: Wie stark kann man Dateien verlustfrei komprimieren? Steckt in jeder Kombination von Nullen und Einsen noch genügend »Luft«, die man herauslassen kann? Bei einem vorgegebenen Kompressionsalgorithmus sicherlich nicht: Wenn die Datei jedes Mal kürzer würde, bräuchte man ja nur denselben Algorithmus immer wieder anzuwenden – schließlich hätte man nur noch ein Bit, in dem die gesamte Information steckte. Das ist offensichtlich Unsinn. Durch die

Kombination unterschiedlicher Algorithmen kann man noch ein wenig herauskitzeln. Aber irgendwann ist Schluss. Aus der durchaus komplexen Komplexitätstheorie kann man ableiten, dass eine Datei, die aus einer rein zufälligen Kombination von Zeichen besteht, sich nicht komprimieren lässt.

Will man die Daten noch kleiner machen, dann muss man Verluste in Kauf nehmen. Und um zu beurteilen, was man weglassen darf, muss man wissen, um was für eine Datei es sich handelt. Eine Textdatei mag ein Mensch zusammenfassen können, aber für Algorithmen ist es schwer, zu entscheiden, welche Buchstaben und Wörter überflüssig sind. Deshalb werden für Texte nur verlustfreie Kompressionsalgorithmen eingesetzt.

Bilder und Töne aber bieten Raum zur Vereinfachung. Die Frage ist, wie viel Qualitätsverlust nehme ich in Kauf? Am einfachsten ist es, die Auflösung zu reduzieren. Nehmen wir an, ein Bild hat 2000 mal 2000 Bildpunkte mit jeweils acht Bit, macht vier Megabyte. Vergröbert man das Bild, sodass es nur noch über 1000 mal 1000 Bildpunkte verfügt, dann beträgt die Dateigröße nur noch ein Viertel, also ein Megabyte. Das Bild bleibt erkennbar, allerdings sind vielleicht feine Details nicht mehr so gut zu sehen. Man kann es nachher wieder auf die ursprüngliche Größe »aufblasen«, allerdings gewinnt man damit die verlorenen Details nicht mehr zurück – die Pixel werden einfach nur gröber.

Tatsächliche Algorithmen zur Kompression von Fotos gehen erheblich subtiler vor. Sie behalten die Auflösung bei, aber nutzen andere Redundanzen aus, um überflüssige Daten loszuwerden. Zum Beispiel kann das Auge manche feinen Unterschiede von Farbschattierungen nicht wahrnehmen. Wenn man die vernachlässigt, lässt sich die Größe einer Datei reduzieren. Speichert man solche komprimierten Fotos ab, kann man meistens den Qualitätsfaktor wählen – stark komprimierte Dateien mögen klein sein, aber wenn man genau hinschaut, sieht man sogenannte »Artefakte«, kleine Strukturen, die dort nicht hingehören. In einer JPEG-Datei mit hoher Qualität aber kann ein Bild um den Faktor 10 komprimiert werden, ohne dass es dem Betrachter auffällt.

Kurz nach der Jahrtausendwende erlangte ein Kompressionsverfahren für Audiodateien eine eher unrühmliche Popularität: Das Kürzel MP3 wurde zum Synonym für raubkopierte Songs, die im Internet getauscht wurden. Eine Minute einer CD-Aufnahme nimmt ziemlich genau zehn Megabyte ein, ein Drei-Minuten-Song etwa 30 Megabyte – das war damals eine Riesendatei, deren Übertragung lange dauerte. Wer 10 000 Songs auf seiner Festplatte speichern wollte, der hätte dafür 300 Gigabyte Platz gebraucht, doppelt so viel, wie eine gute handelsübliche Festplatte bereithielt. Komprimieren war angesagt, und die Musikpiraten nutzten eine Technik, die ein junger Forscher namens Karlheinz Brandenburg in seiner Dissertation an der Universität Erlangen-Nürnberg im Jahr 1989 entworfen hatte. Am Fraunhofer-Institut für Integrierte Schaltungen wurde das Verfahren weiterentwickelt, das schließlich den Namen MP3 erhielt und patentiert wurde. Noch immer ist MP3 der meistgebrauchte Standard zur Audiokompression – auch wenn viele argumentieren, dass seine Zeit langsam vorbei ist.

Die Grundlage für MP3, aber auch andere Kompressionsverfahren, ist die sogenannte Psychoakustik. Die beschäftigt sich damit, welche Töne der Hörapparat des Menschen registrieren kann und was davon im Gehirn wirklich wahrgenommen wird. Vielleicht haben Sie schon einmal gehört, dass wir nur Töne wahrnehmen können, deren Frequenz zwischen 20 Hertz, also 20 Schwingungen pro Sekunde, und 20 Kilohertz (20 000

Hertz) liegt. Aber unser Hörvermögen setzt nicht plötzlich bei 20 Hertz ein und bei 20 Kilohertz aus. Vielmehr ist unsere Hörschwelle für die Töne am Rand des Spektrums höher als in der Mitte. Das heißt, je höher ein Ton wird, umso lauter muss er sein, damit wir ihn hören können, das Gleiche gilt für tiefe Töne. Es gibt also nicht einfach nur zwei Grenzfrequenzen für unser Hörvermögen, sondern eine kontinuierliche Hörschwellenkurve.

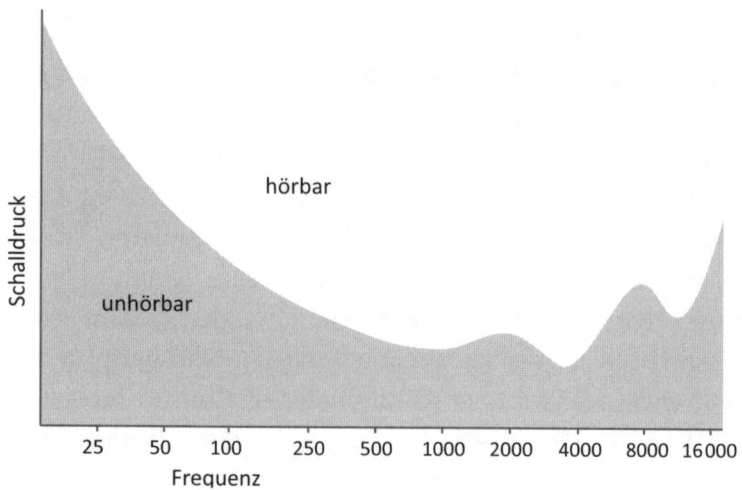

Der Grund dafür ist, dass unser Gehör spezialisiert ist auf die Frequenzen, die unser eigener Sprech- und Singapparat produziert.

Schallsignale, die im unhörbaren Bereich liegen, bilden also das erste Einsparpotenzial – man kann sie einfach weglassen. Dann gibt es aber noch das Phänomen der sogenannten Maskierung: Wenn ein lauter Ton mit einer gewissen Frequenz erklingt, dann sind leisere Töne, die sich in seiner unmittelbaren Nachbarschaft befinden, für uns nicht wahrnehmbar, sie werden regelrecht erschlagen. Erst Töne, die ein ganzes Stück höher oder tiefer sind, können wir wieder hören. Jeder Ton trägt also einen glockenförmigen Bereich mit sich herum, den er dominiert. Was immer in diesem Bereich in der Tonaufzeichnung vorhanden ist, kann man ebenfalls ignorieren, so die Theorie.

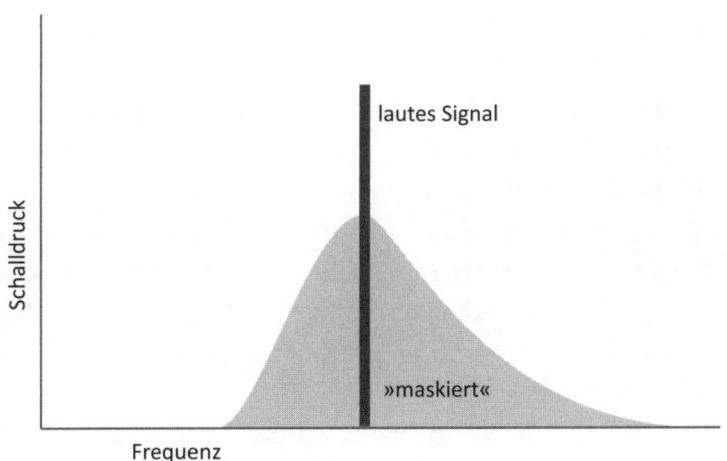

Wie bei der Bildkompression, so kann man auch bei Tondateien vor dem Abspeichern immer festlegen, welche Qualität die Kompression haben soll. Je mehr Daten man spart, umso schlechter wird die Tonqualität. Gemessen wird die Qualität in Kilobit pro Sekunde, und als Faustregel gilt, dass eine MP3-Datei ab 128 kbit/s eine annehmbare Qualität hat.

Das sehen allerdings nicht alle so. Unter Hi-Fi-Enthusiasten wird viel über MP3 gemeckert. Viele schwören Stein und Bein, auch Dateien mit hohen Bitraten vom Original unterscheiden zu können. Es wird sogar argumentiert, dass selbst dann, wenn der Hörer den Unterschied subjektiv nicht bemerkt, das Gehirn mehr arbeiten müsse, um die fehlenden Tonsignale zu ergänzen. Wirklich handfeste wissenschaftliche Untersuchungen mit hochwertigen MP3-Dateien gibt es dazu nicht, und es ist ja auch bekannt, dass die High-End-Audiofanatiker an allerlei seltsame Dinge glauben (etwa ihre Kabel ins Eisfach zu legen, damit sie besser klingen).* Trotzdem könnte es sein, dass die MP3-Ära langsam zu Ende geht. Das hat gleich mehrere Gründe:

- Es gibt inzwischen Kompressionsverfahren, die MP3 qualitativ überlegen sind, etwa das AAC-Format, das vor allem in Apples iTunes-Store verwendet wird.
- Man kann mit speziellen Algorithmen Musik auch verlustfrei komprimieren. Der offene FLAC-Standard zum Beispiel verkleinert eine Audiodatei auf die Hälfte ihrer Größe, ohne dass Information verloren geht, und kann auch zum Streamen verwendet werden.
- Und schließlich hat die Entwicklung der Speichertechnik dazu geführt, dass die Größe von Audiodateien heute eigentlich kein Problem mehr darstellt. Eine mittelgroße Musiksammlung passt heute auch unkomprimiert auf übliche Computerfestplatten – außerdem geht der Trend zum Streaming, bei dem man seine Musik überhaupt nicht mehr lokal vorhält, sondern aus der Cloud heraus abspielt.

---

* Erschwerend kommt eine Begriffsverwirrung hinzu: Wenn Tontechniker von »Kompression« reden, meinen sie meistens ein anderes Verfahren, bei dem die Unterschiede zwischen leisen und lauten Stellen der Musik eingeebnet werden, um die subjektive Lautstärke der Songs anzuheben. Das führt in der Popmusik zu sehr kraftvoll klingenden, aber oft seelenlosen Stücken.

Es könnte also gut sein, dass der Ausdruck »MP3-Player« in ein paar Jahren so antiquiert klingt wie heute der »Walkman«. Die Datenkompression wird weiterhin eine wichtige Technik sein, aber sie wird vor allem für die wirklich großen Datenmengen eine Rolle spielen.

KAPITEL 10: LIEBEN
ROMANTIK IN ZEITEN DES ONLINE-DATINGS

Ich habe es auch getan. Anfang des Jahrtausends, so um 2001 herum, habe ich mich bei einer Singlebörse eingeschrieben und mich auf Partnersuche begeben. Das Ergebnis waren einige Dates, prickelnde und langweilige, eine Partnerschaft, die nicht sehr lange hielt, und eine sehr dauerhafte Freundschaft. Wenn ich damals mit meiner Internetbekanntschaft auf Partys war und jemand fragte, woher wir uns kennen, haben wir meist ein bisschen rumgedruckst – damals hatte das Wort Online-Dating noch einen frivolen Beigeschmack, die Kuppelbörsen im Netz wurden fast auf eine Ebene mit Swingerklubs gestellt. Heute dagegen ist die Online-Partnervermittlung ein großer Wirtschaftsfaktor, in den USA setzt die Branche vier Milliarden Dollar pro Jahr um, und laut der Nationalen Akademie der Wissenschaften der USA wird eine von sechs Ehen durch diese Börsen gestiftet. In Deutschland haben nach Angaben des IT-Verbands Bitkom neun Millionen Menschen schon einmal die Dienste einer Partnerbörse in Anspruch genommen, zu jedem Zeitpunkt waren es vier Millionen.

In der Ausbildungs- und Studienzeit bewegen sich junge Menschen 16 Stunden pro Tag auf einem offenen Partnerschaftsmarkt – sie sind vorwiegend mit Altersgenossen zusammen, es gibt eine große Auswahl von potenziellen Partnern und eigentlich kaum Bedarf für Nachhilfe bei der Vermittlung. Man betrachte dagegen die Situation einer 40-jährigen alleinerziehenden Mutter, die Abend für Abend zu Hause sitzt und die Kinder hütet. Für sie und viele andere Erwachsene, die nur noch auf Partys oder in der Bar darauf hoffen können, mögliche Partner kennenzulernen, ist das Internet ein Segen. Die Knappheit verwandelt sich mit einem Schlag in Überfluss. Was übrigens auch nicht immer gut ist. Wie zu viel Auswahl den Kaufanreiz auch senken kann, eine Erkenntnis der Warenpsychologie, so kann in Beziehungsfragen die Qual der Wahl dazu führen, dass man nach jedem Date denkt: Das war ja ganz nett, aber bestimmt gibt es da draußen noch etwas Besseres.

Es existieren Dienste in allen möglichen Geschmacksrichtungen: kostenlos oder kostenpflichtig, spezialisiert auf Hetero- und Homosexuelle, auf Alte und Junge. Manche versprechen den unverbindlichen Sex, andere den Bund fürs Leben. Bei manchen blättert man nur selbst durch die Kandidatinnen und Kandidaten, am einfachsten bei Tinder – jenem Dienst, der einem Bilder anderer Mitglieder zeigt, die man auf dem Smartphone per Fingerwisch nach links (negativ) oder rechts (positiv) bewertet (Frauen wischen bei 84 Prozent der Männer nach links, Männer nur bei 54 Prozent der Frauen). Je größer die Börsen werden, umso größer ist aber auch der Pool der möglichen Partner, selbst wenn man sie schon nach Wohnort, Alter, Größe und Bildungsstand gefiltert hat. Dann muss ein Algorithmus her, der die Zahl der vorgeschlagenen Kandidatinnen oder Kandidaten reduziert. Und natürlich behaupten insbesondere die sich seriös gebenden Partnervermittlungen: Unser Algorithmus findet die potenziellen Partner, mit denen die Aussicht auf eine langfristige Liebesbeziehung am größten ist!

Kann es einen solchen Algorithmus geben? Wie geht er vor? Die Aufgabe besteht ja darin, zwei Menschen, die einander noch nie begegnet sind, auf ihre Kompatibilität hin zu überprüfen. Und wenn es nicht nur um äußere Merkmale geht, braucht man Daten über die Persönlichkeit. Die bekommen die Partnervermittler über Fragebögen – entweder aus ihrem eigenen Haus, dann tragen sie meist den Stempel eines Psychologen, der bescheinigt, dass der Fragenkatalog auf den neuesten Erkenntnissen der Partnerschaftsforschung beruhe und die Persönlichkeit in 29 Dimensionen (das behauptet etwa der Dienst eHarmony) auslotet. Bei anderen Sites, etwa der kostenlosen amerikanischen Website OkCupid, können alle Nutzer Fragen generieren. Aus einem Pool von Tausenden Fragen kann sich dann jeder aussuchen, welche er beantwortet.

Nehmen wir an, nun hat jedes Mitglied der Partnerbörse einen solchen Fragenkatalog beantwortet. Darin sind Fragen über grundsätzliche Einstellungen zum Leben enthalten, über den persönlichen Geschmack bei Filmen und Büchern und auch Fragen, deren Beantwortung Rückschlüsse auf die Persönlichkeit zulässt. Jedes Mitglied hat also ein Profil, das sich im Computer darstellen lässt. Wie findet man dazu den passenden Partner? Auf den ersten Blick ähnelt das dem Problem der Empfehlungssysteme (siehe Kapitel 4): Finde jemanden, der dem allgemeinen Suchmuster entspricht (also das gewünschte Alter, Geschlecht, Gewicht und so weiter hat) und dessen Antwortprofil dem des Suchenden möglichst »nahe« ist (im Sinne der Metriken, die ich in Kapitel 4 beschrieben habe).

Aber halt, da haben wir schon eine unausgesprochene Annahme gemacht: nämlich jene, die dem Sprichwort »Gleich und Gleich gesellt sich gern« zugrunde liegt. Weintrinker können am besten mit Weintrinkern, Heavy-Metal-Fans mit Heavy-Metal-Fans und Partylöwen mit Partylöwinnen. Aber das ist laut der psychologischen Forschung nicht unbedingt richtig. In reinen Geschmacksfragen mag es noch plausibel sein, dass eine große Übereinstimmung zu einer harmonischen Beziehung führt. Sobald es aber um Charaktermerkmale geht, ist weder »Gleich und Gleich« ein gutes Beziehungskriterium noch das Gegenteil, also der Spruch »Gegensätze ziehen sich an«. Zwei depressive Menschen sind nicht unbedingt ein gutes Paar, aber auch für die Vorstellung, dass ein extravertierter Mensch sich am besten mit einem stillen, introvertierten zusammentun sollte, gibt es keine wissenschaftlichen Belege.

Der Dienst OkCupid führt auf seiner Website ein Datenblog, in dem recht freimütig die Prinzipien und Algorithmen erläutert werden, mit denen das »Matching« auf der Seite funktioniert – die meisten anderen Dienste hüllen sich in dieser Frage lieber in Schweigen. Hier also der Matching-Algorithmus von OkCupid in seiner einfachen Urform.

Der Algorithmus geht weder vom »Gleich und Gleich«-Prinzip aus noch von den sich anziehenden Gegensätzen. Er lässt einfach jeden, dem er eine Persönlichkeitsfrage vorlegt, drei Fragen beantworten: Was trifft auf dich zu? Was sollte auf deinen Partner zutreffen? Und wie wichtig ist dir diese Frage überhaupt? So kann sich jeder aussuchen, ob er lieber einen Gleichgesinnten haben will oder auch das Gegenteil zumindest toleriert. Und man kann sagen, welche Fragen man wirklich entscheidend findet für eine Beziehung und welche einem eigentlich egal sind. Aufgrund der Antworten bestimmt der Algorithmus einen »Matching-Prozentsatz« zwischen 0 und 100.

Ein Beispiel: Svenja ist auf der Suche nach einem Partner. Sie hat im Online-Fragebogen drei Fragen beantwortet:

Frage 1: Möchtest du einmal Kinder haben? (Mögliche Antworten: ja/nein/weiß nicht)

Frage 2: Glaubst du an Gott? (ja/nein/unsicher)

Frage 3: Hast du schon einmal deinen Partner betrogen? (ja/nein)

Frage 4: Bist du ein ordentlicher Mensch? (sehr ordentlich/normal/unordentlich)

Svenja möchte später unbedingt einmal Kinder haben. Religion spielt in ihrem Leben keine große Rolle, und sie ist, was Ordnung angeht, nicht übermäßig penibel. Hier ist ihr Profil:

Svenja	Deine Antwort	Gewünschte Antwort des Partners	Wie wichtig ist dir die Frage?
Frage 1	ja	ja	250
Frage 2	unsicher	egal	1
Frage 3	nein	nein	10
Frage 4	normal	sehr ordentlich oder normal	10

Für den Grad der Wichtigkeit gibt es vier Stufen. Die werden unterschiedlich stark bewertet:

»Ist für mich irrelevant« – 0 Punkte

»Hat eine gewisse Bedeutung« – 1 Punkt

»Ist wichtig« – 10 Punkte

»Ist äußerst wichtig« – 250 Punkte

Mit der Wichtigkeit nimmt also die Punktzahl nicht linear zu, sondern exponentiell. So wird die höchste Stufe zu einer

Art »Killerkriterium« – wer die Bedingung nicht erfüllt, hat praktisch keine Chance.

Der Algorithmus vergleicht nun für alle Männer, die grundsätzlich in Svenjas »Beuteschema« passen, die Antworten auf die Fragen, zu denen sich beide geäußert haben, und bildet daraus den Matching-Prozentsatz. Schauen wir uns zwei der jungen Männer an:

Marc ist ein Ordnungsfanatiker – mit Messis möchte er nichts zu tun haben. Außerdem hat auch er einen grundsätzlichen Kinderwunsch, Religion spielt in seinem Leben keine Rolle.

Marc	Deine Antwort	Gewünschte Antwort des Partners	Wie wichtig ist dir die Frage?
Frage 1	ja	ja oder weiß nicht	10
Frage 2	nein	egal	0
Frage 3	ja	egal	1
Frage 4	sehr ordentlich	sehr ordentlich oder normal	250

Torsten dagegen ist ein gläubiger Mensch, und Treue ist ihm äußerst wichtig. Dafür nimmt er es mit der Ordnung nicht so genau. Er findet, dass man in diese schlechte Welt keine Kinder setzen sollte.

Torsten	Deine Antwort	Gewünschte Antwort des Partners	Wie wichtig ist dir die Frage?
Frage 1	nein	nein oder weiß nicht	10
Frage 2	ja	ja oder unsicher	10
Frage 3	nein	nein	250
Frage 4	unordentlich	egal	0

Jetzt schauen wir zunächst, wie gut die beiden Männer Svenjas Anforderungen genügen. Wenn sie auf eine Frage so antworten, wie Svenja es sich wünscht, bekommen sie Punkte entsprechend der Wichtigkeit, die Svenja angegeben hat. Bei den vier Fragen können sie bis zu 271 Punkte sammeln. Marcs Antworten passen bei Frage 1, 2 und 4, macht 261 von 271 Punkten oder 96,3 Prozent. Torsten dagegen antwortet nur bei Frage 2 und 3 entsprechend Svenjas Erwartungen – er bekommt nur elf Punkte von 271 möglichen, das sind vier Prozent. Letztlich ist es sein fehlender Kinderwunsch, der ihn aus dem Rennen wirft.

Aber bis jetzt haben wir ja nur geschaut, wie gut die Männer Svenjas Erwartungen erfüllen. Wie sieht es umgekehrt aus? Passt sie zu deren Anforderungsprofilen?

Bei Marc kann eine potenzielle Partnerin bis zu 261 Punkte sammeln. Svenja beantwortet jede Frage in seinem Sinne und bekommt die volle Punktzahl, 100 Prozent. Bei Torsten ist es wieder ihr Kinderwunsch, an dem sich die Geister scheiden, aber Torsten nimmt diese Frage nicht so wichtig – Svenja bekommt immer noch 260 von 270 möglichen Punkten, das sind 96,2 Prozent. Man sieht also: Es kann durchaus passieren, dass A ins Schema von B passt, aber B nicht ins Schema von A. Ein bekanntes Phänomen in den Partnerbörsen: Männer sind meist längst nicht so wählerisch wie Frauen.

Man könnte nun für den Matching-Prozentsatz den Mittelwert zwischen den beiden Prozentzahlen nehmen, in der Realität wählt OkCupid aber das sogenannte geometrische Mittel, die Wurzel aus dem Produkt der beiden Zahlen. Für die Paarung Svenja und Marc ergibt sich ein Spitzenwert von 98,1 Prozent. Der Wert zwischen Svenja und Torsten beträgt nur 19,8 Prozent. Svenja möchte nun mal Kinder haben, und da hätte ihn selbst die Antwort »weiß nicht« nicht weitergebracht.

OkCupid gehört nicht zu den Partnerschaftsseiten, die ihren Mitgliedern die ewige Liebe versprechen. Man kann den Matching-Wert eher als einen notwendigen Filter ansehen, der die riesige Zahl der möglichen Partner auf irgendeine Art reduziert. An die wirkliche Prognosekraft ihrer Zahlen glauben wohl auch die Macher von OkCupid nicht wirklich. In einer Untersuchung mit 35 000 Paaren, deren Partnerschaft durch die Website gestiftet wurde, kam heraus: Die Frage, die am meisten mit einer dauerhaften Beziehung korrelierte, war: »Magst du Horrorfilme?«

Man kann aus vielen Gründen daran zweifeln, dass solche Matching-Werte, die nur auf der Selbstauskunft der Betroffenen basieren, wirklich realistisch beziffern, wie gut die Menschen zueinanderpassen. Ein Grund ist, dass Menschen nicht sehr gut selbst beurteilen können, welche anderen Menschen sie attraktiv finden, und auch ihre angeblichen Prioritäten entsprechen nicht unbedingt den tatsächlichen bei der Partnerwahl. Ein Mann mag angeben, dass er auf Blondinen mit Hochschulabschluss und linksliberalen Ansichten steht – in Wahrheit aber klickt er ständig rassige, eher konservative brünette Hauptschulabsolventinnen an. Auf vielen Websites wird dieses Verhalten beobachtet und irgendwann bei den Vorschlägen potenzieller Partnerinnen berücksichtigt.

Ein anderes Problem ist die Balance von Angebot und Nachfrage. Wenn im wirklichen Leben etwa auf einer Party eine attraktive Frau von zehn Männern umringt ist, dann wird sich ein Neuankömmling schon aus Platzgründen eher den Mauerblümchen zuwenden. Im Netz dagegen sieht man nicht, dass sich schon erheblich attraktivere Geschlechtsgenossen an eine Kandidatin herangemacht haben – jeder Mann kann sich wie Casanova fühlen und seine Traumfrauen anbaggern. Und während für Frauen der ideale Partner mit ihrem eigenen Alter auch immer älter wird, stehen Männer jeden Alters auf 20-Jährige. Das jedenfalls berichtet Christian Rudder von OkCupid in seinem Buch übers Online-Dating mit dem Titel *Inside Big Data. Unsere Daten zeigen, wer wir wirklich sind.* Er ließ Mitglieder seiner Website die Attraktivität von Personen des anderen Geschlechts beurteilen, und das kam dabei heraus:

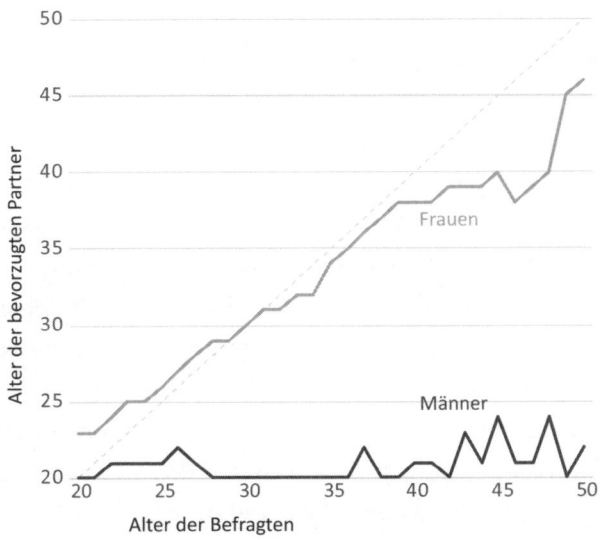

In jeder Partnerbörse ist es so, dass ein kleiner Teil von sehr attraktiven Mitgliedern mit Abstand die meisten Anfragen von anderen bekommt. Schon deshalb müssen die Betreiber an den Knöpfen ihres Matching-Algorithmus drehen, um auch die durchschnittlicheren Typen ein paar Plätze nach oben zu befördern. So werden eher Menschen mit gleichem Attraktivitätslevel einander zugeordnet, was zu realistischeren Dates führen kann.

Das alles ist prima, solange der Matching-Algorithmus nur Vorschläge macht, mit wem man einen netten Abend mit interessanten Gesprächen und vielleicht mehr verbringen kann. Das Schlimmste, was dabei passieren kann – das kann ich aus Erfahrung bestätigen –, ist, dass ein Kandidat oder eine Kandidatin, der oder die auf dem Papier überzeugt hat, den Raum betritt, und noch bevor die Person sich hingesetzt hat, weiß man, dass das nun überhaupt nicht passt. Dazu muss das Online-Profil noch nicht einmal mit Lügen gespickt und mit einem veralteten Foto versehen sein. Es gibt einfach eine »Chemie« zwischen Menschen, die kein noch so ausgiebiger E-Mail-Verkehr voraussehen kann. Ein guter Schreibstil ist eben nur ein Zeichen für – einen guten Schreibstil.

Umso abwegiger ist die Behauptung der sich seriös gebenden Partnerschafts-Websites, sie könnten voraussagen, ob zwei Menschen, die einander noch nie begegnet sind, zusammen eine lange und befriedigende Partnerschaft leben können. Das wäre sozusagen der Heilige Gral der Partnerschaftsforschung, die schon viel älter ist als das Internet.

Der Psychologe Eli Finkel hat 2012 einen viel beachteten Artikel veröffentlicht, in dem er diese Behauptungen an den Ergebnissen von 80 Jahren psychologischer Forschung misst. Er kommt zu dem Ergebnis, dass die meisten Agenturen den Mund zu voll nehmen. Das liege nicht daran, ob die Algorithmen gut oder schlecht seien, sondern an ihrer prinzipiellen Beschränkung. Die Algorithmen gehen davon aus, dass persönliche Eigenschaften der Partner, egal ob objektiv gemessen oder von ihnen selbst eingeschätzt, über das Gelingen einer Beziehung entscheiden. Dieses persönliche »Matching« ist aber, sagt Finkel, nur einer von drei Faktoren, die eine gute Partnerschaft ausmachen, und nicht einmal der wichtigste. Gleich und Gleich mag sich gern gesellen – ob Gleich und Gleich aber zusammenbleibt, ist eine ganz andere Frage. Viel wichtiger als persönliche Vorlieben und Eigenschaften seien die Kommunikation zwischen den Partnern und die Art und Weise, wie sie mit Krisen und Schicksalsschlägen umgingen. Was aber kann man über die beiden zuletzt genannten Faktoren aussagen, wenn die beiden Menschen einander noch nicht einmal begegnet sind? Wenn die Ereignisse, an denen sich eine Partnerschaft beweist, noch in der Zukunft liegen?

Auf der Ebene der persönlichen Eigenschaften gibt es tatsächlich einige Faktoren, die ganz gut voraussagen können, ob jemand für eine langfristige Beziehung geeignet ist. Der Grad an Neurotizismus etwa ist ein guter Prädiktor – Menschen, die reizbar sind, ständig unzufrieden und stressanfällig, scheitern auch häufig in ihrem Liebesleben. Aber das tun sie in jeder Partnerschaft, unabhängig von den Eigenschaften des anderen. Manche Partneragenturen sind sogar schon dazu übergegangen, solche »Problemfälle« gar nicht erst aufzunehmen (obwohl das doch eigentlich die Menschen sind, die ein bisschen Hilfe bei der Vermittlung gebrauchen könnten). Mit Matching hat das aber nichts zu tun.

Und was sagt die psychologische Forschung zu der Frage, ob sich Gleich und Gleich gern gesellt oder aber Gegensätze sich anziehen? Tatsächlich schlägt, was die Partnerwahl angeht, das Pendel eher zur Gleichheitsseite aus – die Menschen suchen sich ein Gegenüber, das ihnen in vielem ähnelt, das ähnliche Ansichten und Hobbys hat. Ob die Partnerschaft dann aber lange hält, dafür gibt der Grad der Übereinstimmung keine gute Prognose ab. In einer guten Partnerschaft kann durchaus jeder seinen eigenen Interessen nachgehen. Und Menschen sind formbar – bei vielen Paaren gleichen sich Ansichten und Gewohnheiten aneinander an, nach ein paar Jahren sind dann die Übereinstimmungen größer als zu Beginn. Die einzigen Eigenschaften, bei denen eine Harmonie zu Beginn eine gute Grundlage für eine langjährige Beziehung ist, sind laut Finkel »Werte, die direkt mit den Koordinationsaufgaben in einer Familie assoziiert sind, darunter Religion und die Haltung zu den Geschlechterrollen«.

Insgesamt kommt Finkel zu dem Schluss, dass Partnerschaftsseiten sehr wohl ihren Nutzen haben. »Online-Dating funktioniert am besten, indem es Menschen mit potenziellen Partnern zusammenbringt, die sie sonst wahrscheinlich nie getroffen hätten, und es erleichtert den schnellen Übergang zur *Face-to-Face*-Interaktion, bei der die beiden Menschen dann ein klareres Bild ihres romantischen Potenzials bekommen können.« Im Klartext also: Nicht so viel hin und her schreiben, sondern den anderen schnell persönlich treffen – dann merkt man schnell, ob's klappen könnte.

Den Matching-Algorithmen stellt der Psychologe dagegen ein vernichtendes Zeugnis aus, und zwar aus prinzipiellen Gründen: »Ein Überblick über die empirische Literatur zum Funktionieren von Beziehungen legt es nahe, dass die Aufgabe, die sich die Matching-Seiten gestellt haben, praktisch nicht zu bewältigen ist.«

Ein Faktor, der von vielen langjährigen Paaren immer wieder als beziehungsstiftend und -rettend angegeben wird, ist der Humor. Wenn zwei über dieselben Sachen lachen können, sind sie einander gleich viel näher. Die amerikanische Studentin Julia Kamin hat daraufhin einen Matching-»Algorithmus« erdacht: Die Mitglieder ihrer Partnerschaftsagentur makeeachotherlaugh.com bewerten Witze, und die Ähnlichkeitsprofile werden allein aufgrund der Humorkompatibilität erstellt. So weit der Plan – die verwaiste Website kündigt immer noch den Start für 2013 an.

KAPITEL 11: LERNEN
AUF DEM WEG ZUR KÜNSTLICHEN
INTELLIGENZ

Unser Gehirn ist kein Computer. Wenn man einen Schädel öffnet und nach dem Algorithmus sucht, der unser Denken und
Fühlen steuert, dann wird man nichts finden. Es sei denn,
man bezeichnet die Biologie der Nervenzellen als Algorithmus: etwa dass eine Nervenzelle einen elektrischen Impuls
aussendet, wenn sie ein bestimmtes Muster an elektrochemi-
schen Signalen von anderen Zellen empfängt. Aber dann wäre
jedes Naturgesetz ein Algorithmus (wenn ich einen Apfel in
der Hand halte und ihn loslasse, dann fällt er zu Boden). Zudem gibt es keine zentrale Stelle, von der aus alle Signale im
Gehirn gesteuert werden. Wenn man das, was das Gehirn tut,
überhaupt als Rechnen bezeichnen kann, dann ist es ein völlig
verteiltes, dezentrales Rechnen, bei dem jeder »Prozessor« nur
seine unmittelbaren Nachbarn kennt und auf deren »Inputs«
nach gewissen Regeln reagiert. Es gibt keine Programme, die
gestartet werden und irgendwann zu Ende sind – außer dass
das Gesamtprogramm eines jeden Menschen einmal aufhört
zu arbeiten.

Deshalb habe ich auch eine Weile gezögert, ob ich die sogenannten neuronalen Netze, die die Arbeitsweise eines menschlichen oder tierischen Gehirns nachzuahmen versuchen, in

dieses Buch aufnehmen sollte. Einerseits haben sie mit dem Gehirn gemein, dass sie auf ihrer obersten Ebene keinem Algorithmus gehorchen. Niemand kann eine allgemeine Regel aufschreiben, wie ein solches Netz aus einem Input – der zum Beispiel ein digitales Bild sein kann – zu einem Output kommt und das Wort »Katze« ausgibt. In diesem Sinne ist ein neuronales Netz eine Blackbox, deren Verhalten wir nur studieren können, indem wir viele Inputs hineingeben und dann die Outputs betrachten. Auf der anderen Seite sind diese Netze auf digitalen Computern implementiert und gehorchen damit auf der untersten Ebene sequenziellen Algorithmen. Auch bei ihrer Konstruktion und ihrem Training werden Algorithmen eingesetzt, etwa der Backpropagation-Algorithmus, den wir gleich studieren werden. Ihre außerordentlichen, nicht regelgeleiteten Fähigkeiten erhalten sie also durch den Einsatz von Algorithmen.

Ich kann die Aufnahme der neuronalen Netze in dieses Buch aber auch knapper begründen: Sie sind heute die fortgeschrittensten Programme auf dem Gebiet der künstlichen Intelligenz, sie lassen Computer Sprache verstehen und steuern selbstfahrende Autos. Und in vielen Bereichen, die in diesem Buch beschrieben werden, etwa der prädiktiven Analyse (siehe Kapitel 6), ergänzen oder ersetzen sie Algorithmen, die aufgrund strenger Regeln zu ihren Ergebnissen kommen. Ein Buch über Algorithmen, das diese Entwicklung nicht berücksichtigt, wäre unvollständig.

Wie funktioniert das Gehirn? Das ist letztlich immer noch eine der großen Fragen, mit denen sich die Wissenschaft heute beschäftigt. Es gibt sogar ein milliardenschweres Forschungsprogramm der EU, bei dem Forscher um Henry Markram von der Schweizer École polytechnique fédérale de Lausanne versuchen, die Struktur des menschlichen Denkorgans komplett nachzubauen, Zelle für Zelle. Eine solche »naturgetreue« Rekonstruktion wollen die neuronalen Netze nicht sein, sie borgen nur ein paar Prinzipien der menschlichen Informationsverarbeitung aus:

- Das Gehirn ist ein Netzwerk einzelner Nervenzellen, der Neuronen, die jeweils unabhängig voneinander sehr simple »Rechenaufgaben« ausführen.
- Diese Neuronen sind miteinander verbunden durch Leitungen (Synapsen), die Signale in einer Richtung durchlassen.
- Ein Neuron empfängt Signale von vielen anderen. Es summiert diese Signale auf (das muss keine Summenbildung im mathematischen Sinne sein), und wenn diese Summe einen gewissen Schwellenwert überschreitet, dann sendet es selbst ein Signal aus – es »feuert«.
- Die Signale können eine verstärkende oder eine hemmende Wirkung haben.
- Synapsen, die häufig benutzt werden, verstärken sich mit der Zeit – ihre Signale haben dann einen größeren Einfluss als die der wenig genutzten. Das nennt man »Lernen«.

Das Gehirn ist also ein sich selbst organisierendes System. Natürlich kommen wir nicht mit einem völlig unvorbereiteten Netzwerk auf die Welt, der Mensch ist zu keinem Zeitpunkt eine Tabula rasa. Aber es gibt kein Programm, das hinter dieser Veränderung des Gehirns steckt. Allein durch den »Input« von Signalen unserer Sinnesorgane und durch Versuch und Irrtum lernt der Mensch. Letztlich steckt Statistik dahinter: Ein Kleinkind hört das Wort »Wasser« immer wieder und lernt, den akustischen Eindruck mit der Vorstellung von Wasser zu verbinden.

Die ersten Versuche, einfache künstliche neuronale Netze

zu bauen, reichen zurück in die 40er-Jahre des vergangenen Jahrhunderts. Parallel zur Erforschung des biologischen Gehirns dachten Forscher darüber nach, ob man dessen Wirkungsweise auch auf künstliche Netze übertragen könnte. Marvin Minsky, einer der Pioniere der künstlichen Intelligenz, baute für seine Dissertation im Jahr 1951 den Prototyp eines »Neurocomputers«. 1958 berichtete die *New York Times* von einem Projekt der Navy. Deren »lernender Computer« schaffte es nach 50 Versuchen, rechts und links zu unterscheiden. Binnen eines Jahres wollten die Wissenschaftler einen »denkenden Computer« bauen – Kostenpunkt: 100 000 Dollar.

Die Geschichte der künstlichen Intelligenz ist voller solcher überzogener Versprechungen. Immer steht der denkende, selbstbewusste und dem Menschen überlegene Computer praktisch vor der Tür. Natürlich wurde auch aus dem Navy-Projekt nichts. Und 1969 schrieb ausgerechnet der Pionier Marvin Minsky zusammen mit Seymour Papert ein Buch mit dem Titel *Perceptrons*, das von vielen als der Grund angesehen wird, warum die Forschung an neuronalen Netzen für die nächsten 20 Jahre praktisch eingestellt wurde. Das Buch war eine mathematische Analyse der Fähigkeiten dieser einfachen Netze, und es wies nach, dass sie eine Menge Aufgaben aus prinzipiellen Gründen nicht lösen konnten. Es gab aber auch noch technische Gründe, die den Fortschritt bremsten: Die Netze wurden ja nicht physisch nachgebaut, mit einzelnen elektronischen Komponenten als Neuronen, sondern in herkömmlichen Computern simuliert. Und die kamen schon bei einer relativ bescheidenen Zahl von Nervenzellen an ihre Grenzen.

Anfang der 1980er-Jahre entwickelte John Hopfield eine neue Architektur für die Netzwerke. Durch die Einführung mehrere Schichten von Neuronen konnten die Beschränkungen, die Minsky und Papert beschrieben hatten, ausgeräumt werden. Und mit der Entwicklung der sogenannten Backpropagation bildete sich auch ein standardisiertes Verfahren heraus, wie ein neuronales Netz lernen kann. Das will ich in den nächsten Absätzen zu erklären versuchen.

Unser Netz soll Rotkäppchen dabei helfen, im dunklen Wald zu überleben. Insbesondere soll es verhindern, dass das Kind dem Wolf zum Opfer fällt. In dieser Version der Geschichte, die ich aus einem Artikel von William P. Jones und Josiah Hoskins im Magazin *Byte* von 1987 übernommen habe, kommt auch noch ein guter Holzfäller vor, der Rotkäppchen rettet (in der deutschen Fassung ist es ein Jäger).

Das neuronale Netz kennt aber die einzelnen Figuren nicht, es sieht nur gewisse körperliche Eigenschaften und soll aus denen ein bestimmtes Verhalten ableiten:

- Der Wolf hat große Ohren, große Augen und große Zähne. Wenn Rotkäppchen auf ihn trifft, soll sie weglaufen, schreien und nach dem Holzfäller suchen.
- Die Großmutter hat große Augen, Falten und ist freundlich. Erspäht Rotkäppchen sie, dann soll sie sich ihr nähern, sie auf die Wange küssen und ihr das mitgebrachte Essen anbieten.
- Der Holzfäller hat große Ohren, ist freundlich und zudem attraktiv. Das erwünschte Verhalten: Rotkäppchen soll sich ihm nähern, ihm Essen anbieten und mit ihm flirten (spätestens hier sehen wir, dass die Geschichte ein paar Jahrzehnte alt ist – diese Regel würde heute große Empörung hervorrufen).

Man sieht sofort, dass der Zusammenhang zwischen Sinneseindruck und gewünschtem Verhalten gar nicht so einfach ist:

Ein Wesen mit großen Ohren könnte der Wolf sein, aber auch der Holzfäller, erfordert also sehr unterschiedliche Reaktionen, je nachdem, welche anderen Eigenschaften es noch hat. In der klassischen, regelbasierten künstlichen Intelligenz könnte man aufgrund dieser Regeln sofort einen Algorithmus entwickeln, der Rotkäppchens Verhalten steuert. Er besteht aus den beschriebenen drei Regeln: »Wenn das Wesen große Ohren, große Augen und große Zähne hat, dann laufe weg, schreie und suche nach dem Holzfäller« und so weiter. Das lässt sich schnell programmieren und führt zu präzisen Ergebnissen. Wenn keine der drei Bedingungen gegeben ist, macht Rotkäppchen überhaupt nichts.

Um das Verhalten einem neuronalen Netz beizubringen, müssen wir uns erst einmal entscheiden, wie das Netz aussehen soll. Der einfachste Fall ist ein Netz mit zwei »Schichten«: Es hat sechs Eingabezellen, die den möglichen Attributen der handelnden Personen entsprechen, und sieben Ausgabezellen, die Rotkäppchens Verhaltensrepertoire entsprechen.

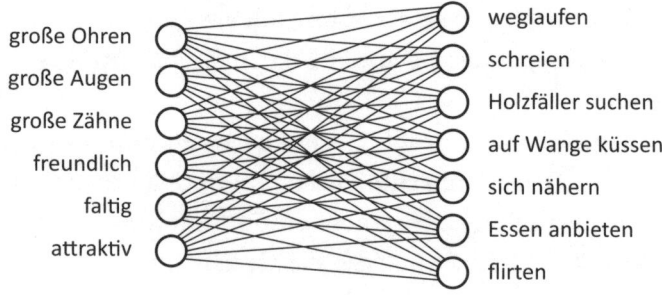

Jede Eingangszelle ist mit jeder Ausgabezelle verbunden, und zu Beginn bekommt jede dieser Verbindungen ein gewisses

»Gewicht« – eine Zahl, die ihre Stärke beschreibt. Man beginnt mit relativ kleinen, zufällig ausgewählten Gewichten.

Nun beginnt das Training des Netzes. Zum Glück muss dieses Training nicht im Wald stattfinden, wo jeder Irrtum tödlich sein kann. Wir kennen ja die Eigenschaften der handelnden Personen und können alles in der Sicherheit von Rotkäppchens Wohnstube simulieren.

Der Einfachheit halber nehmen wir an, dass jede Person eine der sechs Eigenschaften entweder hat oder nicht hat – die Eingangswerte sind also immer 0 oder 1, niemand ist ein bisschen faltig oder halb attraktiv. Trainiert wird das Netz nun mit den Eingangswerten von Wolf, Großmutter und Holzfäller, die wir kennen:

Wolf: (1, 1, 1, 0, 0, 0)
Großmutter: (0, 1, 0, 1, 1, 0)
Holzfäller: (1, 0, 0, 1, 0, 1)

Auch das gewünschte Verhalten lässt sich mit Einsen und Nullen beschreiben – Rotkäppchen soll ja nicht ein bisschen weglaufen oder nur ein wenig flirten:

Wolf: (1, 1, 1, 0, 0, 0, 0)
Großmutter: (0, 0, 0, 1, 1, 1, 0)
Holzfäller: (0, 0, 0, 0, 1, 1, 1)

Der jeweilige Eingangswert wird von den Eingangszellen an alle Ausgangszellen weitergegeben, dabei aber mit dem Gewicht der jeweiligen Verbindung multipliziert. Bei jedem der sieben Ausgangsneuronen kommen also sechs Zahlenwerte an, die alle aufsummiert werden. Wenn diese Summe eine gewisse Schwelle überschreitet (zum Beispiel 2,5), dann »feuert«

das Neuron – und Rotkäppchen zeigt das entsprechende Verhalten.

Wir beginnen zum Beispiel mit dem Wolf. Weil die Gewichte der Verbindungen zufällig gewählt sind, kommt natürlich auch ein zufälliges Verhalten dabei heraus. Damit das Netz etwas lernt, müssen wir dieses Verhalten mit dem gewünschten Verhalten (weglaufen, schreien, Holzfäller suchen) vergleichen und daraufhin die Stärke der Verbindungen verändern.

Ich spare mir an dieser Stelle die Formel für diese sogenannte Delta-Regel, sondern beschreibe sie in Worten: Für jedes Ausgangsneuron wird der Unterschied zwischen dem berechneten und dem gewünschten Ergebnis ermittelt, also zwischen Ist und Soll. Dieser Unterschied wird auf die Stärke der Verbindungen übertragen – allerdings nur in dem Maße, wie die entsprechenden Eingangsneuronen überhaupt an der Aktivierung beteiligt waren. Das heißt im Falle des Wolfs: Nur die Verbindungen zwischen den ersten drei Eingangszellen (große Augen, große Ohren, große Zähne) und den sieben Ausgangszellen werden verändert, die anderen nicht.

Als Nächstes lässt man die Oma aufmarschieren, dann den Holzfäller, dann wieder den Wolf – und so weiter, in beliebiger Reihenfolge. Jedes Mal verändert der Delta-Algorithmus die Verbindungsstärken zwischen den Neuronen. Und man hofft, dass sich das Netz irgendwann stabilisiert und tatsächlich das gewünschte Verhalten zeigt.

Ich habe das einmal experimentell gemacht, und tatsächlich wurde das Netz nach wenigen Durchläufen (etwa 15 Kandidaten) ziemlich stabil. Es tat auch genau das, was es sollte. Statt der Zahlenwerte zeige ich Ihnen die Größenordnungen der Verbindungen, die sich im Lauf des Experiments herausgebildet haben:

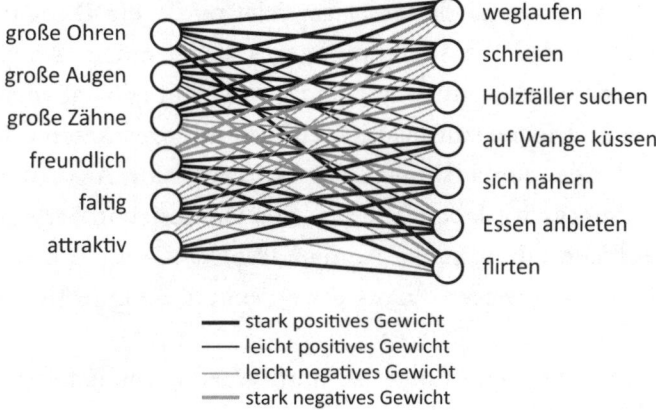

In der Realität verbindet aber kein neuronales Netz die Eingangszellen direkt mit den Ausgangszellen. Es gibt immer mindestens eine »verborgene« Schicht von Neuronen. In diesem Fall könnten wir zum Beispiel eine Schicht von drei Neuronen einfügen, die für den Wolf, die Großmutter und den Holzfäller stehen. Dann gibt es ein paar Verbindungen weniger, vor allem aber wird die Zuordnung der Verhaltensweisen einfacher.

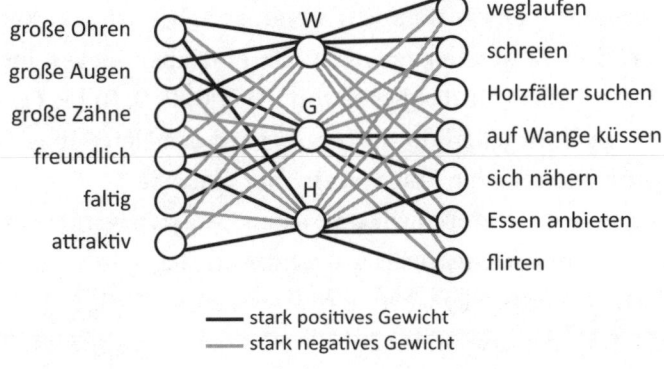

Für das Training dieses Netzwerks reicht die Delta-Regel nicht aus, weil die Verbindungen, die bei einem Ausgabeneuron ankommen, nicht eindeutig von einem Eingabeneuron stammen. Die Neuzuweisung der Verbindungsstärken erfolgt nach dem schon erwähnten Backpropagation-Algorithmus. Das Interessante dabei: Ich muss den Neuronen in der mittleren Schicht gar nicht die Namen »Wolf«, »Großmutter« und »Holzfäller« zuweisen – das Netz erzeugt diese Entitäten ganz von selbst!

Die naheliegende Frage ist nun: Warum veranstalten wir dieses komplizierte Trainingsprogramm überhaupt, wenn wir doch alle Regeln schon kennen? In der Wirklichkeit wendet man die Netze natürlich in Situationen an, wo man die Regeln nicht kennt, sondern nur für ein gewisses Repertoire an Trainingsbeispielen den gewünschten Output weiß. Also wenn man zum Beispiel dem Netz Fotos von Tieren zeigt (als digitale Menge von Pixeln) und das Netz lernen soll, das jeweilige Tier zu benennen. Wir sagen ihm also nicht, dass eine Katze spitze Ohren hat und eine Maus grau ist – und das Netz kann uns auch nachher, wenn es die Tiere korrekt identifiziert, nicht sagen, warum es bei einem bestimmten Bild »Katze« gerufen hat. Aber es kann das Gelernte auf neue Bilder anwenden und auch dort Katzen und Mäuse erkennen.

Auch im Fall des Rotkäppchen-Netzes haben wir das Netz ja nur an drei Beispielen trainiert. Es gibt aber insgesamt 64 mögliche Inputs für das Netz, von $(0, 0, 0, 0, 0, 0)$ bis $(1, 1, 1, 1, 1, 1)$. Und für jeden dieser Inputs wird das Netz einen Output produzieren – die Frage ist: Ist der plausibel?

Zum Beispiel könnten wir überlegen, was passiert, wenn der Wolf sich eine Sonnenbrille aufsetzt und sich sehr freundlich verhält. Das entspricht den Eingangswerten $(1, 0, 1, 1, 0, 0)$. Der Output des von mir trainierten Netzes: Eine gewisse Tendenz zur richtigen Reaktion auf den Wolf (also weglaufen, schreien, Holzfäller suchen), aber auch ein starker Drang zum Flirten. Offenbar verwirrt der sich verstellende Wolf das Mädchen, was aber auch verständlich ist.

Eigentlich kann man sogar überhaupt nicht sagen, was ein neuronales Netz lernt. Wenn die Trainingsbeispiele schlecht gewählt sind, kann es sein, dass es nach dem Training zum Beispiel alle Bilder fehlerfrei erkennt – aber dann jämmerlich versagt, wenn man es auf neue, unbekannte Fotos loslässt. Es gibt die folgende Anekdote, die in der KI-Szene immer wieder erzählt wird, für die ich aber keinen wirklichen Beleg finden konnte: Das amerikanische Militär entwickelte einmal ein neuronales Netz, das auf Fotos getarnte Panzer erkennen sollte. Man machte also 100 Fotos von Bäumen, unter denen sich ein Panzer versteckte, und 100 Fotos, die nur Bäume zeigten. Mit jeweils 50 dieser Fotos wurde das Netz trainiert, bis es die Bilder mit und ohne Panzer fehlerfrei auseinanderhalten konnte. Dann zeigte man ihm die anderen 100 Bilder, die es noch nicht kannte – und auch für diese Fotos funktionierte die Unterscheidung fehlerfrei. Die Entwickler waren begeistert und gaben ihr Produkt stolz ans Pentagon weiter. Von dort jedoch bekamen sie bald enttäuschende Post: Auf weiteren neuen Fotos erkannte das Netz getarnte Panzer nicht besser, als wenn man eine Münze geworfen hätte.

Was war passiert? Es stellte sich heraus, dass die ersten 200 Fotos an zwei unterschiedlichen Tagen geschossen worden waren – die Bilder mit Panzer bei bedecktem Himmel, die Bilder ohne Panzer bei Sonnenschein. Das Netz hatte tatsächlich etwas gelernt: nämlich sonnigen und bedeckten Himmel zu unterscheiden.

Wie gesagt, es gibt keine belastbare Quelle für diese Geschichte, aber wenn sie erfunden ist, dann ist sie gut erfunden. Wir wissen nicht wirklich, was ein neuronales Netz lernt, und müssen bei der Auswahl der Trainingsbeispiele höllisch aufpassen, dass sie keine versteckten Variablen enthalten.

Da es keine expliziten Regeln gibt, die das Verhalten eines neuronalen Netzes beschreiben, ist es auch schwer, ein solches Programm zu kritisieren. Etwa wenn man es einsetzen würde, um einen *credit score* zu ermitteln (siehe Seite 132). Darf ein Netz einfach den Kredit versagen, ohne es begründen zu können? Zunehmend werden gesetzliche Regeln aufgestellt, die von der Software verlangen, Gründe für ihre Entscheidungen zu nennen.

Manchmal liefern die Netze auch Ergebnisse, die ihren Schöpfern zu Recht sehr peinlich sind. Etwa eine automatische Bilderkennung, die der Fotodienst Flickr einsetzte – sie identifizierte Männer mit schwarzer Hautfarbe als »Affen«. Das berühmte Tor des Konzentrationslagers Dachau mit der Inschrift »Arbeit macht frei« bekam das Label »Klettergerüst«. Auch Google hatte Probleme mit der Erkennung von Fotos mit dunkelhäutigen Menschen – die sahen sich unverhofft als »Gorillas« bezeichnet. Die neuronalen Netze haben kein Vorwissen und natürlich auch nicht das geringste Taktgefühl. Die Software-Ingenieure mussten wieder zurück an die Arbeit und ihren Algorithmen ein wenig Feingefühl beibringen.

Nachdem sie in der KI-Forschung lange eine Nebenrolle gespielt haben, sind neuronale Netze in den letzten Jahren zum großen Renner geworden. Man nennt sie nicht mehr unbedingt so, das neue Schlagwort lautet »Deep Learning«. Es gibt zwei Gründe für diesen neuen Boom: erstens die Entwicklung der Rechnerkapazitäten – auf heutigen schnellen Computern können Netze mit vielen Tausend Zellen nachgebildet werden, die über bis zu 30 versteckte Schichten von Neuronen verfügen. Zweitens liefert das Internet riesige Datenmengen, die zum Training dieser Netze benutzt werden können, Stichwort »Big Data«. Alle großen Computer- und Internetfirmen in den USA, von Microsoft und IBM bis Google und Facebook, haben neue Abteilungen eingerichtet, die sich mit diesen Riesennetzen beschäftigen.

Und plötzlich kommen auch die Erfolge, die uns jahrzehntelang versprochen wurden: Die Netze erkennen menschliche Gesichter mit über 80-prozentiger Sicherheit auf Fotos (was noch nicht heißt, dass sie auch die entsprechenden Personen identifizieren). Sie können gesprochene Sprache sehr gut erkennen – wer mit Siri auf dem iPhone spricht oder seinem Android-Telefon »Okay Google« zuruft, der kann feststellen, dass diese Dienste von Jahr zu Jahr besser werden. Bei Skype (das zu Microsoft gehört) kann man sich inzwischen die Videotelefonate mit Spaniern oder Chinesen in Echtzeit übersetzen lassen.

Vor allem in der Robotik wurden durch lernende Netze große Fortschritte gemacht. Googles selbstfahrendes Auto ist ein Beispiel dafür: Es geht zurück auf Stanley, einen autonom fahrenden VW Touareg. Der von dem deutschstämmigen KI-Professor Sebastian Thrun entwickelte Wagen gewann 2005 den von der Militärforschungsagentur DARPA ausgeschriebenen Wettbewerb, bei dem es galt, einen 212 Kilometer langen Wüstenparcours ohne menschlichen Eingriff zu bewältigen. Ein großer Teil des Verhaltensrepertoires von Stanley beruhte auf maschinellem Lernen: Der Computer im Auto schaute sich in seiner Trainingsphase bei menschlichen Fahrern ab, wie sie auf bestimmte Umweltbedingungen reagierten. So musste man ihm nicht explizit eingeben, wann er zu schalten oder zu beschleunigen hatte. In etwa zehn Jahren sollen die so trainierten selbstfahrenden Autos unsere Straßen bevölkern und uns sicherer transportieren als ein menschlicher Chauffeur.

Inzwischen haben die Netze auch die Fähigkeit, selbständig zu lernen. Man muss ihnen also zum Beispiel, wenn sie mit Tierbildern trainiert werden, nicht mehr explizit sagen: »Das ist eine Katze!«, »Das ist eine Maus!« Die verschiedenen Schichten der Neuronen bilden selbsttätig Kategorien immer höherer Ordnung – auf der untersten Ebene geht es vielleicht darum, Kanten mit starkem Kontrast im Foto zu finden, dann einzelne Gegenstände und Figuren, dann Lebewesen und schließlich die unterschiedlichen Tierarten. In diesen Netzen repräsentieren tatsächlich einzelne Neuronen solche Kategorien, so wie das »Großmutter«-Neuron in unserem Beispiel.

Google-Ingenieure haben vor Kurzem Aufmerksamkeit damit erregt, dass sie neuronale Netze zum »Träumen« brachten: Wenn man einem Netz, das viele verschiedene Objekte identifizieren kann, etwa ein Bild eines Wolkenhimmels zeigt, der mehr oder weniger zufällige Strukturen enthält, dann wird es darin – wie ein Kind, das zum Himmel schaut – auch ansatzweise Objekte erkennen. Nicht deutlich genug, um sie zu identifizieren. Aber wenn man dem Neuron, das sonst für Fische zuständig ist, sagt, es solle »mehr davon« in dem Bild sehen, dann entsteht eine Art Rückkoppelungsschleife, die fantastische Bilder von Fischen in Wolken erzeugt. Das kann man so weit treiben, dass aus einem Bild, das praktisch nur aus Rauschen besteht, ein fantastischer Bilderreigen entsteht. Man kann das als Kunst bezeichnen, es dient den Forschern aber auch dazu, herauszufinden, was für Fantasien ein bestimmtes Neuron hervorruft und auf was für eine Kategorie es letztlich anspricht.

Es ist heute unbestritten, dass diese großen neuronalen Netze die besten Kandidaten sind, wenn es um die Erlangung von Fähigkeiten geht, die beim Menschen Intelligenz voraussetzen. Man konnte den besten Schachcomputer der Welt auf herkömmliche Weise bauen, indem man ihn stur die Regeln des Spiels durchspielen ließ, bis er jeweils den besten Zug fand. Aber das Leben ist kein Spiel mit ehernen Regeln – im Alltag treffen wir auf Unschärfe, Menschen nuscheln ins Telefon, und auf Fotos erkennen wir eine Katze auch, wenn ihr Kopf mit den hervorstechenden Merkmalen überhaupt nicht zu sehen ist. Neuronale Netze können mit diesen Unschärfen hervorragend umgehen und erstaunliche Trefferquoten beim Erkennen von Mustern erreichen. Aber natürlich haben diese Fähigkeiten auch einen Preis: Je intelligenter die Computer werden, umso mehr können sie sich auch irren.

SCHLUSS
WIR SIND NICHT BERECHENBAR!

Gerade will ich anfangen, dieses Kapitel zu schreiben, da piept mein Computer. Der Facebook-Algorithmus drängt sich in mein Leben, weil er es für richtig empfunden hat, mich auf ein Posting meines Freundes und *Zeit*-Kollegen Gero von Randow aufmerksam zu machen: »Warum sehen die Autos heutzutage so hässlich aus?« Und natürlich ist meine Antwort: »Die Algorithmen sind schuld.« Das ist einerseits banal – Autos werden heutzutage mit Computerhilfe konstruiert, die freihändige Zeichnung eines Designers ist allenfalls der erste Schritt. Und dann kommen die Algorithmen und beginnen, das Design zu optimieren: Die Karosserie wird windschlüpfig gemacht, um den Verbrauch zu senken. Sie bekommt eine Knautschzone, mit der die Insassen eine bessere Überlebenschance im Fall eines Unfalls haben. Der Computer bestimmt einen großen Teil des Designs.

Ist das, was dabei herauskommt, schön? Bestimmt nicht nach den Kriterien meines Freundes, der von den Entwürfen Pininfarinas und Michelottis aus den 1960er-Jahren schwärmt. Andererseits wird ein Ingenieur, der nach der Devise *form follows function* eine Karosserie mit sensationell niedrigem c_w-Wert entworfen hat, die wahrscheinlich auch schön finden. Die Algorithmen entwerfen nicht das beste Auto, sondern das optimale – unter den Randbedingungen, die man ihnen vorgegeben hat. Und ein Auto, mit dem man optimal am Wochenende über die Landstraße cruist, um »Ahs und Ohs und Kinderlachen hervorzurufen« (von Randow), sieht eben anders aus als ein Fahrzeug, mit dem man am sichersten und ökonomischsten von A nach B kommt.

Wie verändert sich unser Leben im Zeitalter der Algorithmen? Ich habe in diesem Buch einige der Prinzipien beschrieben, nach denen die Rechenverfahren funktionieren, die sich zunehmend in unseren Alltag drängen. Aus der Mathematik alleine kann man nicht ableiten, ob eine Entwicklung gut oder schlecht ist, ob sie unser Leben angenehmer macht oder uns bedroht. Die Algorithmen übernehmen Tätigkeiten, die früher von Menschen ausgeführt wurden. Und diesmal sind es nicht nur stumpfsinnige und repetitive Aufgaben, die wir gerne abgeben. Die neuen Verfahren verrichten Arbeiten, die beim Menschen Eigenschaften wie Kreativität, Einfühlungsvermögen und Intelligenz erfordern. Hier sind acht Thesen zum neuen Verhältnis zwischen Menschen und Algorithmen:

1. Wenn wir etwas von Algorithmen erledigen lassen, wandelt es sich. Jedes Mal, wenn wir eine Kulturtechnik verändern, wenn wir sie mit anderen Werkzeugen verrichten, ändern sich auch die Produkte, die wir damit schaffen. Das mit Computerhilfe entwickelte Auto sieht anders aus als das, bei dem ein Designer erst eine Handzeichnung gemacht und dann ein Modell aus Sperrholz und Plastilin gebaut hat. Wenn wir ein Buch mit dem Computer schreiben, dann ist das Ergebnis ein anderes, als wenn wir mit dem Füller oder der Schreibmaschine arbeiten. Wenn wir alles Wissen der Welt jederzeit per Handy abrufen können, dann bekommt dieses Wissen einen anderen Stellenwert als zu der Zeit, als der als am schlauesten galt, der am meisten Faktenwissen angehäuft hatte. Wenn ein Algorithmus uns zum Frühstück die Nachrichten zusammenstellt, die er als die wichtigsten empfindet, dann ist diese persönliche Zeitung eine andere als diejenige, die eine Redaktion für uns komponiert hat. Und wenn wir unseren Partner per Computer aussuchen, wird unser Leben auch einen anderen Verlauf nehmen.

Im Silicon Valley hat auch das kleinste Start-up das Ziel, *disruptive* zu wirken, irgendeine Industrie auf den Kopf zu stellen. Das mag wirtschaftlich manchmal ein bisschen großspurig sein, aber im Prinzip verändert tatsächlich jeder digitale Algorithmus, der eine ehemals vom Menschen analog ausgeübte Tätigkeit übernimmt, die Welt. Ob zum Positiven oder Negativen, kann man pauschal nicht sagen. Gefährlich ist es, wenn versucht wird, uns einzureden, dass die Algorithmen generell besser seien als der Mensch, weil sie uns in so vielem überlegen sind und noch dazu ihr Urteil kühl und ohne Emotionen fällen. Im Gegensatz zum Menschen, der voller Vorurteile ist und nicht von seinen Leidenschaften abstrahieren kann. Computer können Milliarden Rechnungen durchführen, die ein Mensch nicht bewältigen könnte, noch dazu fehlerfrei. Sie können damit Probleme lösen, die jeden Menschen überfordern würden. Sind sie deshalb objektiver? Können wir also beruhigt unser Schicksal in ihre Hände legen?

2. Algorithmen sind nicht objektiv. Dazu noch ein Beispiel: Im nächsten Jahr wird unser Kind eingeschult. In San Francisco gibt es über 90 öffentliche Grundschulen. Man könnte im Prinzip jedes Kind der Grundschule seines Wohnviertels zuordnen (und dafür sorgen, dass es dort jeweils genügend Plätze gibt). Die Stadt hat es sich aber zur Aufgabe gemacht, die soziale und ethnische Segregation zu bekämpfen – deshalb sollen etwa die Kinder aus Stadtteilen, die vorwiegend von relativ armen Latinos bewohnt werden, nicht nur auf die Schulen in diesen Vierteln angewiesen sein, sondern auch die Chance haben, eine Schule in einer reicheren Gegend zu besuchen. Das hat zur Folge, dass jedes Jahr stadtweit 14 000 Schüler auf diese Schulen verteilt werden. Wie macht man das auf eine gerechte Art und Weise? Und erfüllt dabei möglichst viele Elternwünsche? Mit Karteikärtchen und Pinnwänden geht das nicht. Die Stadt hat von Wissenschaftlern der Eliteuniversitäten Stanford, Harvard und MIT einen Algorithmus erarbeiten lassen, der in einem vielstufigen und durchaus pfiffigen Verfahren dafür sorgen soll, dass jedes Kind eine Schule möglichst weit oben auf der Liste der Wunschschulen bekommt, die seine Eltern eingereicht haben.

Aber es kann nicht jedes Kind der Schule ganz oben auf seiner Liste zugeteilt werden. Wenn die Zahl der Bewerber dort größer ist als die Zahl der Plätze, muss das Programm manchen Kindern den Vorzug vor anderen geben. Es gibt da eine ganze Reihe von Kriterien: Ist vielleicht schon ein Bruder oder eine Schwester auf der Schule? Wohnt das Kind nahe bei der Schule? Stammt die Familie aus einem benachteiligten Viertel? Das sind Bedingungen, die von Menschen vorgegeben wurden, andere Menschen würden unter anderen Umständen andere Bedingungen vorgeben. Solange auch nur ein Kind nicht der Schule der ersten Wahl zugeordnet wird, gibt es nicht die optimale Verteilung, sondern nur eine optimale Verteilung unter ganz bestimmten, politisch erstellten Randbedingungen. Und es wird immer Eltern geben, für die das Verfahren eine hochbürokratische Lösung ist und die sagen: Sorgt doch lieber dafür, dass alle Schulen gleich gut sind, dann kann man auch jedes Kind auf die Schule in seiner Nachbarschaft schicken.

Es gibt Fälle, da ist der Zweck eines Algorithmus eindeutig und unstrittig. Ob ein Kreditkartenbetrug vorliegt oder nicht, ist eine eindeutige Frage. Aber ob ein Kunde kreditwürdig ist oder nicht, erweist sich erst im Nachhinein. Und ob jemand ein guter Mitarbeiter ist, ist ein völlig subjektives Urteil. Hinter Programmen, die das beurteilen sollen, stecken Annahmen, Voraussetzungen, Ziele, die überhaupt nicht klar und objektiv sind. Die können vom Auftraggeber stammen oder vom Programmierer, der die Interessen des Auftraggebers möglichst genau in Code umsetzen will. Die ersten Fragen, die man an einen Algorithmus stellen muss, lauten also: Was bezweckt er? Was für Regeln befolgt er? Was für ein Modell der realen Welt liegt ihm zugrunde? Das kann man übrigens in den weitaus meisten Fällen auch jemandem in Grundzügen erklären, der keine Programmiersprache beherrscht. In diesem Buch habe ich das für einige Beispiele versucht.

3. Algorithmen ersetzen nicht den politischen Streit. In der Welt von Silicon Valley wird uns oft erzählt, dass Algorithmen unsere Probleme besser lösen können als Menschen und insbesondere besser als die öffentlichen Organe, die Gesetze machen, sie in Verordnungen umsetzen und uns dann das Leben schwer machen. Weniger regulieren, lautet das Motto hier, und Algorithmen können dabei helfen, die überbordende Bürokratie abzubauen. »Algorithmische Regulierung« nennt das der Internetunternehmer und Verleger Tim O'Reilly. »Das Geheimnis für die ›minimale Verwaltung‹ ist es, die Schlüsselergebnisse festzulegen, die wir uns als Gesellschaft wünschen – Sicherheit, Gesundheit, Fairness, Entfaltungsmöglichkeiten –, diese Ziele in Gesetze zu gießen und dann einen sich ständig weiterentwickelnden Satz von regulatorischen Mechanismen zu entwickeln, die uns auf dem richtigen Kurs halten«, schreibt

O'Reilly. Regieren besteht für ihn aus einer Feedback-Schleife mit vier Schritten, ich zitiere:

1. Ein tiefes Verständnis des gewünschten Ergebnisses.
2. Echtzeitmessungen, um zu ermitteln, ob dieses Ergebnis erreicht wurde.
3. Algorithmen, die aufgrund neuer Daten Anpassungen vornehmen.
4. Eine periodische tiefer gehende Analyse, ob die Algorithmen korrekt sind und sich wie gewünscht verhalten.

Zitat Ende. Das klingt einfach und klar. Besonders das ständige Entwickeln ist O'Reilly wichtig: In der heutigen politischen Welt müssen, wenn sich die Verhältnisse ändern oder eine Maßnahme nicht den gewünschten Erfolg hat, umständlich die Verordnungen revidiert und verändert werden. Wäre es nicht traumhaft, wenn ein überparteilicher Algorithmus eine Veränderung in der gesellschaftlichen Wirklichkeit feststellen könnte und sofort eine angemessene Reaktion des Verwaltungsapparats darauf veranlassen könnte? Nehmen wir das Beispiel des Flüchtlingsstroms nach Europa: Der Algorithmus entscheidet nach festgelegten Kriterien blitzschnell zwischen »guten« und »schlechten« Flüchtlingen. Wenn die Zahl der akzeptierten Asylbewerber steigt, verteilt er sie gerecht auf die Länder der EU, in Deutschland auf die Bundesländer, findet durch Priorisierung freie Kapazitäten etwa in Bundeswehrkasernen oder leer stehenden Schulgebäuden, zweigt Mittel aus dem flexiblen Bundes- und Landeshaushalt ab, und schon ist die Situation im Griff. Das alles könnte innerhalb von ein paar Tagen geschehen ...

O'Reilly stellt der schwerfälligen Politik die Entscheidungsfindung in Digitalfirmen wie Google gegenüber: Kommt eine neue Form von Suchmaschinen-Spam auf, werden einfach ein paar Schräubchen am Algorithmus verstellt, und schon ist der Ärger aus der Welt. Abgesehen davon, dass Google keine demokratische Organisation ist und deshalb viel leichter die Verhältnisse in seinem Bereich verändern kann – ganz am Anfang dieses Gedankenspiels steht die Vorstellung, dass die »Schlüsselergebnisse«, von denen O'Reilly spricht, unstrittig sind und im Konsens festgelegt werden können. Als Schlagwörter mögen sie konsensfähig sein, aber oft muss man mehrere dieser schönen Werte gegeneinander abwägen. Das ist der Moment, wo wirkliche Politik beginnt, wo um Prioritäten gestritten werden muss – auch wenn die Politiker im Fernsehen immer weniger dazu bereit sind, diese Differenzen auszutragen, und lieber von »guter« und »schlechter« Politik reden. Menschen haben unterschiedliche Interessen, und sie müssen darum ringen, wer seine Interessen durchsetzen kann – oder auch, wie den Interessen von möglichst vielen Menschen Geltung verschafft wird.

O'Reilly führt als positives Beispiel für die von ihm gewünschte Minimalpolitik die Firma Uber an, ausgerechnet jenen internetbasierten Taxiservice, der zu den meistgehassten Firmen im Silicon Valley gehört (siehe Seite 15). Uber hat einen hochregulierten Markt angegriffen, der bei den Verbrauchern für viel Frust gesorgt hat: Immer wenn man ein Taxi braucht, ist keines verfügbar. Taxis sind teuer, die Wagen oft schmutzig. Der internetbasierte Dienst ist dagegen ein Paradies für den Kunden: Ein Klick auf dem Handy, und in ein paar Minuten ist ein Fahrer da. Die personalintensive Vermittlung wird durch einen Algorithmus ersetzt. Wenn einem der Fahrer oder sein Auto nicht gefallen hat, gibt man ihm eine schlechte Wertung. »Fahrer mit schlechtem Service werden eliminiert«, schreibt O'Reilly. Und nebenbei verdient Uber Milliarden.

Verschwiegen wird in diesem paradiesischen Szenario, dass es ja auch noch andere Werte und Interessen gibt, die man berücksichtigen könnte. Etwa das Einkommen und die soziale Absicherung der Fahrer, die alle selbständig sind und mit ihrem eigenen Wagen und auf eigenes Risiko arbeiten. Oder die umweltpolitische Frage, ob in einer Stadt immer mehr Menschen mit Pkws befördert werden sollen, in denen neben dem Fahrer nur eine Person sitzt. Oder auch, ob man frustrierten Kunden die Möglichkeit geben soll, per Handy-Votum arbeitende Menschen zu »eliminieren«. Kein Wunder, dass Uber – ähnlich wie Airbnb, wo eine ähnliche Philosophie auf die Hotelbranche übertragen wird – besonders in Europa Ärger mit den Verwaltungen bekommen hat. Der Algorithmus mag ein Optimierungsproblem besser lösen können als manche schwerfällige Verwaltung. Wenn aber unterschiedliche politische Interessen aufeinandertreffen, gibt es keine einfache »richtige« Lösung – Politik besteht darin, diese Interessenkonflikte auszutragen und nach Kompromissen zu suchen.

4. Algorithmen können diskriminieren. Bis hierhin funktioniert noch die Analogie mit jedem anderen Werkzeug, etwa einem Hammer: Es kommt drauf an, was man damit macht – Nägel in die Wand schlagen oder Menschen töten. Der Benutzer des Hammers trägt die Verantwortung, der Hammer ist wertfrei. Objektiv, sozusagen.

Aber während der Hammerbenutzer sämtliche Konsequenzen seines Handelns übersehen kann, ist das beim Schöpfer eines Algorithmus nicht mehr der Fall. Zwar folgt auf eine Eingabe logisch immer dieselbe Ausgabe. Aber in den meisten Fällen ist die Zahl der möglichen Eingaben so unübersehbar, dass man ihn nicht vollständig testen kann, bevor man ihn auf die Welt loslässt. Ein Algorithmus zum Börsenhandel mag auf ein paar simplen Regeln beruhen, aber wenn um ihn herum plötzlich etwas Außerordentliches passiert – etwa dass alle anderen Algorithmen beginnen, wie wild Wertpapiere zu verkaufen –, dann reagiert er auf diese Situation vielleicht auch in einer außerordentlichen Weise, die sein Schöpfer nicht vorhergesehen hat. Und manche Computerprogramme, etwa die neuronalen Netze (siehe Kapitel 11) sind selbst für ihre Entwickler Blackboxes – Kästen, die zu jeder Eingabe eine Ausgabe liefern, deren Regeln dafür aber niemand ausdrücklich benennen kann.

Selbst wenn der Entwickler eines Algorithmus die allerbesten Absichten hat, kann sein Programm zu Ergebnissen führen, die er nicht gewollt hat. Die Microsoft-Forscherin Kate Crawford führt das Beispiel einer App mit dem Namen Street Bump an, die von der Stadtverwaltung in Boston entwickelt wurde: Das kleine Handy-Programm soll der Stadt dabei helfen, die schlimmsten Schlaglöcher auf Bostons Straßen zu stopfen. Wenn ein Fahrer, der ein Smartphone mit dieser App in der Tasche hat, über ein Schlagloch brettert, dann registriert ein Sensor im Handy die Erschütterung und schickt eine Nachricht an die Stadtverwaltung. Auf deren Bildschirm entsteht so automatisch ein aktuelles Bild des Straßenzustands in der Stadt.

Eine elegante Idee, das muss man zugeben. Crawford weist aber nun auf eine »eingebaute Ungerechtigkeit« hin: In Stadtteilen, in denen die Smartphone-Dichte gering ist, werden weniger Menschen die App nutzen, und deshalb werden auch weniger Punkte auf dem städtischen Bildschirm aufleuchten. Die Folge könnte sein, dass in den reicheren Gegenden der Stadt mehr Schlaglöcher registriert und folglich auch repariert werden. Der Einsatz der App könnte dazu führen, dass die Unterschiede in der Infrastruktur, hier am Beispiel des Straßenzustands, zwischen armen und reichen Stadtteilen noch vergrößert werden. Ein Effekt, den wahrscheinlich keiner der Beteiligten gewollt hat.

Wenn es darum geht, die besten Kandidaten für einen Job zu finden, werden Algorithmen häufig gelobt, weil sie streng nach fachlichen Kriterien vorgehen und keine Bewerber aufgrund ihres Aussehens, ihrer sozialen und ethnischen Herkunft diskriminieren. Aber die Diskriminierung kann sich über andere Variablen in die Auswahl einschleichen. Wenn sich zum Beispiel als allgemeine Regel herausgestellt hat, dass Angestellte, die einen kürzeren Weg zum Arbeitsplatz haben, ihrem Arbeitgeber eher treu sind, könnte man das in den Algorithmus einbauen: Wenn zwei Bewerber ansonsten die gleichen Qualifikationen haben, dann bevorzuge den, der näher an der Firma wohnt. Wenn das Büro aber in einem eher wohlhabenden Stadtteil liegt, diskriminiert man damit ganze soziale Gruppen, die es sich nicht leisten können, dort zu wohnen. Die Firma Xerox hat tatsächlich ihren Auswahlalgorithmus modifiziert und dieses Kriterium herausgenommen.

In den USA ist es verboten, manche Persönlichkeitsmerkmale bei der Personalauswahl zu berücksichtigen, etwa die Rasse (die dort für jeden Bürger registriert wird). Schon im voralgorithmischen Zeitalter stellte man aber fest, dass selbst die besten Absichten, einen neuen Mitarbeiter ohne Ansehen der Rasse einzustellen, nicht vor Diskriminierung schützen. In einem Grundsatzurteil aus dem Jahr 1971 wurde einer Firma verboten, bei der Auswahl der Bewerber den Intelligenzquotienten (IQ) oder die Punktzahl beim amerikanischen Hochschulzugangstest SAT zu berücksichtigen, weil bekannt war, dass dort Schwarze aus sozialen Gründen schlechter abschnitten als Weiße. Diese unbeabsichtigte Diskriminierung wird seitdem als *disparate impact* bezeichnet.

Hinter solchen Diskriminierungsverboten steht immer eine Haltung, ein politischer Wille: Schwarze mögen heutzutage gegenüber Weißen benachteiligt sein, aber wir wollen das ändern und ihnen die gleichen Chancen geben. Ein Algorithmus, insbesondere einer, der auf maschinellem Lernen beruht, tendiert dagegen dazu, den Status quo zu zementieren. Er stellt dann zum Beispiel fest, dass Männer in Führungspositionen häufiger vertreten sind als Frauen, und präsentiert ihnen eher Jobanzeigen für Führungskräfte. Auf kurze Sicht kann das ja sogar die »richtige« Entscheidung im Sinne der Auftraggeber sein. Weil die Deep-Learning-Algorithmen ihre Regeln oft nicht explizit benennen können, ist es im Einzelfall schwierig, die Diskriminierung dingfest zu machen.

5. Wir müssen versuchen, die Algorithmen zu verstehen. Auch Algorithmen, die uns nur als Blackbox begegnen – weil sie entweder nicht mit expliziten Regeln arbeiten oder aber ihr Code ein Firmengeheimnis ist –, können wir analysieren. *Reverse engineering* nennt man das. Handelt es sich um einen Algorithmus zur Bewerberauswahl, dann präsentiert man ihm etwa zwei Kandidaten, die sich nur in einem einzigen Merkmal unterscheiden, und schaut, ob sie von dem Algorithmus unterschiedlich behandelt werden. Forscher um Suresh Venkatasubramanian von der University of Utah haben einen Algorithmus entwickelt, der gezielt nach solchen Diskriminierungen sucht – und einen zweiten, der diese Diskriminierungen rückgängig machen soll, indem er die Eingangsdaten so »verwischt«, dass der Benachteiligungseffekt verschwindet. Chancengleichheit per Algorithmus, auch das gibt es heute.

Wir können nicht erwarten, dass alle Firmen, die Algorithmen einsetzen, diese völlig offenlegen. Das berührt nicht nur ihr Geschäft – manchmal kann es die Algorithmen selbst schwächen. In Europa verlangen Politiker oft von Google, seinen Suchalgorithmus der Öffentlichkeit zugänglich zu machen. Aber wenn der Algorithmus öffentlich ist, kann auch jeder seine Schwächen ausnutzen – mit der Folge, dass Spammer und Suchmaschinenoptimierer es in die vordersten Positionen der Ergebnisliste schaffen, und damit sinkt die Qualität der Suche. Es gibt also manchmal gute Gründe, Algorithmen geheim zu halten. Trotzdem existieren Mittel und Wege, ihnen eine ideologische Schieflage nachzuweisen. »Algorithmen müssen immer eine Ein- und Ausgabe haben«, schreibt der Informatiker und Journalismusprofessor Nicholas Diakopoulos von der University of Maryland. »Die Blackbox hat tatsächlich zwei kleine Öffnungen.« Wenn man nur oft genug etwas in die eine Öffnung hineinschiebt und schaut, was aus der anderen Öffnung herauskommt, dann kann man Muster und Regeln erkennen, auch ohne dass man den eigentlichen Code kennt.

6. Algorithmen entscheiden, wer und was sichtbar ist. Im Jahr 1994 habe ich zusammen mit einigen anderen Journalisten das berühmte Media Lab des Massachusetts Institute of Technology besucht, unter anderem trafen wir eine Gruppe namens *News of the Future*, die den Anspruch hatte, die Zeitung der Zukunft zu erfinden. Jeden Morgen, so die MIT-Forscher, würde ein Algorithmus – oder ein »persönlicher digitaler Assistent«, so ein damals verbreiteter Modebegriff – uns eine persönliche Zeitung zusammenstellen, die genau auf unsere Bedürfnisse abgestimmt sei und uns genau die Artikel liefern würde, die uns interessieren. Wir konnten einerseits die Vorteile eines solchen Systems sehen, aber andererseits glaubten wir, dass eine wirkliche Zeitungsredaktion durch einen solchen Algorithmus nicht zu ersetzen sei. Schließlich war es unser Job als Journalisten, Themen für den Leser auszuwählen, zu gewichten und zu mischen, ihn sowohl zu informieren als auch zu unterhalten und zu bilden. Diese Rolle trauten wir keiner Maschine zu.

Heute ist es fast so weit, dass die Algorithmen diesen Job übernommen haben. Zwar gibt es noch die traditionellen Medien, ob gedruckt oder auf dem Bildschirm, die ihre Aufgabe darin sehen, die Nachrichten für den Nutzer auszuwählen. Aber zunehmend ignorieren die Menschen die Homepage oder die Titelseite der Medien, sie stellen sich ihren Cocktail selbst zusammen beziehungsweise überlassen das dem Facebook-Algorithmus oder einer App wie Flipboard. Weil diese Algorithmen auch auf soziale Netzwerke zugreifen, berücksichtigen sie bei ihrer Auswahl nicht nur den Inhalt der Geschichten, sondern auch die Tatsache, ob sie meinen Freunden und Kontakten gefällt. Es steckt also durchaus ein »menschlicher Faktor« in der Auswahl – aber es sind nicht mehr angestellte Redakteure, die als »Torwächter« bestimmen, welche Informationen mir präsentiert werden.

Ist das nun besser oder schlechter als früher? Positiv ist auf jeden Fall, dass die Torwächter keine Information mehr unterdrücken können. Im Internet hat jeder die Möglichkeit, gehört zu werden. In meinem Fachgebiet, den Naturwissenschaften, haben zum Beispiel nun Experten über ihre Blogs einen neuen direkten Zugang zur Öffentlichkeit, und manche dieser Blogs werden tatsächlich von vielen Menschen gelesen. Die Öffentlichkeit wird vielfältiger und differenzierter, wenn nicht alle Nachrichten durch den Filter der traditionellen Medien hindurch müssen.

Aber weil nicht jeder alles lesen kann, wird auch nicht jeder wahrgenommen, der sich äußert. Man braucht nach wie vor einen Verstärker, um mit seiner dünnen einzelnen Stimme ein großes Publikum zu erreichen. Die traditionellen Medien leis-

ten das immer noch sehr zuverlässig – auch der unschein-
barste Zeitungsartikel hat meistens mehr Leser als ein häufig
geteilter Blogbeitrag. In der Online-Welt geht es aber zunehmend darum, nicht nur Menschen zu gefallen, sondern auch
den Algorithmen. Die verstehen meistens weder Humor noch
Ironie. Jede Online-Redaktion betreibt inzwischen Suchmaschinenoptimierung (SEO), und das heißt: Überschriften und
Vorspänne müssen so getextet werden, dass die Algorithmen
von Google und Co. den Artikel richtig einordnen können,
dass sie ihn als relevant empfinden – nur dann taucht er oben
in den Suchergebnissen etwa von Google News auf. Wir haben
es gelernt, uns bei den Algorithmen anzubiedern und so zu
texten, dass sie uns verstehen. Musste man sich früher bei
den Redaktionen der »etablierten Medien« beliebt machen, so
heißt es heute: Gefalle den Suchmaschinen, ziehe Klicks von
Menschen in sozialen Netzwerken an. Dieser *clickbait* ist infor-
mationelles Fast Food, ein Meer von Listen und Gags, die kurz
amüsieren, aber keinen dauerhaften intellektuellen Nährwert
haben.

7. Der Mensch ist nicht berechenbar. Wir leben im Zeitalter der
Algorithmen. Die Menschen haben immer die Technologie
ihrer Zeit als Metapher benutzt, um auch nicht technische
Dinge zu beschreiben. Als die Dampfmaschine der letzte Schrei
war, stellte man sich biologische Prozesse wie das Ineinander-
greifen von mechanischen Teilen vor – der Mensch als die perfekte Maschine. Seit einigen Jahrzehnten benutzen wir Com-
putermetaphern, um etwa das zu beschreiben, was in unserem
Gehirn vor sich geht. Wir reden von der Speicherkapazität
unseres Denkorgans und von seiner Rechengeschwindigkeit.

Aber diese Vorstellung, dass unser Gehirn eine logische
Maschine ist, gab es schon lange vor der Entwicklung des Com-

puters. Der deutsche Philosoph Gottfried Wilhelm Leibniz glaubte, jede intellektuelle und moralische Streitfrage lasse sich mit den Mitteln der Logik lösen – wenn man sie nur in ihre kleinsten logischen Bausteine zerlegen würde. »Es wird dann beim Auftreten von Streitfragen für zwei Philosophen nicht mehr Aufwand an wissenschaftlichem Gespräch erforderlich sein als für zwei Rechnerfachleute«, schrieb Leibniz. »Es wird genügen, Schreibzeug zur Hand zu nehmen, sich vor das Rechengerät zu setzen und zueinander (wenn es gefällt, in freundschaftlichem Ton) zu sagen: Lasst uns rechnen.«

Das kommt uns heute ein bisschen verrückt vor – aber Leibniz lebte in der Zeit nach dem Dreißigjährigen Krieg, in dem Menschen für ihre religiösen Ansichten umgebracht wurden. Die Vernunft versprach eine gewaltlose, von Denkfreiheit geprägte Zukunft.

Heute wissen wir mit Sicherheit, dass das Gehirn kein Computer ist, dass es insbesondere nicht algorithmisch vorgeht (auch wenn es inzwischen Algorithmen gibt, die seine Arbeitsweise imitieren). Unserem Denken liegt kein Programm zugrunde, dessen einzelne Schritte wir beschreiben könnten. Und deshalb kommen wir nicht nur langsamer zu unseren Ergebnissen und machen mehr Fehler dabei – wir kommen auch zu anderen Ergebnissen. Manchmal sind diese Ergebnisse vorhersehbar, vor allem dann, wenn man große Mengen von Menschen betrachtet. Man kann per Computersimulation heute ganz gut vorhersagen, wie sich eine Menschenmenge verhält, wenn in einem Kino ein Feuer ausbricht, und entsprechend den Raum so umbauen, dass eine Massenpanik möglichst glimpflich verläuft. Es gibt Algorithmen, die aufgrund des Drehbuchs und der Hauptdarsteller eines Films den Erfolg an der Kinokasse recht gut vorhersagen. Aber das sind statistische Aussagen über das Verhalten vieler Menschen. Wie der Einzelne sich in bestimmten Situationen verhält, kann – zum Glück, muss man sagen – ein Algorithmus allenfalls mit einer gewissen Wahrscheinlichkeit prognostizieren.

Manchmal wünschen wir uns selber, dass es anders wäre. Dass wir unser Leben nach einfachen Rezepten leben könnten, Handlungsanweisungen, die ja nichts weiter als Algorithmen sind. Die vermischten Seiten der Zeitungen bringen gerne Meldungen, nach denen Wissenschaftler wieder die Formel für etwas gefunden hätten: für das perfekte Käsebrot, für die richtige Absatzhöhe von Stöckelschuhen, für den idealen Horrorfilm. Die Unwägbarkeiten des Lebens, versprechen diese meist hanebüchenen Formeln, lassen sich einfach wegrechnen. Und auch ihre Gesundheit überlassen viele zunehmend Algorithmen, die ihnen ausrechnen, wie viele Kalorien sie heute zu sich nehmen dürfen und wie viele Schritte sie noch gehen müssen, um ein gesundes Leben zu führen. Wo ist die Grenze zwischen einem sinnvollen gesunden Lebensstil und der manischen Vorstellung, mithilfe von Daten und Algorithmen das eigene Leben zu optimieren? Treibt die »Lifelogger« und »Selbstoptimierer« nicht die Illusion, ihren Alterungsprozess anzuhalten und letztlich den Tod zu besiegen?

Am 9. Januar 2015 erschien in der *New York Times* ein Artikel der Autorin Mandy Len Catron mit der Überschrift: »Um dich in einen beliebigen Menschen zu verlieben, tue dieses!« Ein Rezept für die Liebe also. Und tatsächlich enthielt der Artikel einen Algorithmus fürs Glück: Zwei Menschen, die einander näher kennenlernen wollen, setzen sich gegenüber. Sie stellen sich gegenseitig eine Reihe von Fragen, insgesamt 36. Von Frage zu Frage werden die Themen intimer, und es wird natürlich erwartet, dass man sie offen und wahrheitsgemäß beantwortet. Anschließend sollen sich die beiden Partner exakt vier Minuten lang intensiv in die Augen schauen.

Die Methode hatte sich die Autorin nicht ausgedacht, sie stammt von einem Psychologen namens Arthur Aron von der State University of New York und wurde im Jahr 1997 veröffentlicht. Der Titel von Arons Arbeit: *Die experimentelle Erzeugung interpersonaler Nähe: ein Verfahren und vorläufige Ergebnisse.* Von Liebe war da keine Rede, sondern von Nähe, die man innerhalb von einer Dreiviertelstunde zwischen zwei Menschen erzeugen kann.

Aber die Geschichte in der *New York Times* hatte einen besonderen Dreh: Die Autorin erzählte nämlich, dass die Sache bei ihr funktioniert hatte. Sie sei nun mit ihrem experimentellen Partner zusammen. »Die Liebe ist uns nicht einfach so passiert. Wir sind verliebt, weil wir uns das so ausgesucht haben.«

Ein Algorithmus für die Liebe! All die Ängste, Peinlichkeiten, Enttäuschungen, die sonst mit der Suche nach einem romantischen Partner verbunden sind, sind offenbar überflüssig. Zwei Menschen entscheiden sich für die Liebe, und der Algorithmus führt sie ans Ziel.

Der Artikel machte international Furore, Zeitungen in aller Welt berichteten, Mandy Len Catron ging auf Vortragsreise. Und wo immer sie hinkam, war ebenso wie in den vielen E-Mails, die sie erhielt, die Frage immer dieselbe: Seid ihr noch zusammen? Eine frisch knospende Beziehung zwischen zwei Menschen stand unter öffentlicher Beobachtung, auch wenn Catron ihr Bestes tat, um ihre Partnerschaft von der Öffentlichkeit abzuschirmen. Sie trat nicht mit dem Mann an ihrer Seite zusammen auf, aber der Frage entging sie nicht. Ihr Beziehungsstatus wurde sozusagen zum Lackmustest dafür, ob das Rezept mit den 36 Fragen funktioniert, ob sich die Liebe gezielt herbeiführen lässt. Kann das wirklich so einfach sein? Sind Menschen so berechenbar, dass man sogar ihr Paarungsverhalten mit einem Algorithmus steuern kann? Hier wurde ja nicht die Auswahl der Partner einem Algorithmus überlassen wie bei Partnervermittlungs-Websites. Das Rezept bezog sich auf den ungleich schwierigeren Teil – das, was passiert, wenn sich zwei aussichtsreiche Kandidaten von Angesicht zu Angesicht gegenübersitzen.

Um die Frage aufzulösen: Zu dem Zeitpunkt, da ich dieses Buch schreibe, sind die beiden noch ein Paar. Das jedenfalls erzählte Mandy Len Catron in einem Vortrag, den sie im August 2015 auf einer Konferenz an der Chapman University in Kalifornien hielt. Dass die Liebe einem Algorithmus gehorcht, glaubt sie dennoch nicht. »Sich zu verlieben ist der einfachere Teil«, sagt die Autorin. Die Liebe dagegen sei eine erheblich kompliziertere Sache. »Ich habe meine Beziehung als einen Mythos dargestellt, an den ich selbst nicht so richtig glaube. Ich wünsche mir auch das Happy End, das der Titel meines Artikels impliziert (übrigens der einzige Teil des Artikels, den ich nicht selber geschrieben habe). Stattdessen habe ich nun die Chance, die Wahl zu treffen, jemanden zu lieben – und die Hoffnung, dass er sich entscheidet, mich auch zu lieben. Und das macht Angst. So ist das mit der Liebe.«

8. Algorithmen sind die neue Weltmacht. Google besteht aus zwei Milliarden Zeilen Computercode. Der Suchalgorithmus, die Karten-Software, der E-Mail-Dienst – das gesamte Geschäft der Firma beruht auf diesen Algorithmen. Deshalb beschreiben diese zwei Milliarden Zeilen die Macht von Google vielleicht treffender als der Börsenwert oder der Jahresumsatz. Zum Vergleich: Microsoft Windows, ein hochkomplexes – manche sagen: überkomplexes – Betriebssystem für PCs, umfasst etwa 50 Millionen Zeilen. Dieses Repositorium für

Googles intellektuelles Potenzial, das täglich von seinen 25 000 Entwicklern in vielfältiger Weise bearbeitet und ergänzt wird, ist so verschachtelt, dass ein eigenes Programm namens Piper geschaffen wurde, das darüber wacht, dass auch wirklich alle mit derselben Version der diversen Algorithmen arbeiten und es keine Inkonsistenzen gibt. Ein Algorithmus als oberster Hüter der Algorithmen.

Ich habe in diesem Buch versucht, die Diskussion über die Macht der Algorithmen auf eine sachliche Ebene zu bringen. Ist es besser, wenn ein gefühlloses Computerprogramm eine Entscheidung trifft, als wenn ein emotionaler und vorurteilsbeladener Mensch das tut? Ist die Welt eine bessere, wenn unsere Autos selber fahren, als wenn menschengesteuerte Fahrzeuge ineinander knallen? Das kann niemand pauschal beurteilen. Sicher ist nur: Sie ist eine andere.

WEITERE ALGORITHMEN

In den vergangenen Kapiteln habe ich exemplarisch einige Algorithmen beschrieben, die unser Leben jetzt und in Zukunft prägen. Natürlich war das eine Auswahl, es gibt Tausende von Algorithmen, mit denen unsere Welt berechnet wird. Hier sind noch ein paar, die es nicht in die finale Auswahl geschafft haben, aber dennoch bemerkenswert sind!

Der euklidische Algorithmus

Bei diesem Algorithmus, den schon der griechische Mathematiker Euklid um 300 vor Christus beschrieben hat, geht es darum, den größten gemeinsamen Teiler (ggT) zweier Zahlen zu finden. Es ist ein iteratives Verfahren, das heißt: Die gleiche mathematische Operation wird immer wieder vorgenommen, bis man zu einem Ergebnis kommt.

Beispiel: Wir wollen den ggT von $a = 1513$ und $b = 357$ finden. Dazu teilen wir die größere durch die kleinere Zahl und ermitteln den Rest r_1, der ist 85:

$$1513 = 4 \cdot 357 + 85$$

Nun teilen wir die kleinere Zahl b durch r_1 und bestimmen den Rest r_2:

$$357 = 4 \cdot 85 + 17$$

Das geht so weiter: Immer wird die kleinere Zahl, hier r_1, durch den Rest, hier r_2, geteilt, bis die Rechnung aufgeht. Hier ist das schon im nächsten Schritt der Fall:

$$85 = 5 \cdot 17 + 0$$

Die Zahl 17 teilt alle vorhergehenden Reste und auch die Zahlen a und b und ist ihr größter gemeinsamer Teiler.

Der euklidische Algorithmus löst das Problem eleganter und schneller, als wenn man die beiden Zahlen zunächst in Primfaktoren zerlegt und diese vergleicht. Zudem ist er nicht nur auf ganze Zahlen anwendbar – man kann das »gemeinsame Maß« beliebiger Zahlen damit ermitteln. Allerdings führt das nicht immer in endlich vielen Schritten zu einem endlichen Ergebnis. Versucht man es zum Beispiel für die Zahlen 1 und Wurzel aus 2, dann werden die Reste zwar immer kleiner, aber die Division geht nie auf. Die Erkenntnis, dass es Zahlen gibt, die nicht *kommensurabel* sind, stürzte das Weltbild der Pythagoräer um, nach dem sich die gesamte Welt durch Verhältnisse natürlicher Zahlen beschreiben ließ.

Der Simplex-Algorithmus

Dieser Algorithmus löst Probleme der linearen Optimierung. Die Größen, die dabei betrachtet werden, hängen linear voneinander ab, es treten in den Gleichungen keine höheren Potenzen oder seltsame andere Funktionen auf. Optimierung bedeutet: Unter den gegebenen, mit linearen Gleichungen beschriebenen Bedingungen soll eine bestimmte Funktion (oft der Gewinn oder die Kosten eines Unternehmens) möglichst groß oder klein werden.

Ein Beispiel: Ein Bäcker bietet in der Weihnachtszeit zwei Sorten von Plätzchen an. Von der Sorte x kann er in der Woche maximal 40 Kilogramm produzieren, von der Sorte y maximal 60 Kilo. Insgesamt ist die Kapazität seiner Backstube limitiert auf 85 Kilo. An der Sorte x verdient er 50 Euro pro Kilo, an der Sorte y nur 35 Euro. Wie viel von jeder Sorte soll er pro Woche produzieren, um seinen Gewinn zu maximieren?

Mit ein bisschen Nachdenken kommen Sie wahrscheinlich selber darauf, dass der Bäcker möglichst viel von den Plätzchen backen sollte, an denen er am meisten verdient, und dann den Rest der Kapazität mit der anderen Sorte auslasten sollte. Bei komplexeren Beispielen ist die Lösung aber nicht durch reines Überlegen zu finden.

Es gibt in diesem Beispiel drei Ungleichungen, die den Bereich von x und y einschränken:

$$x \leq 40$$
$$y \leq 60$$
$$x + y \leq 85$$

Diese Bedingungen zusammen erzeugen die graue Fläche in der folgenden Grafik (zusammen mit der trivialen Bedingung, dass die Mengen x und y größer als oder gleich null sein müssen):

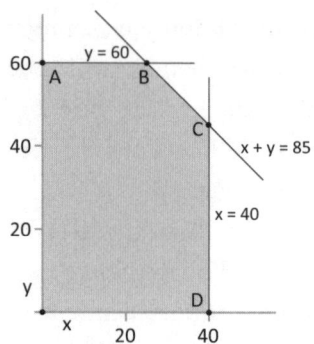

Diese Fläche ist ein sogenanntes Polygon. Irgendein Punkt in diesem Polygon muss die optimale Kombination von x und y sein. Aber an welcher Stelle ist der Gewinn für den Bäcker am größten? Der Simplex-Algorithmus benutzt die mathematisch beweisbare Tatsache, dass das Maximum der Gewinnfunktion immer auf einer Ecke des Polygons zu finden ist. In diesem Fall sind das (neben dem Nullpunkt, wo auch der Gewinn null ist) die Punkte A, B, C und D. Der Algorithmus muss also nur diese endlich vielen Punkte untersuchen und jeweils den Gewinn bestimmen. Hier sind die Werte:

A: 2100 Euro
B: 3350 Euro
C: 3575 Euro
D: 2000 Euro

Bei C ist der Gewinn am größten – es kommt also tatsächlich das heraus, was uns der gesunde Menschenverstand schon gesagt hat: Backe 40 Kilo x und 45 Kilo y! Bei echten Optimierungsproblemen in der Praxis spielt sich das Verfahren in höheren Dimensionen ab, und der Algorithmus ist ein pfiffiges Verfahren, wie man von einer Ecke des hochdimensionalen »Polytops« zur anderen springt, um die optimale Ecke zu finden.

Datenbanken

Auf den ersten Blick sind Datenbanken nicht gerade sexy. Man denkt an verstaubte Karteikästen, in denen Informationen abgelegt werden. Etwa eine Adressdatei: Man will eine Telefonnummer eines Bekannten nachschlagen, sucht die Karteikarte mit dem entsprechenden Namen und liest die Nummer – fertig. Aber so wie eine Bank nicht nur ein Geldspeicher ist, sondern von Geldtransaktionen lebt, so sind auch die Datenbanken, mit denen wir im täglichen Leben konfrontiert sind, äußerst dynamische Gebilde. Man könnte so weit gehen, dass eine Bank heutzutage weitgehend eine Datenbank ist, innerhalb der das Geld in Form von Zahlen ständig herumwandert. Aber auch wenn wir bei einem Online-Händler etwas einkaufen, begegnen wir einer Datenbank: Indem wir eine Ware bestellen, machen wir einen Eintrag in unserem Benutzerkonto, was eine ganze Anzahl von Aktionen auslöst: die Verpackung und den Versand der Ware, die Abbuchung des Geldes von unserem Konto oder unserer Kreditkarte.

Datenbanken sind also elektronische Verzeichnisse, die ständig gelesen und neu geschrieben werden. Wenn Sie zum

Beispiel 100 Euro von Ihrem Sparkonto aufs Girokonto über-
weisen, dann besteht diese Aktion letztlich nur aus zwei
Datenbankeinträgen: Der Stand unseres Sparkontos wird
um 100 Euro vermindert, der des Girokontos um 100 Euro erhöht.

Computer sind fehleranfällige Geräte. Was ist, wenn der
Rechner abstürzt – just in dem Moment, in dem er schon
100 Euro vom Sparkonto abgebucht, das Geld aber noch nicht
dem Girokonto gutgeschrieben hat? Ohne irgendwelche Siche-
rungen hätte sich das Geld in Luft aufgelöst. Noch schlimmer
wird es, wenn mehrere Seiten gleichzeitig auf eine Datenbank
zugreifen: Noch während die Transaktion von Ihrem Spar-
zum Girokonto ausgeführt wird, trifft Ihr Monatsgehalt auf
elektronischem Wege ein und möchte auf dasselbe Konto zugreifen. Es würde zu einem großen Chaos führen, wenn nicht
Algorithmen dafür sorgen würden, dass solche Änderungen in
der Datenbank auf geordnete, sichere und nachvollziehbare
Weise geschehen.

Im Beispiel der Überweisung sorgt das sogenannte *write
ahead logging* (auch WAL-Prinzip genannt) dafür, dass die
Datenbank intakt bleibt. Bevor der Überweisungsauftrag ausgeführt wird, erstellt das Programm eine Art Vorab-Protokoll
des gesamten Vorgangs und speichert es ab. Nehmen wir an,
auf Ihrem Sparkonto sind 8700 Euro, Ihr Girokonto weist ein
Minus von 30 Euro auf. Dann sieht dieses Protokoll so aus:

- Beginn der Transaktion.
- Ändere den Kontostand des Sparkontos von 8700 auf
  8600 Euro.
- Ändere den Kontostand des Girokontos von Minus 30 auf
  70 Euro.
- Ende der Transaktion.

Sobald die Transaktion beendet ist, wird dieses Protokoll ge-
löscht. Stürzt der Computer dagegen während der Transaktion
ab, dann ist es noch vorhanden – und der Rechner kann es einfach noch einmal abarbeiten. Selbst wenn das Geld schon vom
Sparkonto abgebucht wurde, macht das nichts. Am Ende hat
alles seine Richtigkeit, und kein Cent ist verloren gegangen.

Schnelle Fourier-Transformation

In Kapitel 10 ging es unter anderem um die Komprimierung
von Audiodaten. Die Grafiken auf den Seiten 178 und 179 zeigen auf der x-Achse die Frequenz eines Signals und auf der
y-Achse dessen Lautstärke. Aber wie kommt man an diese
Kurve? Nehmen wir etwa einen langen, anhaltenden Ton, den
ein Trompeter bläst. Wenn wir den aufzeichnen, dann erhalten wir zunächst ein Signal, das über die Zeit hinweg die Größe
des Schalldrucks aufzeichnet. Dieses Signal ist periodisch, das
heißt, es wiederholt sich zum Beispiel 440-mal pro Sekunde,
wenn der Trompeter den Kammerton a spielt. Aber es ist keine
schöne, glatte Schwingung, sondern eine gezackte Linie. Das
liegt daran, dass in der Trompete nicht nur die Grundschwin-
gung von 440 Hertz erzeugt wird, sondern eine Menge sogenannter Obertöne, die ein Vielfaches dieser Frequenz haben,
vielleicht aber auch noch ganz andere.

Die Fourier-Analyse leistet nun genau die Übersetzung von
dem Koordinatensystem aus Zeit und Schalldruck in das Koordinatensystem von Frequenz und Schalldruck. Sie zerlegt
die komplexe Schwingung in viele einzelne, reine Schwingungen unterschiedlicher Frequenz. Diese reinen Schwingungen
sind Sinusschwingungen.

Die schnelle Fourier-Transformation (auch FFT genannt, aus dem englischen *fast Fourier transform*) ist eine ganze Klasse von Algorithmen, die diese Berechnung erheblich beschleunigen. Schon der Mathematiker Carl Friedrich Gauß hatte sich 1805 die ersten Gedanken dazu gemacht, Computeralgorithmen werden seit 1965 immer weiterentwickelt. Die FFT findet nicht nur in der Akustik Anwendung – auch bei der Bildkompression ist sie nützlich und bei der Verschlüsselung von Daten. Sie ist eine Art Allzweckwaffe der Informatik, weil sie die Datenmenge, mit der ein Phänomen beschrieben wird, erheblich reduzieren kann. Der Informatiker Dan Rockmore bezeichnete sie als einen »Algorithmus für die ganze Familie«.

Auto-Tune

Zugegeben, Auto-Tune ist keine Technik, die massiv in unser aller Leben eingreift. Aber der Algorithmus hat für alle Zeit die Art verändert, wie Sänger im Studio ihre Musik aufnehmen.

Der Erfinder von Auto-Tune ist Andy Hildebrand. Früher arbeitete er für Ölfirmen, die nach neuen Rohstofflagern suchten. Dabei werden oft gezielt unterirdische Sprengladungen detoniert, aus den dabei entstehenden seismischen Wellen kann man allerlei auf die Struktur des Untergrunds schließen. Hildebrand war ein Experte für die Analyse dieser Signale, unter anderem ist dabei auch die Aufspaltung in unterschiedliche Frequenzen per Fourier-Transformation nützlich (siehe oben). Der Hobbymusiker erkannte bald, dass man im Zeitalter der digitalen Tonaufnahmen auch musikalische Signale mit diesen Methoden analysieren, vor allem aber auch manipulieren kann. Er gründete die Firma Antares, deren mit Abstand bekanntestes Produkt Auto-Tune ist.

Auch die besten Sänger treffen nicht immer den richtigen Ton. Auto-Tune merkt das und kann die Frequenz eines gesungenen Tons in Echtzeit korrigieren, also ihn minimal höher oder tiefer klingen lassen. Man kann es sich so vorstellen, dass die »korrekten« Töne einer Tonleiter ein Raster darstellen, und jeder Ton, der dazwischen erklingt, wird zum nächstliegenden Ton des Rasters hin korrigiert. Dabei gibt es noch Kontrollregler, die zum Beispiel bestimmen, wie schnell diese Anpassung geschieht, damit der Effekt möglichst natürlich klingt und vom Zuhörer nicht wahrgenommen wird.

Heute wird bei fast jeder Gesangsaufnahme, zumindest in der Popmusik, Auto-Tune oder eine ähnliche Software behutsam eingesetzt. Und seit Chers Hit *Believe* von 1998 kennt auch die Öffentlichkeit das Verfahren: Erfolgt die Korrektur zu rabiat, dann macht die Stimmer roboterhafte Kiekser. Eine Zeit lang gab es im Hip-Hop kaum einen Hit, der von diesem Effekt keinen Gebrauch machte.

Fehlerkorrektur

Wir nehmen es heute als selbstverständlich hin, dass Dateien, die wir zum Beispiel von einem USB-Stick auf unsere Festplatte kopieren oder über das Internet herunterladen, fehlerfrei übertragen werden. Auch innerhalb eines Computers finden ständig solche Datenübertragungen statt, und wir verlassen uns darauf. Aber es gibt keine absolut fehlerfreie Übertragung. Im analogen Zeitalter war das nicht ganz so schlimm – wenn es in der Telefonleitung knisterte und man vielleicht ein

Wort nicht verstand, konnte man es sich meistens aus dem Zusammenhang erschließen. Seit wir fast nur noch digital kommunizieren, kann schon eine einzige 0, die fälschlich als 1 übertragen wird, die ganze Datei unlesbar machen. Und wenn man bedenkt, dass ein Datensatz von zum Beispiel 20 Megabyte Daten aus 160 Millionen Nullen und Einsen besteht, dann sieht man, dass hier viel Raum für Fehler vorhanden ist.

Die einfachste Strategie, solche Fehler zu vermeiden, ist es, die Datei ein paarmal zu versenden. Selbst wenn der Übertragungskanal eine Fehlerrate von zehn Prozent hat – das würde bedeuten: 16 Millionen falsche Ziffern bei der Übertragung der 20-MB-Datei –, ist es äußerst unwahrscheinlich, dass ein Fehler zehnmal an derselben Stelle auftritt (nämlich eins zu zehn Milliarden). Wenn ich also die Datei zehnmal an den Empfänger schicke, dann muss der nur für jede Position die zehn übertragenen Ziffern vergleichen und die häufigste auswählen.

Redundanz nennt man diese Strategie. Leider ist diese Form von Redundanz sehr aufwendig – im Beispiel bläht sie die Datenmenge auf das Zehnfache auf. Glücklicherweise gibt es ökonomischere Verfahren, Redundanz in einen Datensatz einzufügen. Eines ist der sogenannte Hamming-Code, der zum Beispiel jedes Drei-Bit-Tripel von Nullen und Einsen durch ein sieben Bit langes Codewort ersetzt. Das ist vergleichbar dem Buchstabieralphabet aus der Frühzeit der Telefonie: Da war es zum Beispiel bei schlechter Übertragungsqualität leicht möglich, die Buchstaben F und S zu verwechseln. Wenn ich das Wort »Luft« buchstabieren wollte, dann sagte ich nicht »L, U, F, T«, was sich ähnlich anhört wie »L, U, S, T«, sondern »Ludwig, Ulrich, Friedrich, Theodor«. Diese Buchstabiertafeln enthalten Wörter, die sich unterschiedlich genug anhören, um eindeutig zu sein. Ein bisschen Redundanz sorgt also für eine fehlerfreie Übertragung.

Diese Verfahren finden Fehler und korrigieren sie automatisch. Manchmal reicht es aber auch aus, den Fehler nur zu erkennen und dann um eine erneute Übertragung zu bitten. Eine Methode dafür sind die sogenannten Prüfziffern. Wenn man zum Beispiel eine Folge aus 16 Ziffern übertragen will, hängt man eine 17. Ziffer an, die man aufgrund einer Rechenregel aus den anderen ermittelt. So eine Regel könnte lauten: »Addiere alle 16 Ziffern und behalte von dem Resultat die letzte Stelle.«

Ein Beispiel: Die Ziffernfolge betrage 2716 3928 4629 0476.

Die Summe aller Ziffern beträgt 76, es wird also eine 6 ans Ende angehängt, die gesendete Folge lautet nun 2716 3928 4629 0476 6. Nehmen wir an, es wird eine einzige der ersten 16 Ziffern falsch übertragen, etwa eine 1 anstelle der 2 am Anfang, dann ändert sich die Prüfsumme auf 75, der Algorithmus erwartet eine 5 am Ende, aber dort steht eine 6. Auf diese Weise kann man jeden Fehler entdecken, der auf *einer* falsch übertragenen Ziffer beruht. Will man das Verfahren immun machen gegen mehrere Fehler, muss man zwei oder mehr Ziffern als Prüfsumme anhängen.

Vielleicht haben Sie sich beim Online-Einkauf schon einmal gewundert, dass Sie sofort eine Fehlermeldung erhalten, wenn Sie bei der Eingabe Ihrer Kreditkartennummer einen Fehler machen. Der Grund ist, dass die Nummern so beschaffen sind, dass ihre Prüfsumme (berechnet nach einem etwas komplizierteren Algorithmus) einen bestimmten Wert annimmt. Machen Sie einen Fehler (oder denken sich einfach eine Nummer aus), dann stimmt diese Prüfsumme nicht, und das System schlägt Alarm.

Mehrgitterverfahren

Ökonomische und politische Entscheidungen werden heute zunehmend auf der Grundlage von Simulationen getroffen. Vorgänge aus der Wirklichkeit werden im Computer durchgerechnet. Entweder, weil sie noch gar nicht stattgefunden haben, man denke an die Wettervorhersage oder die Simulation des Weltklimas für die nächsten 100 Jahre. Oder weil ein Test in der Wirklichkeit aufwendig und teuer ist – zum Beispiel muss für Auto-Crashtests in der Realität jedes Mal eine teure Karosserie zu Schrott gefahren werden. Schön, wenn man das alles im Computer berechnen kann.

Die Frage ist nur: Wie nahe ist die Simulation an der Realität? Um sie zu berechnen, muss man viele sogenannte Differenzialgleichungen lösen, die das Verhältnis von physikalischen Größen zueinander beschreiben. Meistens geht das nicht explizit, indem man etwa eine Gleichung angibt, sondern man »diskretisiert« das Problem, indem man es nicht überall betrachtet, sondern nur auf einem Gitter von einzelnen Punkten. Statt also etwa die Temperaturen, Windgeschwindigkeiten und so weiter überall zu berechnen, muss man sich damit begnügen, nur einen Wert pro Quadratkilometer auszuwerten.

Generell gilt: Je enger dieses Gitter ist, umso näher liegt die Lösung an der Wirklichkeit. Leider bedeutet ein feineres Gitter aber auch einen höheren Rechenaufwand. Simuliere ich zum Beispiel ein Phänomen im dreidimensionalen Raum, dann bedeutet eine Halbierung der Gitterweite eine Verachtfachung der Zahl der Punkte und eine entsprechend längere Rechenzeit. Bei der Wettervorhersage kommt man dann irgendwann zu dem Punkt, an dem die Prognose für morgen erst übermorgen fertig ist.

Manchmal ist ein feines Gitter aber gar nicht notwendig. Betrachtet man zum Beispiel fließende Gase oder Flüssigkeiten, kann man sie schon mit einem relativ groben Raster gut berechnen, solange sie »laminar« fließen, also eine glatte Strömung vorliegt. Wird der Fluss dagegen turbulent, sind schon kleinste Wirbel wichtig für das Gesamtverhalten, entsprechend muss man ein feineres Gitter verwenden. Die sogenannten Mehrgitterverfahren, die im Wesentlichen seit den späten 1970er-Jahren entwickelt wurden, benutzen kein festes Gitter. Sie sind in der Lage, anhand der Gleichungen selber zu entscheiden, wo sie kleinräumiger simulieren müssen und wo ein relativ grobes Raster ausreicht. Vor allem aber haben sie die Komplexität der Rechenverfahren reduziert und sie damit erheblich schneller gemacht.

Mehrgitterverfahren sind ein Beispiel dafür, dass es trotz der wachsenden Rechenkraft moderner Computer immer nötig sein wird, diese Ressource zu schonen und sparsam mit ihr umzugehen. Wir nehmen die erstaunlichen Computerleistungen von heute oft achselzuckend hin, ohne zu ahnen, dass unter der Haube der Geräte Algorithmen am Werk sind, an deren Effizienz schlaue Menschen jahrzehntelang gearbeitet haben.

LITERATUR

Cormen, Thomas H.: *Algorithms Unlocked*. MIT Press, 2013
Ein mathematisch orientiertes Buch über grundlegende Algorithmen.

MacCormick, John: *9 Algorithms That Changed the Future. The Ingenious Ideas That Drive Today's Computers*. Princeton University Press, 2012
Eine allgemein verständliche mathematische Erklärung wichtiger Algorithmen.

Schirrmacher, Frank: *Ego. Das Spiel des Lebens*. Blessing, 2013
Das letzte große Werk des *FAZ*-Feuilletonisten, in dem er in düsterer Manier den Wandel der digitalisierten Gesellschaft beschreibt. Nicht immer von Sachkenntnis geprägt, aber mit Verve geschrieben.

Stampfl, Nora S.: *Die berechnete Welt. Leben unter dem Einfluss von Algorithmen*. Heise, 2013
Eine eher politisch-philosophische, leicht dystopische Abhandlung über den Einfluss der Algorithmen auf das tägliche Leben.

Steiner, Christopher: *Automate This. How Algorithms Came to Rule Our World*. Penguin Group, 2012
Steiner erzählt auf unterhaltsame Art Pioniergeschichten von Entwicklern und Erfindern wichtiger Algorithmen.

Ziegenbalg, Jochen; Ziegenbalg, Oliver; Ziegenbalg, Bernd: *Algorithmen von Hammurapi bis Gödel*. Harri Deutsch, 3. Auflage 2010
Eine informationstheoretische Arbeit über die Geschichte der Algorithmen.

REGISTER

A

AAC *180*
A*-Algorithmus *76, 80 f., 83*
Accenture *138*
Adleman, Leonard *162*
AdNauseam *17*
Ahrendts, Angela *13*
Airbnb *220*
Algorithmus
–, A*- *76, 80 f., 83*
–, Backpropagation- *198, 201, 206*
–, Diffie-Hellman- *154, 157, 159, 161 f.*
–, Dijkstra-. *Siehe* Dijkstra, Edsger
– Eigenschaften *21 f., 25 ff.*
–, euklidischer *233 f.*
–, Karazuba-. *Siehe* Karazuba, Anatoli
Alexejewitsch
– Laufzeit *29 f., 35*
–, Matching- *186 ff., 190, 192, 194 f.*
–, Panda- *59*
–, RSA- *161 f.*
–, Simplex- *235 ff.*
Alphabetisieren *35 ff.*
AltaVista *50*
Amazon *86, 88*
Analyse, prädiktive *119, 121, 124, 127, 132, 134 ff., 198*
Antares *241*
Apple *86, 138 f., 163, 180*
Arbitrage *81 ff., 147*
ARMAC *70*
Aron, Arthur *229*
Außerirdische *151 f., 164*
Auto-Tune *240 f.*

B

Backpropagation-Algorithmus *198, 201, 206*
Backstrom, Lars *106, 108*
Bacon, Kevin *102*
BellKor's Pragmatic Chaos *95*
Bewerbung *12, 122, 222 f.*
Beziehungsnetzwerk *99 ff.*
Bezos, Jeff *88*
Big Data *35, 119, 129, 131, 133, 166, 209*
Bitkom *183*
Börse *137 ff., 220*
Brandenburg, Karlheinz *177*
Brin, Sergey *52 f., 55 ff.*
Brunton, Finn *18*
Burns, Ursula *13*

C

Carr, David *110*
Catron, Mandy Len *228 ff.*
Cher *241*
Crawford, Kate *221*

D

DARPA *209*
Datenbank *237 ff.*
Datenkompression *165 ff.*
Deep Learning *18, 129, 132, 208, 223*
deGrasse Tyson, Neil *152*
Devisenhandel *81 ff.*
Diakopoulos, Nicholas *16, 224*
Dick, Philip K. *119*
Diffie-Hellman-Verfahren *154, 157, 159, 161 f.*
Diffie, Whitfield *154*
Dijkstra, Edsger *69 ff., 75 f., 80, 83*

Diskriminierung *12 ff.*, *122*, *132*, *220 ff.*
Disparate impact *132*, *222*
Dow Jones *124*, *126 ff.*, *137 f.*
Durchschnitt, gleitender *143 f.*, *146*

E

eHarmony *185*
Empfehlung *85 ff.*
Enigma *153*
Epstein, Robert *63*
Euklid *233*

F

Facebook *9*, *62*, *87*, *100*, *103 ff.*, *121*, *131*, *135*, *209*, *213*, *225*
- Algorithmus *14*
- EdgeRank *106 ff.*
- Newsfeed *104 ff.*, *110 ff.*, *114*
Fahner, Gerhard *133 f.*
Fehlerkorrektur *241 ff.*
Fico *133*
Filo, David *46*
Filterblase *63*, *109*, *111 ff.*
Filtern
-, inhaltsbasiertes *89*, *96 ff.*
-, kollaboratives *89*, *96*, *98*
Finkel, Eli *192 ff.*
FLAC *180*
Flash Crash *137*, *139*, *150*
Flickr *208*
Fourier-Transformation, schnelle *239 f.*

G

Gauß, Carl Friedrich *240*
Gehirn *197 ff.*, *226 f.*
Getco *139*
Gild *128*
Google *13*, *17*, *45*, *49*, *51*, *57 f.*, *64*, *66 f.*, *120*, *208 ff.*, *218*
- AdWords *58*
- Algorithmus *15 f.*, *59 ff.*, *224*, *230 f.*
- Autocomplete-Funktion *13*, *120*
- Flu Trends *129 f.*
- Maps *66*

- News *226*
- PageRank *52 ff.*, *56*, *58 ff.*, *106*
Grippe *129 ff.*

H

Hamming-Code *242*
Hart, Peter *75 f.*
Hellman, Martin *154*
Hildebrand, Andy *240*
Hochfrequenzhandel *146 ff.*
Hopfield, John *200*
Hoskins, Josiah *201*
Huffman, David A. *171 ff.*
Huron, David *121*

I

IBM *209*
Ikea *25*
Insertionsort *37*
Intelligenz, künstliche *133*, *198 ff.*, *202*, *208*, *211*
Internet *43*, *162*
Internet Resources Meta-Index *45*
Internetsuche *44 ff.*, *57 ff.*
iTunes *86*, *180*

J

Jones, P. William *201*

K

Kalanick, Travis *15*
Kamin, Julia *195*
Karazuba, Anatoli Alexejewitsch *34 f.*, *39*
Karinthy, Frigyes *100*, *116*
Knight Capital *139*
Kochrezept *21 f.*, *24*
Kompression *165 ff.*
Kreditkarte *123*, *129*, *132*, *217*
Kreditwürdigkeit *14*, *120*, *132 f.*, *208*, *217*
Kreye, Andrian *16*
Kriminalität *118 f.*, *131 f.*
Kucklick, Christoph *17*

L

Leibniz, Gottfried Wilhelm *227*
Lernen *197 ff., 206 ff.*
Liebe *228 ff.*
LinkedIn *103*
LPL Financial *140*

M

Madrigal, Alex C. *96*
Marby, Mary Ann *124*
Markram, Henry *198*
Marra, Greg *110*
Matching-Algorithmus *186 ff., 190, 192, 194 f.*
Mathematik *26 ff.*
Mayer-Schönberger, Viktor *17*
McBride, Kelly *110*
McDaniel, Robert *118 f.*
Mehrgitterverfahren *244 f.*
Merkel, Angela *13*
Merkle, Ralph *154*
Meyer, Marissa *13*
Microsoft *163, 209*
– Windows *230*
Milgram, Stanley *101*
Minsky, Marvin *200 f.*
Misra, Vinith *165*
Moore, Gordon *29*
Mooresches Gesetz *19, 29, 166*
Mosaic *43*
MP3 *168, 177, 179, 181*
Multiplikation *30 f., 33, 35*
Musik *26 f.*
MySpace *103*

N

Nachrichten *14, 104 f., 109 f., 112 ff., 224 ff.*
Netflix *85 f., 88 f., 94 ff.*
– Cinematch *95*
– Quantentheorie *97*
Netz, neuronales *18, 129, 132, 197, 199 ff., 205, 207 f., 210 f., 221*
Netzwerk, soziales *99 ff.*
Nilsson, Nils *75 f.*
Nissenbaum, Helen *18*
NSA *152, 156, 162*

O

Obama, Barack *135*
Obfuscation *17 f.*
OkCupid *185 f., 190*
Online-Dating *183 ff.*
O'Reilly, Tim *217 ff.*

P

Page, Larry *52 f., 55 ff.*
Panda-Algorithmus *59*
Papert, Seymour *200 f.*
Pariser, Eli *109*
Partnersuche *183 ff.*
Politik *217 ff.*
Prognose *117 ff.*
Psychoakustik *177*

Q

Quantified Self *18*
Quicksort *39 ff.*

R

Racial profiling *132*
Randow, Gero von *213 f.*
Raphael, Bertram *75 f.*
Rassismus *132*
Regression
–, lineare *124, 126 ff.*
–, logistische *128 f.*
Rivest, Ron *162*
Rocklänge *124, 126 ff.*
Rockmore, Dan *240*
Rosen, Jay *111*
Roth, Carol *120*
Rotkäppchen *201 ff.*
Routenplanung *65 ff., 70 ff., 75 f., 78, 80 f.*
RSA *162*
RSA-Algorithmus *161 f.*
Rube-Goldberg-Maschine *25*
Rudder, Christian *191*
Russische Bauernmultiplikation *33 f.*

S

Sandvig, Christian *114*
Sarao, Navinder Singh *137ff.*
Schirrmacher, Frank *10f.*
Schlaglöcher *221f.*
Schule *215f.*
Schwangerschaft *11, 117f., 120, 129, 134*
Search for Extraterrestrial Intelligence
   (SETI) *151, 164*
Selectionsort *36, 38, 41*
Serendipity *98, 134*
Shamir, Adi *162*
Shirky, Clay *103*
Siebeck, Wolfram *21f., 24*
Siegel, Eric *134, 136*
Siemens *141f., 144f.*
Silver, Nate *135*
Simplex-Algorithmus *235ff.*
Siri *209*
Sixdegrees *102f.*
Six degrees of separation *100f., 116*
Skype *209*
Snowden, Edward *152, 162f.*
Sortieren *35ff.*
Spacey, Kevin *85, 97*
Spoofing *138f.*
Spread Networks *147*
Street Bump *221*
Suchmaschine *44ff., 57ff.*
Suchmaschinenoptimierung (SEO) *50, 59,*
   224, 226

T

Target *117f., 120, 134*
Thrun, Sebastian *209*
TrackMeNot *17*
Turing, Alan *153*

U

Uber *15f., 219f.*
Uhrenarithmetik *157ff.*
United Aircraft Corporation. *Siehe* UAC

V

Venkatasubramanian, Suresh *223*
Verschlüsselung *151ff.*
Vorhersage *117ff.*

W

Wahlkampf *135*
WebCrawler *47*
Weissman, Tsachy *165*
Wertpapierhandel *137ff., 220*
Wulff, Bettina *13*

X

Xerox *222*

Y

Yahoo! *46f.*
Yang, Jerry *46*
Yellin, Todd *97*

Z

Zeh, Juli *16*
Zuckerberg, Mark *103ff.*